승리하는 습관

: 승률을 높이는 15가지 도구들

Raise Your Game

승리하는 습관

: 승률을 높이는 15가지 도구들

경기장 밖에서도 통하는 NBA 슈퍼스타들의 성공 원칙

앨런 스테인 주니어 · 존 스턴펠드 지음

엄성수 옮김

갤리온
GALLEON

늘 내게 영감을 주고, 성과를 높여주는
내 아들 루크와 잭 그리고 딸 라일라.
말로 다할 수 없을 만큼 너희를 사랑한다.

차례

PART 1   승리하는 개인의 원칙 : 기본기 없이는 절대 성공할 수 없다

| CHAPTER 1 | 자기인식 : 나는 무엇을 할 수 있는 사람인가   37

| CHAPTER 2 | 열정 : 내적 욕구를 폭발시켜라   71

| CHAPTER 3 | 훈련 : 성공하는 습관 만들기   99

게임의 판도를 뒤집어라

내가 앨런 스타인 주니어를 처음 만난 것은 고등학교 농구선수들이 참여하는 스킬스 아카데미에서였다. 미국에서 가장 유망한 농구선수들, 그러니까 미국 프로농구협회 드래프트(Draft. 신인 선수 선발 제도 — 역자 주)에서 주목을 받게 될, 장차 농구계에서 크게 이름을 날릴 농구 유망주들을 위한 캠프 말이다. 앨런은 자신을 경기 성과를 높여주는 훈련 전문가라고 소개했다. 그러나 나는 곧 그가 훈련 전문가를 훨씬 뛰어넘는 인물이라는 사실을 깨닫게 된다.

아카데미가 시작되면서 앨런은 절대 제시간에 오지 않았다. 늘 더 일찍 왔다. 사람들의 이야기를 열심히 들었고 또 열심히 메모했다. 그리고 각종 미팅에서 꼭 해야 할 말이 있을 때 외엔 입을 열지 않았다. 캠프의 모든 일에 참여하는 앨런에게는 그 어떤 일도 소중하지 않은 일이 없었다. 이제는 거의 상투적으로 쓰이게 된 말을 빌리자면, 그는

'섬기는 리더'였다. 하지만 내 생각에 앨런은 그보다 훨씬 더 소중한 존재였다. 위대한 팀의 리더이자 동료로서 자기 역할을 충실히 해냈고, 다른 사람들이 자신의 일을 할 수 있도록 도왔다. 바로 이런 점이 앨런의 중요한 특징 중 하나다. 동기 부여가 강한 사람들이 그렇듯, 그에게서는 출세와 성공에 대한 야망이 보였다. 차이점이 있다면 앨런은 '인맥 쌓기'에 주력하기보다, 자기 앞에 주어진 일에 최선을 다하며 다른 사람들이 하는 일에 가치를 더할 수 있는 방법을 찾았다는 것이다. 체육관에 일찍 도착한 선수가 있으면 앨런은 그 선수를 위해 리바운드 훈련을 시작했다. 급히 집중 훈련이 필요한 선수가 있으면 바로 달려가 도움을 주었다. 경기장에 뭔가 떨어져 있으면 직접 주웠고, 코트 바닥이 더러우면 청소를 했다. 그는 이 모든 일을 사람들에게 좋은 인상을 주기 위해서가 아니라 '필요하기 때문에' 했다. 그 모습이 내게 깊은 인상을 남겼다. 아니, 나뿐만 아니라 모든 사람에게 깊은 인상을 남겼다.

전직 합참의장인 마틴 뎀프시Martin Dempsey 장군은 언젠가 "리더십은 목적지가 아니라 여행 그 자체"라는 말을 한 적이 있다. 혹시 지금 이 책을 읽고 있는 사람 중에 자신은 이미 충분한 리더십이 있고, 더 이상 리더십과 관련해 배울 게 없다고 생각하는 사람이 있다면 아주 큰 실수를 하고 있는 것이다. 내가 보기에 앨런은 뎀프시 장군이 말하는 리더십의 가장 중요한 세 가지 특징, 즉 '인격'과 '능력', '겸손함'을 두루 갖추고 있는 사람이다. 그는 견고한 도덕성으로 무장되어 있고 어떤 말이나 순간의 분위기, 시대 흐름에도 꺾이지 않는다. 또 자기 분야의 전문가로서 게임과 기술의 변화에 따라 끊임없이 공부하며, 남의 말에 귀 기울일 줄 안다.

그의 능력은 두각을 드러내고 있으며, 가장 뛰어난 농구선수와 코치들로부터 더없이 큰 존경을 받고 있다. 늘 자신이 하는 일에 꾸준히 뛰어난 성과를 내고 끊임없이 발전을 이루는 데다, 자기 팀 또한 더 강한 팀으로 만들어내기 때문이다. 앨런은 자신이 하는 모든 일에 긍정적인 에너지를 불어넣는데, 그 긍정적인 에너지는 힘찬 응원 같은 데서 나오는 것이 아니라 하기 어려운 일을 결국 해내는 데서 비롯되는 힘이다. 앨런은 남들이 포기할 법한 일을 해내며, 다른 사람들은 그가 솔선수범하는 모습을 보고 기꺼이 동참한다.

내가 노스캐롤라이나 주 샬럿에서 실력 향상을 원하는 고등학교 농구선수들과 코칭 기술 발전을 원하는 젊은 코치들을 위한 농구 캠프를 시작했을 때의 일이다. 그간 많은 사람들한테서 받은 도움을 다른 사람들에게 되돌려주자는 게 목적이었다(그 캠프는 지금까지도 매년 열리고 있다). 캠프를 처음 시작했을 때 예산도 부족했고 모든 게 서툴렀다. 이런 고민을 앨런에게 털어놓았더니 그는 바로 캠프 일을 돕겠다고 했다. 솔직히 말해 그 캠프는 앨런이 참여하기에는 수준이 낮았다. 그러나 그는 첫 코치 미팅 때부터 코트에 선수가 남아있는 마지막 순간까지 자리를 지켰다. 말 그대로 그는 체육관에 처음 와서 마지막으로 떠나는 사람이었다.

비록 앨런은 별일 아니라는 듯이 굴지만 그가 어린 고등학교 선수들한테 보여주고 있는 이런 솔선수범은 충분한 가치가 있다. 그는 젊은 코치들한테 그 누구보다 좋은 롤 모델이 되어주고 있으며 미국 전역을 통틀어 필적할 캠프가 몇 안 될 만큼 뛰어난 기술적 전문 지식을 캠프 참가자들에게 전수해주고 있다. 앨런은 이렇게 중요한 인물이다.

앨런과 나는 모두 팀 스포츠가 낳은 사람들로, 나는 우리가 팀 스포츠에서 배운 교훈과 원칙들이 얼마나 소중한지, 또 그것을 어떻게 학계와 업계 그리고 기타 수많은 분야에 적용할 수 있는지 잘 안다고 믿는다. 팀 스포츠에서 사용하는 성공의 기술은 거의 모든 분야에서도 통한다. 다른 분야에서 얻은 교훈들과는 다른 차원으로 많은 사람들을 성공과 승리의 길로 이끌 것이다.

나는 지난 26년간 변호사로 또 방송 진행자로 일했다. 단언컨대, 일을 하는 동안 주변 코치나 팀 동료들에게서 배운 교훈과 이 책에 나오는 원칙들을 활용하지 않은 날은 단 하루도 없었다. 여러분 역시 그럴 것이다. 나는 앨런이 이 책을 썼다는 사실이 너무 반갑다. 그는 마이클 조던, 스테판 커리 등 최고 중의 최고들에게서 많은 것을 배웠고, 그 결과 자신도 최고의 자리에 올라섰다. 그런 그가 내 친구라는 게 내겐 너무도 큰 행운이다.

인생은 하나의 게임이다. 태어난 순간부터 당신은 이미 필드에 올라선 한 명의 선수다. 이기고 싶다면, 지금부터라도 전력을 분석하고 그에 맞는 전략을 구상해 승리의 트로피를 거머쥐길 바란다. 지금 당장 게임의 판도를 뒤집어라.

－ 제이 빌라스
ESPN(미국의 스포츠 전문 케이블 텔레비전 네트워크) 농구 분석가

세계 100대 최고경영자들이 모여
격렬한 농구를 하는 이유

2013년 USA 바스켓볼(미국의 농구 단체 – 역자 주)이 나를 라스베이거스로 초대했다. 켄터키대학교의 존 칼리파리^{John Calipari}, 플로리다대학교의 빌리 도노반^{Billy Donovan} 그리고 곤자가대학교의 마크 퓨^{Mark Few} 등 세계에서 가장 뛰어난 대학 농구 코치들도 함께였다. 첫날은 주로 슈팅 연습을 했고, 이후에는 CBS의 빌 래프터리^{Bill Raftery}와 ESPN의 P. J. 칼레시모^{P.J. Carlesimo}를 주축으로 코치들이 팀을 구성하기 위한 공식 드래프트를 실시했다. 그러나 코트 위에 있는 선수들을 보니 대학 농구 스타 선수라든가 미래의 NBA 유망주들이 아니었다. 그들은 상당한 재산이 있는 중년 남성들로, 하나같이 열심히 뛸 투지와 농구에 대한 식지 않는 열정을 갖고 있었다. 당시 USA 바스켓볼은 한창 붐을 타고 있던 스포츠 판타지 캠프 사업에 뛰어든 상태였는데, 전 세계 부호들의 꿈을 이루어주고 있었다. 코트 위를 누비며 농구 경기를 하고, 사이드라인에서 자신들의 농구 영웅들이 소리 높여 응원하는 꿈. 그들은 그 꿈을 위해 기꺼이 상당한 금액을 지불했다.

나는 이 캠프에서 여러 해 일해오고 있는데, 이건 정말 환상적인 경험이다. 캠프 참가자들은 개인 전용기를 타고 리스베이거스로 날아와 운전기사가 모는 최고급 벤틀리를 타고 체육관으로 향한다. 그들은 믿을 수 없을 만큼 성취욕이 강하고 엄청난 성공을 거둔 사람들이다. 그러나 막상 경기에 참여하는 모습은 한없이 친근하다. 머리띠를 질끈 매고 반바지를 입은 채(또는 볼록한 아랫배를 내민 채) 가쁜 숨을 몰아쉬며 코트 위를 뛰어다니는 걸 보면, 그들에게서 억만장자의 모습이나 『포춘』이 선정한 '세계 100대 최고경영자'라는 화려함은 찾아볼 수 없다. 그렇지만 내 눈에는 그들이 전혀 작아 보이지 않았다. 오히려 더 커 보였다. 그들이 진지하게 경기에 임하는 모습, 열심히 준비하는 모습, 체육관에 일찍 나와 폼롤러로 뭉친 근육을 푸는 모습과 스트레칭을 하는 모습, 심판이 잘못된 판정을 할 때 격하게 소리를 지르는 모습들이 너무 좋다.

휴식 시간이 되면 그들은 전화를 걸어 거래를 마무리 짓는 등 사업을 한다. 그러다 게임이 시작되면 다시 코트에 올라 유리한 포지션을 잡고 수비와 공격에 나선다. 때로는 지나칠 정도로 경쟁이 치열해지기도 한다. 자신들의 삶에서 현재의 위치까지 올라온 방식이리라. 그 경쟁적인 측면은 그들이 켰다 껐다 할 수 있는 스위치가 아니다. 자기 자신의 일부로, 본능 안에 녹아 있는 것이다. 운동 기술이야 중역실에서 코트로 옮겨올 수 없겠지만, 사업과 관련된 접근방식과 기본 원칙들 그리고 마음가짐은 대부분 그대로 옮겨올 수 있다.

스포츠는 인생의 균형을 잡아주는 역할을 한다. 세계 100대 최고 경영자에 오른 배 나온 아저씨들은 모두 그 사실을 알고 있다. 대부분의 사람이 그들 앞에서는 '예스맨'이 될 것이다. 웨이터들은 그들에게 최고급 와인을 갖다주려 종종걸음 칠 것이고, 주차 요원들은 그들의 차를 넣고 빼느라 정신없을 것이다. 하지만 그들은 내심 스스로 레이업슛(백보드에 가깝게 점프하여 공을 바스켓 위에 살짝 올려놓듯이 한 손으로 던지는 슛-역자 주)을 성공시키고 싶어 할 것이다. 잘못된 자세를 바로잡아주거나 공이 골대에 맞고 흔들릴 때 약간의 도움을 줄 수 있는 사람은 필요하겠지만. 그러니까 자기 밥그릇은 자기가 챙기고 싶어 하는 것이다. 그들은 비탈길을 오르면 오를수록 강해진다는 사실과, 자신을 제대로 알기 위해서는 경쟁자들을 상대로 격렬한 농구 경기를 해보는 것만큼 좋은 것도 없다는 사실을 안다.

스포츠 분석 전문 기업인 크로스오버 앤 코트사이드VC의 최고경영자 바수 쿨카르니Vasu Kulkarni의 사업들은 온통 농구와 관련된 것이다. 그는 농구에 대한 이야기를 할 때 말도 못하게 열정적인데, 한 인터뷰에서 이런 말을 했다.

"코트에 서면 자신의 진짜 색깔이 나옵니다. 코트 밖에서 성취해야 하는 것들이 코트 위에서 더욱 분명하게 보일 때가 많죠. 그래서 저는 늘 같이 사업하는 많은 사람들을 코트 위로 불러내려 합니다."

농구 경기를 한다는 것은 경험을 공유하는 일이다. 농구는 워낙 격한 운동이라 진을 빼게 만들며, 선수는 다른 사람들과 함께 승리의 기쁨이나 패배의 아픔을 경험하게 된다.

"농구를 하는 것은 인간관계를 구축하고 사람들 간에 다리를 놓는데 더없이 좋은 방법입니다."

바수의 말이다. 그는 시대를 초월하는 위대한 인물들 중 한 명으로부터 세상을 보는 관점을 배우고 있다. 명예의 전당에 오른 전설적인 농구선수 래리 버드Larry Bird 역시 자신은 "누군가에 대해 알아야 할 모든 것을 그 사람이 농구 코트에서 하는 행동을 보고 알았다"라고 말했다고 한다.[1]

스포츠와 비즈니스 세계의 관계는 밀접하면서도 자연스럽다. 최고의 코치들이 동시에 리더십 전문가와 동기부여 전문가로 활약하고 있는 것도 우연이 아니다. 켄터키대학교 코치 존 칼리파리와 빌라노바대학교 코치 제이 라이트Jay Wright는 비즈니스 리더십 책을 쓰고 있고, 듀크대학교 코치 마이크 시셰프스키Mike Krzyzewski는 동기부여 강사로 활약하고 있으며, 노스캐롤라이나대학교 농구팀 코치 딘 스미스Dean Smith는 스위스같이 멀리 떨어진 곳에 있는 경영대학원에서 초청 강연을 하기도 했다.

　성공을 꿈꾸는 일반인들과 기업, 그리고 각종 기관의 사람들은 최고의 코치들이 하는 말을 듣기 위해 기꺼이 많은 돈을 내고 주말을 희생하며 상당히 먼 거리도 마다하지 않는다. 그렇다고 그들이 지역 방어나 픽 앤 롤(Pick and Roll. 골밑으로 파고 들어가는 센터가 가드의 패스를 받아 슛을 하는 것 - 역자 주) 방법에 대해 메모하는 것은 아니다. 일부 참석자들은 아예 스포츠를 즐기지도 않지만, 최고의 코치들이 전하고자 하는 보석 같은 지혜는 잘 이해한다. 그들이 전하는 교훈은 보편적인 것이지만 그 결과는 논쟁의 여지가 없을 정도로 분명하고 확실한 효과를 보인다.

　대학 코치들은 또 2년 정도마다 전혀 다른 장단점을 가진 전혀 다른 인재들을 모아 모든 걸 처음부터 다시 시작해야 한다. 코치진이 개발하는 훈련 프로그램은 지속성이 있는 요소들이며, 대학 농구팀의 오랜 성공은 코치의 리더십이 그만큼 뛰어나다는 걸 보여주는 증거다. 코치들은 성공의 기본적인 원칙을 잘 알고 있는데, 그건 그들이 해마다 그 원칙을 계속 적용해야 하기 때문이다. 이는 성공이 우리가 평소에 하는 일들의 결과라는 사실을 반증한다. 즉 성공도 습관화시켜야 한다는 말이다.

　각계각층에서 가장 높은 자리에 오른 사람들은 이런 사실을 누구보다 빠르게 받아들였다. 자신의 결정에 따라, 주인 의식을 갖고 긍정적인 습관들을 쌓고 또 유지한 것이다. 그들은 한 가지 분야에서만 특출

한 사람도 있지만, 결국 성공의 기술을 깨달으면 모든 분야에서 성공할 수 있다는 사실을 잘 안다. 뛰어난 것은 선택의 문제가 아니기에, 한 가지 일을 잘하면 다른 모든 일도 잘하게 되는 것이다.

나는 그간 주로 엘리트 농구 선수들이 스포츠에 대한 열정을 다지고, 자신의 정신적·육체적 관계를 강화하는 일을 도왔다. 케빈 듀란트Kevin Durant와 빅터 올라디포Victor Oladipo 같은 뛰어난 선수들과 일했고, 코비 브라이언트Kobe Bryant와 스테판 커리Stephen Curry 같은 슈퍼스타들이 개인 연습을 하는 걸 지켜보기도 했는데, 두 가지 점이 눈에 띄었다. 첫째, 늘 기본을 지킨다. 그리고 그 기본적인 것들이 몸에 배어 자동으로 튀어나올 만큼 꾸준히 공부하고 연습한다. 둘째, 누구보다 열심히 노력한다. 경기에서는 때때로 지기도 하지만, 노력 면에선 결코 지지 않는 것이다.

1999년 대학을 졸업한 이래, 나는 계속 농구 경기력 향상 코치로 일했다. 그리고 지금은 세계 각국의 주요 기업들에서 리더십 및 팀워크 향상에 대해 가르치고 훈련시키고 자문하는 일을 하고 있는데, 그건 농구에서 경기력 향상에 필요한 원칙들과 다른 분야에서 성공하는 데 필요한 원칙들이 서로 다를 바가 없기 때문이다. 나는 늘 기본 원칙들을 중시하며, 그래서 그 기본 원칙들을 가르친다. 그동안 사람들이 무엇에 전념하느냐에 따라 성공하기도 하고 실패하기도 하는 모습을 수없이 지켜봤다. 그때마다 매번 작가 겸 뛰어난 동기부여 강연자이자,

내 영웅들 중 한 사람인 짐 론^{Jim Rohn}의 말을 떠올리고는 한다.

"성공은 마법 같은 것도 아니고 불가사의한 것도 아니다. 가장 중요한 기본 원칙들을 꾸준히 적용한 끝에 거두는 자연스러운 결실일 뿐이다."

◆　◆　◆

이제부터 나는 요즘같이 산만한 세상에서 현재에 충실한 삶을 사는 법을 가르쳐주려고 한다. 그래서 여러분이 다른 사람들과 보다 잘 연결되고, 보다 생산적이고, 보다 영향력 있는 리더요 팀 동료가 되길 바란다. 큰 변화는 결국 사소한 것들이 축적되어 만들어내는 것이다. 절대 잊지 마라. 모든 큰일들은 그렇게 일어난다. 성공은 어느 날 갑자기, 무심코 당신에게 일어나는 마법 같은 일이 아니다. 당신이 불러들이고, 당신이 선택하고, 당신이 만들어내는 것이다. 성공한 사람을 보면 다른 사람들에 비해 사소한 일을 더 잘할 뿐이다. 최고를 최고로 만들어주는 비결, 그건 바로 성공의 기본 원칙을 깨닫고 매일매일 기본을 실천하는 것이다. 세계적인 인물들과 놀라운 성공을 거둔 인물들은 언제나 기본 원칙들을 지키고 사소한 일들을 함으로써 현재의 위치에 올랐다.

우리는 흔히 운동선수들과 성공한 경영인들을 연결 짓고는 하는데, 그것은 그들이 원하는 결과를 끌어내는 데 아주 능숙한 사람들이기 때문이다. 예를 들어 슈퍼스타 르브론 제임스LeBron James는 머릿속으로 자신이 속공을 펼치는 상대 선수를 따라잡는 그림을 잘 그린다. 그래서 상대 선수가 언제 어떻게 레이업슛을 쏠 건지를 보고 타이밍을 맞춰 공을 쳐낸다. 일이 일어나기도 전에 미리 예측해, 자신이 원하는 결과를 끌어내는 것이다. 르브론 같이 위대한 운동선수들은 모든 경기를 그렇게 한다. 그건 스티브 잡스Steve Jobs나 빌 게이츠Bill Gates도 마찬가지였다.

그렇다면 경기력을 향상시키기 위해 가장 필요한 첫 번째 단계는 무엇일까? 바로 '현재에 충실한 삶을 사는 법'을 배우는 것이다. 그간 내가 만나본 사람들 중에 최고로 행복하고, 최고로 영향력 있고, 최고로 성공한 사람들의 공통점은 지금, 이 순간에 온 관심을 집중한다는 것이었다. 그들은 다음과 같은 세 가지에 집중한다.

- 다음 플레이
- 통제 가능한 것들
- 과정

● **참고 노트** 이 책에서 나는 남자, 여자를 구분 짓지 않고 모두 '그'라고 칭할 것이다. 말할 때마다 그와 그녀를 구분해서 적는 건 불편하기도 하고, 독자 여러분에게도 혼란스러울 테니 말이다. 나는 단순한 게 좋다. 효율적인 리더십과 최고의 경기력에는 남녀 성 구분이 없다. 이 책에 쓰인 모든 단어는 남녀 모두에게 평등하게 적용된다는 걸 밝히고 싶다.

조직의 생산성을 높이고 조직을 보다 효율적으로 운영할 수 있도록 돕는 일을 해오면서, 나는 성공한 경영자들과 중역들, 기업가들, 리더들을 수없이 만났다. 그들과 친해지기도 하고, 그들에게서 뭔가를 배우기도 하고, 그들을 인터뷰하기도 했는데, 그 과정에서 그들에게는 공통적인 특징이 있다는 사실을 알게 됐다. 최고의 자리에 오른 선수, 성공한 코치, 성공한 팀 동료들과 세계에서 가장 크고 중요한 기업들을 운영하는 경영자들의 성공 원칙은 눈이 휘둥그레질 정도로 같았다. 그 순간 나는 이처럼 문화, 헌신, 팀워크 같은 것들은 업계와 분야를 초월한다는 사실에 깊이 매료됐다.

성공에 필요한 기술은 그 누구든 쓸 수 있다. 그 기술은 정상에 오른 수많은 개인들에 의해 공개적으로 공유되고 있으니 말이다. 우리에게 필요한 것은 행복과 성취감, 자신감, 영향력을 극대화하는 것뿐이며, 그렇게 하면 성공은 이미 이룬 것이나 다름없다. 그러나 이런 전략들을 실행에 옮기고, 습관화하고, 매일 실천하는 것은 오롯이 우리의 몫이다. 내가 이 책을 쓴 것도 바로 그 때문이다.

이 책에 있는 정보들을 활용해 보다 영향력 있는 리더이자 팀 동료가 되려면, 결국 행동에 나서겠다는 당신의 선택이 필요하다. 알고 있는 것들과 실제 행하는 것들 간의 간극을 좁히는 것 역시 당신의 선택이다. 오늘 당신이 내리는 선택들이 내일 당신의 위치를 결정하기 때문이다. 먼저 당신은 아래의 질문에 대한 답을 찾아야 한다.

- 어떤 것을 포기해야 하는가?

- 어떤 능력들을 익혀야 하는가?

- 누구로부터 도움을 받아야 하는가?

- 어떤 도전들을 예상해야 하는가?

- 어떤 습관들을 바꿔야 하는가?

지금 당장 대답하기가 어렵다면, 이 책이 인생에서 가장 중요한 의문들에 대한 답을 찾아내는 데 도움을 줄 것이다. 자기 분야 최고의 인물들로부터 배운 실행 가능한 일들과 각종 기술, 개념, 이야기, 교훈을 모두 담았으니 말이다. 그간 내가 뛰어난 인물들과 나눈 수많은 의미 있고 영향력 있는 대화와 그들에 대해 관찰한 것들을 하나도 숨김없이 여러분들과 공유할 것이다. 그러나 진짜 일들은 모두 당신의 몫이다. 어쨌든 다른 누군가가 당신 대신 팔굽혀펴기를 해줄 수는 없는 노릇이니까. 대신 이 책이 당신의 삶의 모든 부분에서 성과를 높이는 데 필요한 최초의 불씨 역할을 해줄 것은 분명하다.

어릴 때부터 '지식은 힘'이라고 배웠다. 그런데 사실 아는 걸로는 불완전하다. 지식 그 자체는 아무 쓸모가 없다. 힘은 적용이나 활용으로부터 나온다. 행하지 않고 알기만 하는 것은 아무것도 모르는 것이나 다름없다. 결국 지식이 다가 아니란 소리다. 대부분의 사람은 자신이 어떤 음식을 먹어야 하는지, 잠을 얼마나 많이 자야 하는지, 또 몸매를 유지하기 위해선 무엇을 해야 하는지를 알고 있다. 그렇지만 전 세계 적으로 비만 인구는 매년 늘고 있지 않은가. 왜일까? 사람들이 알면서 도 행동으로 옮기지 않기 때문이다.

당신이 어떤 일을 하고, 어떤 목표를 지니고 있든, 성과를 올리는 문 제에 관한 한 가장 기본적이고 효과적인 전략은 '실행 격차'를 좁히는 것이다. 실행 격차란 우리가 해야 한다고 알고 있는 것과 실제로 하는 것 사이의 격차를 뜻한다. 모든 사람이 실행 격차를 갖고 있지만, 위대 한 성취를 이룬 사람은 그 부분에서 실행 격차를 없애거나 줄이는 방 법을 찾아낸 사람들이다.

우리는 지금 정보의 시대에 살고 있다. 과학기술 덕에 우리는 그 무 엇에 대해서든 단 몇 초면 정보를 찾아낼 수 있다. 다시 말해 우리는 몰라서 성공을 못 하는 것이 아니라는 소리다. 인생이 진퇴양난에 빠 지고, 좌절하며, 지치는 이유는 아는 것이 부족해서가 아니라 실행을 못 하기 때문이다. 당신은 더 이상 유명인의 자기계발서를 하나하나 찾아 읽지 않아도 된다. 세계 최고의 사람들에게 통용되는 성공 원칙 을 내가 알려줄 테니. 자, 가장 시급한 실행 격차를 좁히는 일부터 시작 하자.

이 책은 '선수', '코치', '팀' 이렇게 크게 세 부분으로 나뉘어 있는데, 각각은 비즈니스 세계에서 직원, 관리자/최고경영자, 조직에 해당한다. 또한 각 부분에는 그 세 가지 역할을 성공적으로 수행하는 데 필요한 다섯 가지 특징들이 담겨 있다. 그리고 세 부분은 다음과 같이 서로 밀접한 관련을 맺고 있다.

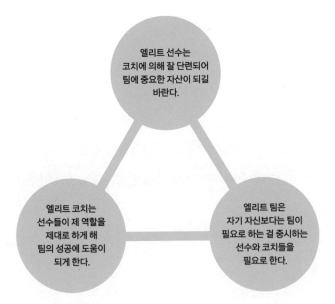

여기서 강조하고 싶은 것은 이 세 부분은 절대 서로 따로 노는 게 아니며, 또 각 장에는 모든 사람에게 적용 가능한 선수, 코치, 팀의 소중한 특징들이 담겨 있다는 것이다. 코치의 특징들은 선수에 의해 당장 활용 가능하며, 선수의 특징들 역시 코치에 의해 활용 가능하다. 그리고 선수와 코치가 제 역할을 제대로 해낼 때 비로소 팀도 제대로 돌아간다.

우리는 살아가면서 계속 선수, 코치, 팀 동료의 역할을 하게 된다. 나는 그 세 부분의 관점을 좀 더 면밀히 살펴보기 위해 이 책을 일부러 세 부분으로 나누었다. 장담하건대, 나이나 직업에 관계없이 당신은 살면서 늘 한 역할에서 다른 역할로 옮겨 다닐 것이다. 지금이 아닐지라도, 인생에 한번은 누구나 리더가 되고 코치가 된다. 때론 동시에 두세 가지 역할을 맡기도 한다.

PART 1 : 선수

선수는 어떤 팀, 기업 또는 조직에 속한 각 개인이다. 1부는 다섯 개의 장으로 나뉘며, 각 장은 개인이 성공하기 위해 가져야 할 특징을 집중적으로 다룬다. 각 특징은 앞서 다룬 특징을 토대로 하며, 마지막 특징은 이전 네 가지 특징들이 서로 조화를 이룬 끝에 나오는 결과다(이는 2부, 3부도 마찬가지이다).

CHAPTER 1 : 자기인식

자기인식은 이 책 속에 들어 있는 다른 모든 원칙의 출발점이다. 당신 자신을 인생이라는 게임이나 경기의 선수로서 인식하는 것이다. 즉 자기인식이란 당신이 누구인지, 또 당신이 무엇을 할 수 있고 할 수 없는지를 제대로 이해한다는 의미이다. 어디서부터 시작해야 좋을지 모르겠다면, 이 단계부터 시작하라. 자기인식이 올바르게 이루어지지 않으면 게임의 승률을 끌어올리는 다른 기술들을 익히는 것은 불가능하다. 잊지 마라. 모든 것의 출발점은 자기인식이다.

CHAPTER 2 : 열정

열정은 가르치기 힘든 특징이지만, 워낙 중요해 강조하지 않을 수 없다. 잘 활용하도록 하라. 열정이란 당신이 하는 일에 대한 사랑이며, 목표를 계속 추구하게 해주는 내적 욕구이다. 그 목표가 당신에게 너무 중요하기 때문에, 설사 내키지 않더라도 해야 할 일을 기꺼이 하는 것이다. 또한 당신이 하는 일에 당신의 마음과 당신의 모든 것을 바치는 것이다.

CHAPTER 3 : 훈련

훈련은 당신의 목표들을 달성하는 데 필요한 일상, 구조, 습관 등을 개발하는 것이다. 다른 사람들이 하지 않는 것을 하고, 어떻게 앞서 나가는지 알아보며, 재능만으로는 결코 충분치 않다는 사실을 이해하는 과정이기도 하다. 훈련은 또 자기인식과 열정이 자리 잡은 뒤 반복해서 개발하고 적용하고 연마하는 시스템이기도 하다.

CHAPTER 4 : 수용력

성공한 사람들은 늘 마음을 열고 배운다. 최고의 자리에 오른 사람들은 절대 현실에 안주하지 않으며, 그들이 현재의 위치에 오를 수 있었던 건 자신의 허점들을 찾아내 메우는 데 전력투구했기 때문이다. 또한 자신이 절대 충분치 못하다는 걸 알 정도로 겸손하다. 다른 사람의 코칭을 받아들이지 못하면 절대 발전할 수 없다. 코칭을 받아들일 수 있다는 것은 자기발전을 위한 적절한 마음가짐과 접근 방법을 갖고 있다는 의미다.

CHAPTER 5 : 자신감

자신감은 앞서 나온 네 가지 특징들이 누적돼 생겨난다. 자신감이란 결국 나름의 관점 및 마음가짐과 관련된 것이다. 지금 하는 일에 충분한 시간과 노력을 쏟고 있고, 또 그 분야의 최고가 되기 위해 계속 배우고 있기 때문에 결국 당신이 성공할 것이라는 사실을 믿는 것이기도 하다. 자신감은 또 내면이 확고하고 생동감 넘치는 상태로, 당신이 세상 사람들에게 내보이는 얼굴이다.

PART 2 : 리더

여기서 리더란 다른 사람들을 이끌어 가야 할 의무와 결정권 내지 권위를 부여받은 사람을 뜻한다. 최고경영자, 감독, 관리자, 코치, 부모 등이 다 그에 해당한다. 직속 부하가 한 사람인 사람일 수도 있고 천 명인 사람일 수도 있다. 2부는 리더로서 다른 사람들을 이끌고 다른 사람들에게 미치는 영향력을 강화하고자 하는 사람에게 도움이 될 것이다.

CHAPTER 6 : 비전

리더는 경쟁에서 앞서 나가기 위해 노력해야 하며, 다른 사람들이 보지 않거나 보지 못하는 것들을 볼 수 있어야 한다. 자신이 이끄는 사람들을 앞으로 끌고 가기 위해, 자신이 이루고자 하는 것들에 대한 비전을 갖고 그 비전을 실현하기 위한 조치들을 취해야 한다. 비전을 갖는다는 것은 미래로 나아가는 지도를 갖고 다니는 것으로, 당신은 계속 그 지도를 들여다보면서 다른 사람들에게 영감을 주어 당신을 따르게 해야 한다.

CHAPTER 7 : 문화

리더는 자신이 만들어내는 환경만큼 강하다. 그 환경은 안전과 동기부여와 영감이 넘치는 장소여야 한다. '문화'라는 개념 속에는 당신이 일하고 있는 물리적인 공간, 모든 사람이 상호작용하는 방식, 리더가 다른 사람들에게 주입하고 고무하며 보상하는 원칙과 가치들이 포함된다. 리더는 모든 사람들이 가장 높은 수준의 자아를 구현하고 팀을 위해 최선을 다할 수 있는 환경을 조성해 주어야 한다.

CHAPTER 8 : 섬김

진정한 리더들은 사람들 위에 군림하는 대신 사람들을 섬긴다. 그들은 자신이 이끄는 사람들이 언제든 자신을 이용하고 자신에게 다가올 수 있게 한다. 섬기는 리더가 된다는 것은 사람들의 욕구를 제대로 이해하고 그들이 원하는 대로 응하는 걸 뜻한다. 비효율적이고 시대에 뒤떨어진 강압적인 관리 스타일과는 사뭇 다르다. 섬기는 리더는 늘 사람들의 말에 귀 기울이고, 마음을 열고, 적응하며, 조직의 비전과 문화를 위해 기꺼이 자기 손을 더럽힌다.

CHAPTER 9 : 인격

인격이란 리더가 어떤 사람인지를 뜻한다. 그러니까 심지어 아무 보상도 없는 상태에서 사람들이 믿고 따를 수 있는 도덕성과 정직성을 지닌 사람이 되는 것이다. 거짓말쟁이나 멍청이, 사기꾼을 위해 일하고 싶어 하는 사람은 없다. 올바른 인격을 갖추고 있다는 것은 그 뒤를 따를 가치가 있는 사람이란 뜻이다. 단기적으로는 종종 편법을 쓰는 사람들이 보상을 받기도 하지만, 장기적으로는 늘 뛰어난 인격을 가진 사람이 보상을 받는다.

CHAPTER 10 : 권한 위임

권한 위임은 앞서 말한 리더의 네 가지 특징들의 정점이다. 또한 리더가 다른 사람을 자유롭게 놔주고 다른 사람들이 리더가 되는 걸 지원하는 것이므로, 리더십의 마지막 단계이기도 하다. 권한 위임은 또 사람들로 하여금 인정받는 사람, 가치 있는 사람으로 느끼게 해준다.

PART 3 : 팀

팀이란 어떤 비전과 임무를 공유하면서 함께 일하는 모든 그룹, 기업 또는 조직을 뜻한다. 비전통적인 기업에서 일을 하든 아니면 혼자 일을 하든 당신은 팀의 일부이다. 그 누구도 혼자서는 성공할 수 없다. 힘든 일은 거의 다 당신이 한다고 투덜거릴 수도 있지만, 모든 사람은 크든 작든 어떤 형태로든 도움을 필요로 하며 또 실제로 알게 모르게 많은 도움을 받는다. 직장에서, 가정에서, 그리고 지역사회 안에서 우리는 너 나 할 것 없이 우리보다 더 큰 무언가의 일부이다.

CHAPTER 11 : 믿음

3부에서 다룰 첫 번째 특징은 믿음인데, 믿음은 팀의 성공에 없어선 안 될 토대이기 때문이다. 믿음이란 어떤 팀이 자기 팀 자체에 대해 지닌 마음가짐이다. 믿음이 있다는 것은 자기 팀이 성공할 수 있다는 확신이 있다는 뜻이며, 자신들이 하고 있는 일이 가치 있는 일이라는 생각을 공유한다는 뜻이다. 또한 팀원들이 서로를 믿을 수 있기에 힘을 얻기도 한다.

CHAPTER 12 : 이타심

이기심은 그 어떤 팀이든 파멸로 몰아넣는다. 팀이 성공하기 위해서 모든 팀원은 이타적이어야 한다. 자신의 성공이나 발전, 공로가 아니라 팀 동료들과 코치와 주어진 임무에 신경을 써야 한다. 또한 각 팀원은 기꺼이 자신이 팀 전체의 일부에 지나지 않는다는 사실을 인정해야 한다. 이타심을 갖는다는 것은 개인보다는 집단의 성취를 더 중요한 목표로 받아들인다는 뜻이다.

CHAPTER 13 : 역할 명료성

역할 명료성은 팀이 제대로 작동되고 팀원들 간에 상호작용이 제대로 이루어지는 데 꼭 필요한 요소이다. 그러니까 각 팀원들이 전체 속에서 자신이 맡은 역할과 다른 사람들의 역할을 명확히 이해한다는 뜻이다. 성공한 팀들은 모든 팀원이 중요하다는 사실은 물론, 각 팀원이 서로 맞물리는 퍼즐 조각이라는 사실을 잘 안다. 각 퍼즐 조각이 제자리에서 제 역할을 못할 경우 전체 퍼즐 그림은 완성되지 못한다.

CHAPTER 14 : 커뮤니케이션

커뮤니케이션은 팀을 하나로 묶어주는 접착제와 같다. 커뮤니케이션을 한다는 것은 서로 나름의 존경심과 관심을 가지고 마음을 열어 상대의 말에 귀 기울여 대화를 한다는 뜻이다. 비단 말뿐 아니라 몸짓언어와 목소리 톤까지도 커뮤니케이션에 포함된다. 이것은 모든 업계, 모든 관계 그리고 모든 조직에 적용 가능하다.

CHAPTER 15 : 화합

화합은 팀원들이 각자 자신이 맡은 역할을 잘 이해하고, 커뮤니케이션을 잘 하며, 서로를 믿고 행동에 나서면서 이타심을 발휘할 때 생겨나는 자연스러운 결과다. 화합을 위해서는 팀 전체가 원활하게 돌아가야 하며, 그럴 경우 각 개개인의 힘을 다 합친 것보다 더 강한 힘을 발휘하게 된다.

PART 1

승리하는 개인의 원칙

: 기본기 없이는 절대 성공할 수 없다

| 자기인식 |
나는 무엇을 할 수 있는 사람인가

당신에게 형편없는 사람이라고 말하는 사람들도 포용하라.

– 게리 베이너척

이제부터 이 책에서 다룰 모든 요소에 영향을 주는 근본적인 이야기를 하려고 한다. 성공을 하는 데 가장 중요한 요소 중 하나는 바로 자기인식이다. 자기인식이란 당신이 어떤 사람인지, 무엇을 할 수 있고 무엇을 할 수 없는지, 당신의 가치는 어디에서 오는지, 당신은 어떤 면에서 개선이 필요한지 제대로 아는 것이다. 모든 일을 자기인식에서부터 시작하지 않는다면, 내가 이 책에서 어떤 것을 가르치고 설파하든 아무 소용이 없다.

자기인식은 다른 모든 특징들의 토대이자 중심이다. 오늘날 비즈니스 세계에서 자신의 장점과 단점을 파악하는 것은 생존을 위한 필수 능력이기도 하다. 어떤 점을 활용할 것인가, 어떤 점을 연마할 것인가, 어떤 점을 없앨 것인가? 이 모든 것이 자기인식에 속한다. 자기인식은 어떤 프로젝트나 일을 시작할 때나 연말에 하는 일회성 재고조사 같은 게 아니다. 매일매일 기르고 다듬어야 하는 습관 같은 것이다. 명심하라. 자기인식을 행하는 건 일종의 습관이다.

고급 통계학 분야 선구자이기도 한 휴스턴 로케츠 구단의 단장 대릴 모리Daryl Morey는 "선수들이 무엇을 예측할 수 있기를 바라십니까?"라는 질문에 이렇게 답했다. "롤모델로 삼고 있는 선수에 비해 현재의 나는 무엇이 부족한지를 아는 자기인식입니다. 그러니까 선수들이 자신과 크리스 폴Chris Paul이나 제임스 하든James Harden 같은 NBA의 위대한 선수들 사이에 어떤 간극이 있는지를 제대로 인지했으면 좋겠다는 말입니다. 그 다음에는…… 그런 간극을 메우기 위해 어떤 습관들을 개선해야 하는지를 알아야겠죠."[1]

자기인식은 구글 지도상의 화살표와 같다. 당신이 지금 어디에 있는지 시작점을 알 수 있고, 가고자 하는 곳에 도달하려면 어떻게 해야 하는지에 집중할 수 있게 만든다.

"가장 많은 걸 성취한 사람들은 자기 자신을 면밀히 관찰한다." 비즈니스 저널리스트 조프 콜빈Geoff Colvin이 그의 저서 『재능은 어떻게 단련되는가Talent Is Overrated』에서 한 말이다. 콜빈은 각 분야 최고의 인물들이 다른 사람들과 다른 점이 무언지를 관찰한 끝에 이런 결론을 내렸다. "그들은 자기 자신에게서 탈피할 수 있다. 늘 자기 자신의 마음속에서 일어나는 일들을 관찰하고, 어떻게 되어 가고 있는지를 자문하며…… 다른 사람들에 비해 이 모든 걸 훨씬 더 체계적으로 해 낸다. 일상의 일부로 굳어버린 것이다."[2]

나는 세계 각국의 많은 기업에서 강연을 해왔는데, 대부분의 사람들이 몽유병 환자처럼 멍한 상태로 일상생활을 하고 있거나 자동조정장치로 움직이는 것처럼 무의식적으로 움직이고 있다고 인정했다. 솔직히 말해보라. 당신은 자신에 대해 얼마나 자주 이 같은 재고조사를 벌이는가? 매일 습관적으로 자문해 보는가? 그게 아니라면 대체 어떻게 자신에 대해 제대로 알 수 있는지 자문해 보라. 이는 모든 것을 뒤바꿔 놓을 중대한 결정으로, 당신은 이를 통해 전혀 다른 차원으로 발전할 수 있게 될 것이다.

자가 테스트 ▸

① 당신이 정말 잘하는 것은 무엇인가?

② 당신은 어떤 것을 개선해야 하는가?

③ 2번 문제를 해결하기 위한 계획은 무엇인가?

게리 베이너척을 만나다 : 사회라는 필드에 올라서다

게리 베이너척Gary Vaynerchuck과 약속을 잡는 일은 하늘의 별 따기다. 그의 사무실로 전화해 내 팟캐스트에 올릴 인터뷰 요청을 했을 때, 조수는 이렇게 말했다. "30분 정도 시간 약속을 잡고 싶으시다고요? 그럼 3개월은 더 기다리셔야 합니다."

그래서 "그렇게 할게요"라고 했다. 나는 그렇게 센스 없는 사람이 아니니까. 게리 베이너척은 이미 전설적인 존재다. 새로운 기업을 계속해서 설립하며 도전을 마다하지 않는 기업가인 그는 미디어 분야에서 번쩍이는 불빛이자 유성 같은 존재다. 게리의 영향력은 지금까지도 계속되고 있다. 그러나 그의 시작은 믿기지 않을 만큼 초라했다.

게리는 구소련에서 온 이민자의 아들이다. 게리는 아주 어릴 때부터 뉴저지에서 아버지가 운영하는 와인 가게에서 일했다. 그는 2006년에 유튜브에서 와인 쇼를 시작했는데, 당시만 해도 사람들은 유튜브가 무엇인지도 잘 몰랐다. 그러나 단 5년 만에 게리는 아버지를 도와 300만 달러짜리 소매점을 6000만 달러짜리 온라인 와인 기업으로 키워냈다. 그러나 게리는 그에 만족하지 않고, 곧이어 그 온라인 와인 기업을 다시 베이너미디어로 탈바꿈시켰는데, 베이너미디어는 현재 그 가치가 3억 달러에 달하는 컨설팅 기업이며 세계에서 가장 잘 나가는 디지털 에이전시 가운데 하나다.

그 과정에서 게리는 아주 활발한 엔젤 투자자(Angel Investor. 신생 기업이나 벤처 기업에 투자하는 사람 – 역자 주)이자 벤처 자본가가 되어, 스냅챗, 페이스북, 트위터, 우버, 벤모 같은 기업들에 투자했으며 펀드를 공동 설립하기도 했다. 또한 그는 조만간 미국 프로 미식축구팀 뉴욕 제츠New York Jets를 사들일 계획이다. 대부분의 사람들과는 달리 그에게는 이런 것이 너무도 현실적인 목표다.

전화로 약속을 하고 3개월 후, 나는 베이너미디어 안에 있는 게리의 뉴욕 사무실 안에 있었다. 천하의 게리 베이너척의 회사 사무실이라는 걸 감안하면 놀랄 만큼 그 규모가 작았지만, 그는 겉치레나 환경에 신경 쓰는 스타일의 사람이 아니었다. 벽과 책장 선반들은 각종 스포츠 기념품들(주로 미국 프로 미식축구팀 뉴욕 제츠와 미국 프로농구팀 뉴욕 닉스의 것이었다)은 물론 그가 쓴 책 표지의 사진들, 여러 유명인들 및 영향력 있는 인사들과 함께 찍은 게리 자신의 사진들로 빼곡했다.

게리의 사무실은 오후 한나절 편히 시간 보내기 좋은 곳으로, 마치 편안한 스포츠 바 같은 느낌이 났다. 사무실 전체가 기능적으로 설계되어 있었으며, 컴퓨터가 놓인 입식 책상과 조그만 회의용 탁자 하나에 의자가 넷 있었다. 한쪽 벽은 바닥부터 천장까지 블라인드도 없이 통유리로 이루어져, 모든 사람이 365일 그의 사무실을 들여다볼 수 있게 되어 있었다. 사무실 전체 분위기가 그만큼 투명했으며 접근하기도 쉬웠다.

오전 9시 정각에 그가 커다란 존재감을 과시하며 열정적인 모습으로 사무실 안으로 걸어 들어왔다. 그리고 자리에 앉자마자 내 팟캐스트의 오프닝 테마 음악을 들으니 흥분되더라고 말했다. 게리의 말은 속사포 쏘아대듯 빠르고 강렬해, 듣는 사람을 꼼짝 못하게 사로잡는 매력이 있다. 그래서 그와 한 방에 있을 때는 딴 데 정신을 팔 수가 없다. 그는 늘 있는 그대로의 자신을 보여줄 뿐 가식적으로 행동하지도 변명을 하지도 않는다.

"자기인식은 게임의 핵심이죠." 게리가 내게 말했다. 그는 자기인식이란 것이 즐겁지 않을 수도 있지만, 가장 중요하다는 데는 의심의 여지가 없다고 했다. "자기 자신을 알면 게임은 이기게 되어 있습니다. 스포츠는 물론 사업도 마찬가지예요. 내가 성공할 수 있었던 것은 내가 무엇에 능하고, 무엇에 능하지 않은지 잘 알기 때문입니다." 그가 말했다. 게리는 자기인식이 인생이라는 게임에서 사회라는 필드에 나갔을 때 가장 기본적으로 갖춰야 할 능력이라고 했다. 그러면서 이런 말을 덧붙였다. "자신을 모른다면 절대 앞서나갈 수 없어요."

자기인식의 핵심은 이런 것이다. 냉엄한 현실을 인정하고, 거울 속에서 당신을 쳐다보는 있는 그대로의 자신을 인식하는 것. 당신이 바라는 모습이나 세상 사람들에게 보여주고 싶은 모습이 아니고, 지금 당장 있는 그대로의 자신 말이다.

엄청난 성공을 거두었음에도 불구하고, 게리는 여전히 자신이 알지 못하거나 잘 못 하는 것들이 있다는 사실을 인정하는 데 주저함이 없다. 그런 점이 그의 남다른 경쟁력이기도 하다. 내가 아는 한 노동자층에서 성장해 현재 2억 달러 가치를 지닌 사업을 하는 사람들은 굳이 이런 간극을 찾으려 하지도 않고, 자신에게 간극이 있다는 것을 인정하려 들지도 않는다. 그러나 게리는 자기인식에 전력투구했으며, 그 덕에 현재의 위치에 올랐다. 또한 자기인식의 중요성을 늘 주변 사람들에게 설파하고 있다. 게리의 성공은 결코 우연이 아닌 것이다.

게리는 자신의 아이들과의 농구 경기에서도 최선을 다한다. 아이들에게 승리의 기쁨을 맛보여주기 위해 아버지로서 져줄 법도 한데 왜 그럴까? 그는 눈앞의 승리가 중요한 것이 아니라고 말한다. 아이들이 자신을 꺾으려면 어떻게 해야 하는지 스스로 깨닫기를 바란다고 했다. 일대일 상황에서 아이들이 아버지를 꺾기란 쉽지 않지만 불가능한 일은 아니니 말이다. 떠먹여주는 승리는 아이들에게 성취에 대한 잘못된 인식을 심어줄 수 있다. 그러나 아이들이 나이가 들거나 오랫동안 농구를 연습하여 아버지를 이길 수 있게 되면, 그 승리야말로 '달

콤한 승리'가 될 것이다.*

게리는 나한테 30분을 내주겠다고 했지만, 대화하는 내내 단 한 번도 자기 시계나 휴대폰을 들여다보지 않았다. 바쁜 하루 일정에도 불구하고, 그는 무슨 일이든 건성으로 하는 법이 없었다. 그는 자신이 왜 성공을 거뒀는지 스스로 입증해 보였다. 매 순간 자신이 하는 일에 전력투구했다. 대화를 하면서도 계속 내 눈을 쳐다봤고, 모든 질문에 더없이 솔직한 대답들을 해주었다. 대화 내내 완전히 집중했고 모든 순간에 충실했다. 일개 팟캐스트 인터뷰에서도 그 정도인데, 회의나 사업상의 통화에서는 얼마나 전력투구할지 상상이 되고도 남았다. 그게 모든 일에 대한 그의 접근방식이다. 성공한 사람은 왜 성공할 수밖에 없는지에 대해 그날 정말 많은 걸 배웠다.

당신은 누구이며 무엇을 하고 있는가?

자신이 누구이며 무엇을 할 수 있는지를 제대로 이해하면, 다른 사람보다 한 발 앞서 나갈 수 있다. 어떤 것을 활용하고, 어떤 것을 개선해야 하며, 또 어떤 것을 피해야 하는지 알 수 있게 된다. 또한 자기인

---

* 참고 노트   나는 개리의 생각에 전적으로 동의하며, 오히려 그의 생각에서 한 발 더 나아간다. 나는 내 아이들이 그 어떤 것에서도 나를 이기지 못할 정도로 최선을 다할 것이다. 나는 '모든 사람이 트로피를 받아야 한다'는 마음가짐은 자기인식에 방해가 된다고 생각한다.

식을 하게 되면 자신만의 관점을 갖는 데 필요한 요소, 그러니까 보다 명료한 큰 그림과 그 속에서의 자신의 위치를 알게 된다. 세상에서 가장 위험한 사람들은 자신이 무엇을 모르는지 모르는 사람들이다. 경기에서 슛을 잘못 날리는 건 큰 문제가 되지 않는다. 그러나 잘못 날린 슛이라는 걸 모르는 건? 그건 커다란 문제다.

"저는 정말 많은 사람들이 자기인식을 하지 않는 것에 놀라고는 합니다." 크로스오버 앤 코트사이드VC의 최고경영자 바수 쿨카르니가 내게 한 말이다. "자신의 한계가 어디인지, 무엇을 잘하는지 아는 것은 물론 중요합니다. 하지만 못하는 게 무엇인지 아는 것, 그게 제일 중요해요."

자기인식이 중요한 이유는 제대로 알고 실천하는 사람이 아주 드물기 때문이다. 다른 사람들과 구분되는 자신만의 특징이 무엇인지 알아보라. 자신이 누군지, 또 자신이 무엇을 하고 있는지 당신이 모른다면, 대체 누가 알겠는가? 자기인식이 없다면, 결코 잠재력을 극대화할 수가 없다. 주변을 둘러보라. 이 세상은 잠재력을 잃어버렸거나 활용하지 못하고 낭비하는 사람들로 넘쳐난다. 전 세계의 경기장 좌석을 가득 메우고 있는 사람들이 다 그런 사람들이다. 당신은 아직 배울 것이 많다는 사실을 인정해야 한다. 단순히 겸손을 위한 겸손이 아니라 자기인식으로 가기 위해 꼭 필요한 겸손이다.

1. 당신이 정말 잘하는 일은 무엇인가?

2. 당신과 가까운 사람들을 상대로 설문조사를 한다면, 그들은 당신이 제일 잘하는 일이 무엇이라고 답할 것 같은가?

3. 그 일을 하기까지 얼마나 많은 기회들이 있었나?

2.0짜리 시력을 만드는 법

자신감은 성공의 중요한 요소이다. 하지만 결코 자만심에 빠지지는 말아야 한다. 자만심에 빠지면 자신의 결점을 보지 못하게 된다. 그러나 겸손은 우리에게 2.0에 달할 정도의 뛰어난 시력을 주며 늘 마음을 열게 해준다.

너무도 많은 사람들이 자신의 실수를 인정하지 않으며 늘 결점을 숨기려 한다. 나는 이것이 일종의 알파 독(무리 안에서 가장 강한 개 - 역자 주) 넌센스며 자기파괴로 향하는 길이라고 생각한다. 단점을 숨기는 것은 결국 장기적인 문제를 야기하는 근시안적인 전략이다.

"자신의 단점들을 인정하라." 애덤 갈린스키Adam Galinsky와 모리스 슈바이처Maurice Schweitzer가 『관계를 깨뜨리지 않고 원하는 것을 얻는 기술Friend and Foe』에서 한 말이다. "먼저 단점을 인정하고 그 단점에도 불구하고 강해져라. 그러면 놀라운 일들이 일어날 것이다."³ 많은 전문가들은 남의 말에 귀를 기울이는 것이 자기인식을 강화하는 좋은 방법들 중 하나라고 말한다. 남의 말에 귀 기울이지 못하고 그저 당신이 할 말만 떠올리던 대화나 회의들을 생각해보라. 대화에 집중할 수 있었는가? 뭔가를 제안할 수 있는 게 당신뿐이라고 생각하지는 않았는가? 자신이 해야 할 말에 대해선 최대한 관심을 덜 가져야 한다. 당신이 알고 있는 것들은 이미 다른 사람들도 다 아는 것들 아닌가?

직관에 반하는 말처럼 들릴지 모르나, 자기인식을 제대로 하는 가장 좋은 방법은 당신을 가장 잘 아는 사람들한테 묻는 것이다. 당신을 사랑하고, 당신에게 도전하고, 당신을 밀어붙이고, 당신을 돕고, 당신이 잘되기를 바라는 친한 친구와 가족 그리고 동료, 이른바 당신의 '이너 서클' 사람들한테 말이다. 그들에게 당신이 다른 사람들의 말에 귀 기울이는지 물어보라. 모두가 '아니'라고 답한다면, 스스로 공감 능력이 뛰어난 사람이라고 생각할지라도 당신은 그런 사람이 아닌 것이다. 자기 평가가 이너 서클 사람들의 평가와 일치할 때, 당신은 높은 수준의 자기인식에 도달할 수 있을 것이다.

남을 걱정하지 마라. 그보다는 그들이 당신을 걱정하게 하라.

- 존 우든

통제 가능한 것을 통제하라

자기인식은 자신에 대한 통제가 어디서 시작되고 어디서 끝나는지 아는 것이기도 하다. 가끔은 그 경계선을 정확히 아는 일이 성공과 실패를 가르기도 한다. 그래서 내가 틈나는 대로 선수들과 동료들, 그리고 내 강의에 참석하는 사람들에게 하는 말이 바로 '통제 가능한 것들을 통제하라'이다.

이 세상에서 우리가 언제 어느 때든 100퍼센트 통제할 수 있는 것은 단 두 가지뿐이다. 노력과 마음가짐. 사실 나는 통제 강박증 기질이 있어 나에게 이 대목은 삼키기 힘든 알약 같다. 하지만 어쨌든 사실이 그렇다. 우리가 통제할 수 있는 것이라고는 사고방식, 열정, 사전 준비 (모두 성과 향상에 필수적인 요소들이다) 정도인데, 모두 노력과 마음가짐에서 뻗어 나온 것들일 뿐이다.

한정적인 시간과 관심, 에너지를 통제권 밖에 있는 것들에 쏟는 것은 멍청한 짓이다. 현실을 직시하라. 당신은 상사와 동료, 직원, 고객,

배우자, 친구, 아이들에 대해 최소한의 통제력을 갖고 있을 뿐이다. 살면서 앞에서 열거한 주변 사람들에게 영향을 줄 수는 있지만, 그들의 행동과 그들의 결정이나 결과까지 통제할 수는 없다. 그러니 그들을 내버려둬라. 당신의 에너지를 자기 내면에만 쏟아라. 기분도 훨씬 나아질 것이다. 정리하자면, 정신적·육체적·감정적 에너지를 주변 사람들을 통제하는 데 허비하지 마라. 그보다는 그 모든 에너지를 당신의 노력과 마음가짐에 집중하라.

어린 시절, 부모님이 해주셨던 말이 기억난다. "넌 결코 다른 사람의 말이나 행동을 통제하지 못할 거야. 하지만 그에 따른 대응 방식이나 반응은 통제할 수 있단다."

나는 벌써 세 아이의 아버지가 되어, 기회가 있을 때마다 아이들에게 같은 말을 해준다. 그리고 이 말은 아이들뿐 아니라 우리 모두에게 해당되는 이야기이다. 통제 가능한 것들을 통제하는 것. 이는 성과를 극대화시키는 데 꼭 필요한 일이다. 통제할 수 없는 것들 때문에 집중력이 흩어지면, 성과는 저하되게 마련이다. 그러니 에너지와 관심과 자원을 절약해 우리가 실제 변화시킬 수 있는 것들에 쏟도록 하라.

엘리트 농구선수와 일반적인 선수는 바로 이런 점에서 구분된다. 자신의 노력과 마음가짐을 집중시킬 수 있는 능력 말이다. 보통의 선수는 코치가 어떻게 하고 있고 팀 동료들, 상대 팀 선수는 어떻게 하고 있는지에 신경을 쓰며, 심지어 심판까지도 신경 쓴다. 물론 위대한 선수들도 이 모든 영역들로부터 들어오는 반응에 신경을 쓴다. 그러나 그들은 경기 시간과 연습 시간에 자신이 어떻게 하고 있는지, 현재 일어나고 있는 일들을 어떻게 처리하고 있는지에 집중한다. 그러니까 자신의 노력과 마음가짐에만 집중하는 것이다.

우리는 사물을 어떻게 볼 것인지 또 그것들에 대해 어떤 행동을 취할지 결정한다. 그게 다다. 나머지 모든 것은 우리의 통제 밖이다. 예를 들어 승진이 안 되거나 새로운 고객을 놓쳤을 때, 당신은 잘잘못을 따지고 불평불만을 늘어놓을 수도 있다. 몇 주고 계속 그러며 보낼 수도 있다. 실제로 많은 사람들이 그렇게 한다. 아니면 하던 일을 더 열심히 할 수도 있다. 어느 쪽이 다음 승진 또는 새로운 고객으로 연결될 가능성이 더 높겠는가?

로커룸에서 가장 먼저 해야 할 일

통제 가능한 것을 통제하려면 사전 준비가 필요하다. 다른 사람들이 준비하지 않는 것을 준비하는 것이다. UCLA 브루인스 팀을 이끈 농구 코치 존 우든John Wooden은 열 차례나 내셔널 챔피언십 타이틀을 거머쥐었다. 그중 무려 일곱 차례는 연속 타이틀 획득 기록인데, 이는 그야말로 눈알이 튀어나올 정도로 놀라운 기록으로, 장담컨대 아마 오래도록 깨지지 않을 것이다. 그렇다면 연속 타이틀 획득 기록을 세운 대학교가 과연 몇 군데나 될까? 1973년 UCLA 브루인스 팀 이후 연속 타이틀 획득 기록을 세운 대학교는 플로리다대학교와 듀크대학교밖에 없다. 우든은 우리 시대의 아이콘이요 전설이지만, 확실한 것은 그가 마법사는 아니라는 사실이다. 그는 그저 자신이 할 수 있는 일에 집중했고, 기본 원칙들에 충실했을 뿐이다.

UCLA에서 매 시즌마다 우든이 로커룸에서 처음 하는 일들 중 하나는, 자기 선수들에게 발에 물집이 생기지 않게 양말과 신발을 신는 법을 가르쳐주는 것이다. 열여덟 살쯤 된 선수들 대부분이 웃어넘길만한 가르침이었지만, 우든의 유명세 덕분인지 선수들은 그를 믿고 따랐다. 그가 세운 대기록을 잘 알고 있었기에 그가 하라는 대로 다 한 것이다.

얼핏 보기에 별 의미도 없고 아주 사소해 보이는, 유치해 보이기까지 하는 이런 가르침 덕분에 우든의 선수들은 발에 물집이 거의 없었다. 경기가 끝나고 다른 팀 선수들의 발은 활활 타는 석탄처럼 화끈거릴 때, 우든 팀 선수들의 발은 경기를 시작할 때만큼이나 쌩쌩했다. 양말과 신발은 기본 중에 기본이었지만, 우든은 선수들의 경기는 거기서부터 시작된다는 걸 잘 알고 있었던 것이다. 일어설 수 없고 뛸 수 없다면, 선수들은 우든이 가르쳐준 것들을 단 하나도 실행할 수 없었을 테니 말이다. 그러니 당신도 통제할 수 있는 것부터 시작하라.

다시 한번 말하지만 노력이나 마음가짐 외의 것에 시간과 에너지를 쏟는 것은 낭비이다. 아무리 에너지를 쏟아도 그것까지 통제할 수 있는 기회는 거의 없기 때문이다. 대부분의 사람들은 불평불만을 늘어놓는 데 엄청나게 많은 시간과 에너지를 낭비한다. 대체 무엇에 대해 불평불만을 늘어놓는 것일까? 그들은 자신이 통제할 수 없는 모든 것들에 대해 불평불만을 늘어놓는다. 자신의 노력이나 마음가짐에 불평불만을 늘어놓는 사람은 하나도 없는 것 같다. 내 친구 존 고든^{Jon} ^{Gordon}은 이런 말을 즐겨 한다. "불평불만을 늘어놓는 건 토하는 것과 같다. 자신의 기분은 더 나아질지 몰라도, 다른 모든 사람들의 기분은 더 더러워진다."

당신의 노력과 마음가짐에 집중하라. 그것도 늘 꾸준히.

그게 당신이 이길 수 있는 방법이다.

자가 테스트 ──────▶

자신에 대해 1점(전혀 동의하지 않음)부터 5점(적극 동의함)까지 점수를 매겨보라.

① 자신과 팀에게 큰 기대를 하고 있다.

② 늘 친한 친구들과 가족, 동료들에게 이런저런 질문을 한다.

③ 매일 실력을 다듬고 있으며 배우고 성장한다.

④ 압박감을 잘 견디며 역경에도 잘 버틴다.

⑤ 제대로 신경 써야 할 것들에만 집중하며, 일정은 우선순위에 맞춰 정한다.

⑥ 늘 상대에게 공감하려 애쓰며 적극적으로 귀 기울인다.

⑦ 효과적으로 또 명료하게 커뮤니케이션을 한다.

⑧ 상대의 반응과 질문을 독려하며, 비난도 기꺼이 받아들인다.

⑨ 내가 잘못했을 때 공개적으로 인정하며 책임을 감수한다.

⑩ 실망, 분노, 좌절 등을 건강한 방식으로 처리한다.

다재다능함은 과대 평가되고 있다

당신이 못하는 일을 개선하고 싶은가? 아니, 일단 못하는 일은 넣어두고 잘하는 것에 집중하라. 그렇게 하면 성공할 수 있다. 카일 코버^{Kyle Korver}와 J.J. 레딕^{J.J. Redick} 같은 NBA 명 슈터들은 한 가지 일, 즉 슛으로만 막대한 돈을 벌고 있다. 그뿐이다. 공을 잡아서 슛 하는 것. 그렇다고 해서 과소평가되지도 않는다. 그게 그들의 남다른 점이며, 그 때문에 현재의 위치에 올랐다.

다재다능한 능력은 과대평가되고 있다. 자기인식을 통해 당신이 가장 잘하는 것에 전념하도록 하라. **다른 그 누구보다 잘하는 것 한 가지를 찾아내 거기에 모든 시간과 에너지를 쏟아부어라.**

당신의 달걀을 모두 한 바구니에 담고 그 바구니를 잘 지켜보라.

– 앤드류 카네기

베스트셀러 작가이자 마이크로소프트, 디즈니 그리고 에어비앤비의 리더십 컨설턴트인 사이먼 사이넥Simon Sinek은 많은 사람들이 한 가지 일을 뛰어나게 잘하려는 욕구나 능력을 잃어버렸다고 말했다.

"요즘 사람들은 자신의 많은 부분을 몇 안 되는 일에 집중하여 쏟아붓는 것이 아니라, 자신의 적은 부분을 많은 일들에 쏟는 것 같다."[4]

사이넥의 말이다. **자신감을 가져라.** 자신을 소중한 사람으로 만들어라. 그래서 당신이 잘하는 것을 다른 그 어느 누구도 할 수 없게 하라. 자기인식은 경쟁 우위를 위한 열쇠로, 이를 통해 당신은 장점들을 잘 활용하고 단점들을 잘 관리할 수 있게 된다. 그리고 그 분야에 아주 뛰어난 사람이 될 것이다.

수천 개의 조직을 상대로 한 갤럽 설문조사에 따르면, 조직이 직원들의 장점에 관심을 쏟을 때 직원들의 참여율은 75퍼센트에 달했다고 한다. 그렇지 않을 경우는? 직원들의 참여율이 9퍼센트밖에 안 됐다.[5] 사람들은 자신이, 그러니까 자신의 장점이 제대로 활용되지 못한다고 느낄 때 스스로가 그저 낭비되고 있다고 느끼며, 그 결과 움츠러들기 마련이다. 기업의 최고위층들에 대한 또 다른 연구에 따르면, 자아인식은 업무 성과의 가장 좋은 예측 변수이면서도 가장 덜 활용되고 있는 기준이었다. 자아인식은 기본 중에 기본이면서도 워낙 간과되고 있는데, 그런 현상은 아주 비일비재하게 나타난다.

스타벅스가 7,000개 매장 문을 닫은 이유

자아인식은 단순히 자신을 제대로 아는 것이 아니라 조정하고 고치는 것이다. 2008년 어느 화요일 오후, 자신이 설립한 회사 스타벅스를 두 번째로 떠맡게 된 최고경영자 하워드 슐츠^{Howard Schultz}는 미국에 있는 스타벅스 매장들의 문을 전부 닫았다. 무려 7,000개가 넘는 매장이었다. 손실은? 2300만 달러(약 한화 273억 원). 이유는? 에스프레소가 더 이상 만족스럽지 못했기 때문. 그게 다였다. 질병 때문도, 식중독 때문도, 소송 때문도 아니었다. 간단했다. 커피가 만족스럽지 못했던 것. 스타벅스가 유명했던 이유이자 스타벅스의 가치를 인정받게 했던 이유는 커피 맛이었는데, 그게 수준 이하로 떨어진 것이다. 그리고 슐츠는 그런 상황을 맞아 뭔가 조치를 취하기로 마음먹었다. 이때 슐츠는 자신이 해야 한다고 느끼는 일을 했는데, 바로 모든 매장의 문을 닫고 미국 내 모든 스타벅스 바리스타들에 대한 재교육을 시행했다. 시차를 두고 바리스타 재교육을 실시할 수도 있었을 것이다. 홍보팀이나 회계팀도 십중팔구 그렇게 하길 권했을 것이다. 그러나 슐츠는 자신들이 실패했으며 그걸 바로잡으려 한다는 걸 공개적으로 선언하고 싶어 했다. 모든 사람들에게 스타벅스가 매장 문을 전부 닫는다는 걸 알려야 한다고 생각했다. 문 닫힌 모든 매장 앞에 바리스타 재교육 때문에 문을 닫는다는 안내문이 나붙게 되면 스타벅스는 매스컴으로부터 부정적인 비판을 받게 될 게 뻔했다. 그러나 슐츠는 끝까지 자신의 생각대로 밀어붙였다.[6]

슐츠는 곧 3000만 달러의 비용을 들여 만 명이나 되는 스타벅스 관리자들을 한 경기장에 모이게 했고, 비행기를 타고 날아온 그들에게 암울한 소식을 전했다. 그는 스타벅스가 성공을 하더니 너무 나태해져[7] 연내에 폐업을 해야 할 지경에 이르렀다고 말했다. 슐츠는 그들 앞에서 모든 걸 공개적으로 솔직히 털어놨으며, 지금 추세대로라면 회사의 미래는 없다고 단언했다. 슐츠가 공들여 구축한 '스타벅스 경험'이 사라지고 있었다. 되찾아야 했다. 그는 자기 조직의 문제들을 세세히 알게 됐고, 그 부정적인 흐름을 끊기 위해 행동에 나섰다.

10년 후 스타벅스는 다시 세계에서 가장 큰 기업들 중 하나, 세계에서 가장 유명한 브랜드들 중 하나가 되었다. 결국 자기 자신과 회사에 대한 슐츠의 자기인식 덕에 회사가 살아나 다시 번성하게 된 것이다.

너 자신을 알라

경쟁이 특히 심한 분야에서 자기인식을 해야 한다면, 먼저 자신의 거품으로부터 빠져나와야 한다. 그러니까 경쟁자들이 어떻게 하고 있는지를 제대로 알아야 한다는 소리다. 선거 유세에 나서는 정치인들은 모두 경쟁 상대들에 대해 조사를 하며, 똑똑한 정치인일수록 상대에 대한 정보를 손에 넣고 싶어 한다. 상대에 대한 정보는 아주 요긴한데, 그런 정보를 통해 자신들이 어떤 것에 집중해야 하는지, 또 어떤 면에서 취약한지를 알 수 있기 때문이다(이것은 영화 『8마일』에서 래퍼 에미넴 역의 캐릭터가 마지막 랩 배틀에서 승리한 방법이기도 하다).

자기인식은 필수이다. 이런 방법을 통해 경쟁 상대들을 제대로 파악할 수 있고, 그들이 어떻게 당신을 꺾으려 할지 알 수 있다. 당신이 어떤 경기를 하고 있든 상관없다. 경기의 허점들을 메우도록 하라.

어떤 사람들은 자신의 단점을 인정하려 하지 않는다. 워낙 자부심이 강해서 그럴 수도 있고, 자신에게 단점이 있다는 사실을 인정하고 싶지 않아서 그럴 수도 있다. 그러나 다른 사람들이 보기에 전혀 단점이 없을 것 같은데도 스스로 자신의 단점을 인정하는 사람들도 있다. 그런 사람들은 자신을 개선하는 일에 그 누구보다 치열하다. 여기서 중요한 것은, 우리는 지금 중요한 단점, 성과에 영향을 미치는 단점 이야기를 하고 있다는 것이다. 가드가 포지션인 농구선수 카일 코버와 J.J.

레딕은 리바운드가 약해도 상관없다. 커피 맛이 최고인 스타벅스는 베이글을 만들지 못한다 해도 상관없다. 두 선수와 스타벅스가 현재의 위치에 오른 건 리바운드나 베이글 때문이 아니니까.

뭐든 좋다. 당신이 지닌 재능을 펼쳐라. 당신의 경쟁 우위를 찾아라. 당신은 과거 그 어느 때보다 훨씬 큰 시장에서 움직이고 있다. 노동자들은 얼마 전까지만 해도 사무실에서 출퇴근할 만한 거리 내에 사는 잠재적 노동자들하고만 경쟁을 벌였다. 그러나 그런 시절은 이미 오래전에 끝났다. 지금의 정보화 시대에는 전 세계가 시장이다. 충분한 정도로는 더 이상 충분하지 않다. 자기인식은 당신에게 경쟁력이 될 것이다. 면접에서 점수를 따게 해주고, 경쟁자들을 물리치게 해주며, 승진할 수 있게 해주고, 새로운 사업을 시작할 수 있게 해줄 것이다. 절대 잊지 마라. **당신이 무엇을 잘하는지 당신 자신이 모른다면, 그 누구도 모른다.**

한계 설정의 기술 : 27킬로미터

자아인식은 대개 나이가 들면서 발전한다. 세월이 지나면 저절로 생겨난다는 말은 아니다. 내 생각에 젊을 때는 자아인식이 그리 제대로 되지 않는 것 같다. 자아인식에 나이가 미치는 영향을 보면 재미있다. 20대 때 나는 모든 것을 다 안다고 생각했었다. 하지만 이제 40대가 되고 보니, 그 시절에 모르는 것이 얼마나 많았는지, 앞으로 배워야 할 게 얼마나 많은지도 알 것 같다.

대학을 졸업하고 지난 2002년, 나는 처음 마라톤 대회에 참여했다. 마라톤은 늘 내 일생일대의 목표였다. 42.195킬로미터를 달리는 것은 보통 사람이 몸으로 할 수 있는 가장 큰 도전 같았다.

게다가 당시 나는 달리기에 푹 빠져 있던 여자친구를 놀라게 해주고 싶기도 했다. 대학 시절, 나는 농구를 했었다. 그렇기에 적절한 훈련이 얼마나 중요한지 너무나 잘 알고 있었다. 하지만 마라톤을 하려면 무엇을 준비해야 하는지는 전혀 모르고 있었다. 농구는 중간 휴식 시간이 있는 스포츠로, 모든 것이 짧은 기간에 아주 강도 높게 진행됐다. 하지만 무려 42.195킬로미터를 페이스를 조절하며 달린다는 건 전혀 낯선 개념이었다. 그야말로 하늘과 땅 차이였다. 그러다 보니 내 경우 마라톤 준비도 훈련도 턱없이 부족했다. "그래도 불과 몇 년 전에 대학 운동선수였는데, 잘할 수 있겠지!" 젊은 혈기에 이처럼 순진하고 단순한 생각뿐이었다. 높이는 충분히 알고 있다며 무작정 바위 위에서 뛰어내리는 꼴이었다. 얼마나 높은지 전혀 모르면서 말이다.

그날 아침 마라톤 출발선에 섰을 때, 나는 페이스를 어찌 잡아야 할지에 대해 아무 기준도 없었다. 대학 시절에(생애 최고의 컨디션을 유지할 때였지만) 1마일(약 1.6킬로미터)을 5분 03초에 달렸었지만, 그렇다고 헛된 망상을 갖고 있지는 않았다. 마라톤 전 구간을 그런 페이스로 달릴 수는 없었다. 그래서 과감히 1마일당 8-9분 페이스로 낮춘 뒤 주변을 둘러보았다. 온통 중년 '사커 맘(Soccer mom. 자녀를 각종 과외 활동에 데리고 다니느라 정신이 없는 중산층 엄마-역자 주)'들과 유행 지난 옷을 입은 반백의 60대 남자들뿐이었다. 그때 속으로 생각했다. '어, 이건 아닌데! 나이 든 사람들뿐이잖아. 이 그룹에 속하면 안 되겠어.' 그래서 조금 속도를 높여 보다 내 또래의 사람들 그룹에 합류했는데, 1마일당 6분 정도의 페이스로 달리는 그룹이었다. 그런대로 만족스러워 그들과 함께 달렸다.

처음 마라톤 경주가 시작됐을 때, 나는 그야말로 대포알 같았다. 아드레날린이 마구 솟구치면서 계속 유지하는 게 불가능할 만큼 빠른 속도로 출발한 것이다. 그 당시에 나는 장거리 달리기가 술집에서 테킬라 마시는 것과 비슷하다는 사실을 몰랐다. 처음 두세 잔 마실 때까지는 알딸딸하니 기분이 좋지만, 네 번째 잔을 마실 때쯤이면 맛이 가는 것이다. 모든 게 환상적으로 느껴지다가 바로 낭떠러지에서 떨어지는 꼴인데, 문제는 바로 앞이 낭떠러지라는 걸 모른다는 것이다. 그냥 떨어지고 만다. 모든 감각이 마비되고 속이 메스꺼우며 제어력을 상실한다. 쥐도 새도 모르게 조용히 다가와 확 덮치는 것. 마라톤이 바로 그렇다.

12킬로미터쯤까지는 아주 기분이 좋다.

19킬로미터쯤까지도 그런대로 괜찮다.

27킬로미터쯤 되면 모든 것이 흐트러진다.

기업가이자 미국 프로농구팀 애틀랜타 호크스의 공동 소유주인 제시 잇츨러Jesse Itzler를 만났을 때, 그는 내게 사람들은 모두 내면에 자기 회의로 가득한 작은 목소리가 있다고 했다. 언젠가 육체적 · 정신적 · 감정적으로 모든 게 힘들어지기 시작하면, 그 목소리가 점점 커지고 부정적인 내면의 소리가 시작된다는 것이다. 이는 일종의 자기보호 메커니즘으로, 스스로를 견디기 힘든 육체적 고통에 몰아넣으려고 하면 마음이 그런 당신을 저지하려 애쓰는 것이다. 마음이란 그러라고 있는 것이니까. 마음이 하는 일은 당신을 구하는 것이니까.

27킬로미터쯤 되자 내 속의 작은 목소리가 속삭이기 시작했는데, 멈추게 할 방법이 없었다. 나는 전반적으로 긍정적이고 자신감 넘치고 낙천적인 사람이지만, 그 당시에는 내 안의 목소리를 무시할 만한 에너지도 없었다. 게다가 그 목소리는 아주 타당해 보였다. 발걸음을 내디딜 때마다 목소리는 점점 더 커져갔다. 몸과 마음이 모조리 삐걱거리기 시작했다. 말할 수 없는 패배감 속에 달리기를 멈추고 걷기 시작했다. 나는 내가 무려 15킬로미터 가까이를 남겨두고 걷게 되리라곤 상상도 못 했고, 아마 경주가 시작되기 전이었다면 절대 걷지 않을 거라는 데 100만 달러라도 걸었을 것이다. 정말 실망스러웠고 또 비참했다. 완전히 실패자가 된 기분이었다.

이 이야기를 계속해서 하고 싶지는 않지만, 이 사건은 내 인생에서 너무도 중요한 일이다. 그래서 나는 뒤에서 나의 마라톤 대실패 이야기를 다시 한번 할 예정이다.

NBA 최연소 트리플 더블을 달성한 부상 선수

나는 그간 스포츠와 비즈니스 분야, 그리고 삶에서 자아인식이 사람들의 성패를 좌우하는 것을 많이 봐왔다. 자아인식은 또 누군가가 자기 분야에서 최고의 자리로 올라가느냐 그러지 못하느냐를 결정짓기도 한다. 나는 워싱턴 DC 외곽에 있는 전국적인 농구 명문 디마사가톨릭고등학교에서 6년간 성과 향상 코치로 일했다. 이 학교는 전국 챔피언에 여섯 차례 올랐고 컨퍼런스 챔피언(동부와 서부 지구 챔피언 결정전 – 역자 주)에 서른아홉 차례 올랐으며 열네 명의 NBA 선수를 배출했다. 엘리트 고등학교 농구라는 독특한 세계에서 독보적인 지위를 갖고 있는 농구 명문고이다.

당시 말수가 적고 비쩍 마른 열세 살이었던 마켈 펄츠^{Markelle Fultz}가 우리의 여름 캠프에 참여했다. 여러 면에서 잠재력이 엿보이는 예의 바른 아이였지만, 우리가 모집하는 선수의 수준에는 한참 못 미쳤다. 그 애가 디마사 농구 프로그램에 참여하고 싶다며 관심을 보였을 때, 마이크 존스^{Mike Jones} 코치는 아주 단도직입적이고 솔직했다. "당장 학교 대표팀에 들어갈 계획은 세우지 않는 게 좋겠구나."

디마사가톨릭고등학교 여름 캠프는 그에게 이런 저런 것들을 요구했지만, 마켈은 기꺼이 참여하겠다고 답했다. 다른 학교로 가서 자신의 진가를 인정받고 두각을 드러낼 수도 있었을 것이다. 그러나 그는 자신에게 아무것도 보장해주지 않는 코치 밑에 남아 최고의 선수들과 어울리기로 결정한 것이다. 이건 아주 예외적인 경우였다. 어린 선수들은 대개 자신을 뽑아주는 데로 가지만, 마켈은 스스로 우리에게 왔다.

선발된 선수들은 적어도 학교 내 2군에서 시작하길 기대한다. 그래야 최대한 빨리 학교 1군, 즉 대표팀에 뽑힐 수 있기 때문이다. 그러나 마켈은 자신의 수준을 인정할 만큼 겸손했고 또 자기인식이 있었다. 그래서 1학년 팀에서 시작했다. 그는 '밑바닥'에서 시작한다고 슬퍼하거나 낙담하지 않았다. 과정을 존중했고 자신의 경기에 몰두했다. 그리고 그 이듬해에 2군으로 올라갔다.

물론 많은 사람들이 이런 말로 마켈을 부추겼다. "넌 대표팀에서 뛰어야 해.", "넌 다른 학교에서 뛰어야 해." 그러나 마켈은 자기인식이 뚜렷했기에 그 모든 이야기를 못들은 체했다. 그저 체육관에 나가고 경기에 전념하고 기량을 높일 방법을 찾으면서 계속 자신의 길을 갔다. 자기인식은 언제나 겸손함으로 이어진다. 자신이 잘 못하는 것이 있다는 사실을 알게 되면 겸손해지고 투지도 생기기 마련이다.

마켈은 2학년 이후 많은 노력을 한 끝에 학교 대표팀으로 뛰어올랐다. 컨퍼런스 최우수 선수들 중 하나가 되었고 곧이어 워싱턴 DC 지역 최우수 선수들 중 하나가 되었다. 그러나 이처럼 명예로운 그룹 최고 자리에 오른 뒤에도 그는 멈추지 않았다. 성공에 안주하지 않고, 2학년에서 3학년으로 올라가며 기량을 훨씬 더 갈고 닦아 올아메리칸(All-American. 미국 내 최우수 선수들로 구성된 대학 팀 – 역자 주) 중 하나가 되었고, 워싱턴대학교에서 전액 장학금을 받게 됐다.

말은 '자기'인식이지만, 이 과정에서는 당신과 가장 가깝게 지내는 사람들의 영향력이 한몫한다. 자기인식이 있는 사람은 건강한 비판은 기꺼이 받아들이며, 그러기 위해 자신에 대한 사람들의 진실한 조언을 피하려 하지 않는다. 이때 중요한 것은 자신이 듣고 싶어 하는 말이 아니라, 꼭 들어야 할 말을 거리낌 없이 해줄 수 있는 사람들이 주변에 있어야 한다는 것이다. 그런 점에서 마켈의 이너 서클 사람들은 그의 자아인식 강화에 도움을 주었다.

2017년 마켈은 NBA 드래프트 후보 1순위에 올랐다. 놀랄 것도 없었다. 그는 대학 선수 시절 자신에게 그렇게 많은 칭찬이 쏟아져도 근면함이나 투지, 자기인식을 잃지 않는 선수였다. 드래프트 후보 1순위에 올라 온갖 과대 선전과 관심이 쏠리는 상황에서도 마찬가지였다. 늘 자신의 일에 집중했다. NBA 선수가 되려면 전체 속에서의 자기 위치를 알아야 한다. 대부분의 선수들은 대학 시절에 그랬던 것처럼 NBA 코트를 바로 지배할 수는 없다. 그래서 같은 팀에 속한 다른 선수와의 관계 속에서 자신의 위치를 정확히 알아야 한다.

그런데 불행히도 필라델피아 세븐티식서스 팀 소속으로 뛰던 NBA 신인 시즌에 마켈에게 실망스러운 일이 일어났다. 시즌 전에 입은 어깨 부상 때문에 한 달간 경기에 출전 못 하게 된 것이다. 한 달은 곧 두 달이 됐다. 거의 시즌 내내 경기에서 제대로 뛰지 못 하는 듯했다. 그러다가 그가 세븐티식서스 연습 경기장에서 자신의 점프슛 자세를 바꾸고 있는 걸 보여주는 흐릿한 휴대폰 동영상이 공개됐다. 사람들은 놀랐다. 무언가가 잘못되어가고 있는 것 같았다.

트위터와 농구 해설자들의 입에서 한때 드리프트 후보 1순위에 올랐지만 계속 벤치만 지키고 있는 마켈에 대한 이런저런 말들과 비판이 쏟아져 나왔다. 그가 완전히 자신감을 상실했다는 이야기도 나왔다. NBA 드래프트 사상 최악의 선수라는 말도 있었다. 마켈을 놓고 유례가 없을 정도로 많은 추측과 비판이 쏟아진 것이다. 그러나 마켈은 계속 침묵을 지켰다.

그러다 3월이 되고 신인 정규 시즌 한 경기에 마켈이 다시 모습을 드러냈다. 그리고 어찌 됐을 것 같은가? 훌륭했다. 아니 훌륭한 것 이상이었다. 그는 위대했다. 한 달 후 마켈은 트리플 더블(한 경기에서 한 선수가 득점, 리바운드, 어시스트, 가로채기, 블록슛 중에서 세 가지 부문에 걸쳐 두 자리 수의 성공을 기록하는 것 - 역자 주)을 기록했다. NBA 사상 트리플 더블을 기록한 최연소 선수였다.

나는 마켈이 성장해가는 전 과정을 지켜봤다. 그래서 스카우트 담당자들이 처음에 예견한 그대로 그가 대성할 것을 알았다. 그는 뚜렷한 자기인식을 갖고 있었다. 그래서 재능 있는 많은 선수들이 제대로 풀리지 않는 분야에서 성공할 수 있었다. 그는 자기 자신을 잘 알고 있으며, 그래서 아마 앞으로도 흔들리지 않을 것이다.

자아인식 테스트 ▶

당신을 가장 잘 안다고 느껴지는 사람 셋을 골라라. 친구도 좋고 가족도 좋고 동료도 좋다. 그리고 그들이 자신의 솔직한 생각과 느낌을 이야기할 수 있는 분위기를 조성하라. 그들에게 있는 그대로 사실을 말해달라고 하라. 이런 질문들을 던지는 이유가 무엇인지 설명하고 건설적인 비판 대환영이라고 말해주어라. 반응이 솔직할수록 이 테스트가 더 유용하고 영향력이 있다.

그들에게 다음 질문들에 대해 1점(자아인식 낮음)부터 10점(자아인식 높음)을 매기라고 하라.

① 커뮤니케이션을 잘하는가? 메시지를 효과적으로 잘 전달하나?

② 용기가 있는가? 위험을 무릅쓰는 걸 두려워하지 않는가?

③ 훈련이 잘 되어 있는가? 일을 할 때 그 과정에 충실한가?

④ 집중을 잘하는가? 집중을 방해하는 것들을 잘 차단하는가?

⑤ 관대한가? 사람들에게 뭔가를 잘 주는가?

⑥ 진취성이 있는가? 혼자 스스로 뭔가를 잘 시작하는가?

⑦ 건전한 판단을 하는가? 무엇이 정말 중요한지 잘 아는가?

⑧ 잘 듣는가? 다른 사람들의 말에 귀 기울이는가? 아니면 듣고 싶은 것만 듣는가?

⑨ 낙천적인가? 모든 상황에서 좋은 면들을 보려 하는가?

⑩ 해결자인가? 문제들을 확인만 하는가, 아니면 실제 문제를 바로잡기도 하는가?

⑪ 책임감이 있는가? 스스로 책임을 지는가?

⑫ 안정감이 있는가? 주변 사람들을 신뢰하는가?

질문에 답을 마쳤으면, 다른 사람의 답변과 비교해보라. 당신이 보는 자신과 다른 사람이 보는 자신의 모습은 어떻게 다른지 확인해보라. 이때 여러 사람에게 부탁을 하여, 전반적인 흐름과 패턴을 찾는 것이 중요하다. 당신의 가장 큰 장점들과 가장 뚜렷한 단점들을 확인하라.

어떤 게 눈에 띄나? 서둘러 결정하거나 판단하지 마라. 그리고 이걸 잊지 마라. 이건 그저 반응일 뿐, 결과 자체는 긍정적이지도 부정적이지도 않다. 당신이 앞으로 나아가는 데 도움이 되는 쪽으로 활용할 건지, 방해가 되는 쪽으로 활용할 건지만 결정하면 된다.

우리가 알지 못하는 것을 변화시킬 수는 없다.

– 토니 슈와르츠

95퍼센트의 사람들이 착각하는 진실

자기인식 이야기를 하다보면 한 가지 모순되는 점이 있다. 자기인식이 있다면 이미 그걸 알아차려야 하는 것이 아닌가? 그런데 우리는 지금 그 능력을 쌓으려 하고 있다. 이런 이유 때문에, 아마 사람들에게 자기인식이 있느냐고 물어봐도 '그렇다'는 답 외에 다른 답은 듣지 못할 것이다. 자기인식은 이렇게 까다로운 면이 있다. 자기 자신의 사각 지대 내지 맹점은 보지 못하는 것이다.

설문 조사를 해보면 무려 95퍼센트의 사람들이 '자기인식이 있다'고 주장한다.[8] 지구상에 그 누구도 자기인식이 없다고 쉽게 인정하지는 않을 것이다. 하지만 실제로는 거의 대다수의 사람들에게는 자기인식이 없다. 나는 이것이 자기인식이 무엇인지 제대로 모르는 데서 오는 현상이라고 생각한다. '더닝-크루거 효과'라는 현상이 있는데, 간단히 말해 우리는 자신이 알지 못하는 일에 대해서는 아무것도 모른다는 것이다(더닝과 크루거는 둘 다 스탠퍼드대학교의 연구원들로, 자기인식 테스트 결과가 최악인 사람들이 오히려 가장 자신감 넘치는 경우가 많다는 사실을 발견했다).

여기에는 감정적인 측면도 있기 때문에, 일단 부정하고 보는 방어기제가 작동한다. 자신의 장점에 대해서는 줄줄이 읊어대면서도, 자기 내면에 감춰진 것들, 즉 자신이 두려워하는 것들이나 자신에게 도전하는 것들, 밤에 잠 못 자게 만드는 것들에 대해선 언급조차 하지 않으려 하는 것이다.

또한 우리는 우리가 할 수 없는 것들은 애써 외면하려는 경향이 있다. 그래서 좀 더 깊이 파고들어 그 안에 감춰진 것들에 대해 어떻게 할 건지 해결책을 찾으려 하지 않는다. 무시하거나 원인을 밖에서 찾는 일이 더 쉽기 때문이다. 이처럼 우리는 자기 자신에게 계속 거짓말을 하면서 살고 있고, 그래서 자기인식 수준이 낮아지거나 심한 경우 자기인식이 아예 존재하지조차 않는다.

정말 힘든 것은 바로 이런 부분이다. 거울을 들여다보고 우리가 무엇을 두려워하는지, 우리가 무엇을 불안해하는지 알아내는 것 말이다. 우리는 자신에게 닥친 역경과 고통을 억누르거나 피하라고 배우고 있지만, 무언가를 성취하려면 그런 것들을 직시해야 한다. 모든 것은 바로 마주하는 것부터 시작되기 때문이다.

자기인식은 다른 모든 것들을 가능하게 해주므로, 당신은 자신의 장
단점을 완전히 파악해야 한다.

기억하라

- 당신이 누구인지 또 당신이 무엇을 하고 있는지 모른다면, 그 외에
  어떤 것을 배우고 익혀도 아무런 소용이 없다.

- 통제 가능한 것들을 통제하라. 당신의 틀이나 영향력 밖에 있는 것들
  에 휘둘리지 마라.

- 당신이 기여할 수 있는 것들이 무엇이며, 당신의 가치가 발휘되는 것
  들이 무엇인지 알아내라. 그러면 다른 사람들이 알아차릴 것이다. 그
  리고 그에 대한 보상을 해줄 것이다.

- 절대 자만하지 마라. 자만은 당신이 개선해야 할 것들을 가려버린다.

| 열정 |
내적 욕구를 폭발시켜라

위험이 클수록 보상도 크다.

– 마크 큐반

당신은 지금 하는 일을 좋아하는가? 그 일을 좋아한다면, 그다음의 모든 일도 아주 수월해진다. 사실 이 경우 '일'이라는 말은 적절하지 않을 수도 있다.

반대로 일을 '고역'으로 여긴다면 앞으로도 계속 그럴 것이다. 물론 정말 고역처럼 해야 할 일들도 있고, 그 누구도 자기 일의 모든 면을 좋아하지는 않는다. 그러나 당신이 열과 성을 다해 일하지 않는다면, 또 보다 큰 목표와 목적을 위해 전력투구하지 않는다면, 지금 당장 다른 일을 찾아보라. 그 일에서 빠져나오도록 하라. 당신은 누구에게도 도움이 되지 않는다.

"굳이 고역스러운 일을 좋아할 필요는 없다." NBA 트레이너 팀 그로버Tim Grobver가 한 말이다. "당신은 그저 최종 결과에만 필사적으로 매달릴 뿐 고된 일에는 관심이 없다."[1] 결국 마음의 문제다. 어떤 사람들은 그것을 '열정'이라고 한다.

물론 나는 순진한 사람이 아니며, 일은 일이라는 사실을 잘 안다. 그러나 일을 고역으로 여기면, 사람이 비참해질 뿐 아니라 성과도 안 나게 된다. 내가 사용하는 방법인데, 이 경우 효과적으로 마음을 바꾸는 방법은 뭔가를 '마지못해 하는 것'에서 '필요해서 하는 것'으로 바꾸는 것이다. 예를 들어 나는 마지못해서가 아니라 필요해서 운동하러 간다. 마지못해서가 아니라 필요해서 고객에게 전화를 한다. 마지못해서가 아니라 필요해서 이 장을 쓴다. 일을 하는 건 큰 특권이다. 당신이 일에 열정을 쏟는다면, 그러니까 당신의 모든 것을 쏟는다면, 자연스레 야단법석을 떨게 된다. 힘차게 앞으로 나아가려면 강력한 엔진 즉, 동기 유발 요인을 장착해야 한다.

열정을 늘 가지고 다니는 에너지로 생각하라. 아직 사용한 적이 없는 에너지, 그저 무언가에 쓰이길 기다리고 있는 에너지. 찾아내는 것은 당신의 몫이다. 최근 흔히 들을 수 있는 말 중에 '그릿grit'란 말이 있는데, 나는 그게 '당신의 열정을 사용하려는 의지'를 뜻한다고 생각한다. 재능은 드문 게 아니어서, 재능만으로는 부족하다. 타고난 능력은 과대평가되고 있고, 실제로 도움이 되는 경우도 드물다. 재능을 뒷받침하는 열정과 끈기, 노력. 그걸로 모든 것은 달라진다.

주말 내내 휴대폰 없이 살 수 있을까?

열정은 힘든 시기를, 시행착오를 겪는 몇 년을, 모든 일이 제대로 될지 알 수 없는 날들을 헤쳐 나가게 해주는 강력한 엔진이다. 열정은 인생에서 무엇을 추구해야 하는지 알려준다. 바로 그 목소리에 귀를 기울여야 한다. 그런 다음 행동에 나서라.

앞에서도 잠시 언급한 적 있지만, 제시 잇츨러는 자타가 공인하는 세계에서 가장 흥미로운 인물 중 한 사람이다. 그는 미국 프로농구팀 애틀랜타 호크스의 공동 소유주이며, 연이어 기업을 설립한 인물이자 자선가이고, 또한 인내심 강한 전사로 미 해군 특수 부대 네이비씰에서 훈련을 하거나 티벳 승려들과의 삶에 대한 책들을 쓰기도 했다. 나는 거의 10년간 그를 만나보고 싶어 했는데, 운 좋게도 그가 코네티컷주에서 운영하는 한 휴양지에 초청 연사로 가게 됐다. 비즈니스나 인간관계에도 도움이 되고 영감도 얻을 수 있는 판타지 캠프로, 정말 믿기 어려울 정도로 멋진 주말이었다.

보정 속옷 기업 스팽스의 설립자인 그의 아내 사라 블레이클리Sara Blakely와 제시는 사업적으로 늘 붙어 다닌다. 그들은 내가 만나본 그 누구보다 겸손하고 너그럽고 진실된 사람들이다. 두 사람은 자신에 대한 확고한 믿음과 자신감을 갖고 있다. 또한 아무도 믿지 않을지라도, 자신들이 크게 성공하리라는 사실을 확신했다. 그리고 실제로 그렇게 됐다.

"돈은 자신의 모습을 증폭시켜줄 뿐입니다." 그들이 즐겨 하는 말이다. 즉 당신이 멍청한 사람이라면 돈은 당신을 그야말로 멍청한 사람으로 만들어주고, 너그러운 사람이라면 당신을 이 세상에 더 쓸모 있는 사람으로 만들어준다. 이는 제시와 사라 두 사람이 살아가는 방식에 그대로 드러난다. 강연을 위해 찾아간 휴양지에서의 경험은 내가 겪어온 어떤 경험보다 큰 변화를 안겨주었다. 그곳에서는 가장 기본적인 옛날식 인간관계만 가능했다. 주말 내내 휴대폰 없이 지내야 했던 것이다.

제시는 원시 상태로 들어가는 데 대한 두려움이 없어 보였다. 그는 자기회의감이 성공을 가로막는 얼마나 큰 장애물인지를 폭로하고, 당신이 어떻게 가만히 앉아 기회를 기다릴 수도 있고, 직접 기회를 만들 수도 있는지에 대해 설파하고 있다. 그가 매일 외치는 주문은 강렬했다. "나는 고작 여기까지 오자고 여기까지 온 게 아니야!"

제시는 음악가로 시작했다. 첫 랩 데모를 자신의 자동응답기에 녹음했고, 대형 휴대용 카세트 라디오로 악기 비트를 연주했으며, 미니 카세트 테이프로 노랫말들에 랩을 씌웠다. 스튜디오를 사용할 수 있는 시간대는 자정부터 아침 7시까지뿐이었다. 그래서 그는 몇 달간 스튜디오를 사용하기 위해 하루에 30킬로미터 넘게 자전거를 타고 가서, 아침이 되면 다시 자전거를 타고 돌아와 어린이 수영장 보조 일을 했다. 1993년, 마침내 제시는 일약 유명세를 얻게 된다. 그가 작곡한 「Go New York Go」는 매디슨 스퀘어 가든에서 프로농구팀 뉴욕 닉스의 테마곡처럼 쓰이게 된다. 음악계에서 성공적인 활약을 펼친 그는 개인 전세기 업체인 마퀴스 제트를 설립하면서 기업가로 변신한다. 이 회사는 후에 워렌 버핏Warren Buffet의 버크셔 해서웨이에 팔린다. 그 뒤 제시는 지코 코코넛 워터와 제휴를 맺게 되는데, 이 회사는 후에 코카콜라에 팔린다. 이걸로 그의 이력은 충분히 설명했다고 생각한다. 어쨌든 그는 다시는 돈 때문에 걱정할 일이 없게 됐다.

그런데 제시는 돈으로는 전혀 동기부여가 되지 않았다. 돈은 크게 벌었지만 변한 건 아무것도 없었다. 그는 자신의 저서 『네이비씰과 함께 사는 법Living with a SEAL』에서 이런 말을 했다. "내가 살아오면서 거둔 성공은 모두 돈을 좇지 않고 열정을 가지고 일할 때 왔다."[2] 나 역시 그 말이 맞다고 믿는다. 제시를 알게 되고 그는 내가 하는 일에도 영감을 주고 있다. 그는 자신이 하는 모든 일에 열정을 쏟고 있으며, 또한 그 열정을 세상에 기여하는 데 쓰고 있다.

우리는 의미 없는 일을 하는 데 너무 많은 시간을 보낸다.

– 사티아 나델라

영어에는 없고 그리스어에는 있는 것

당신은 자신의 일에 모든 것을 바치고 있는가? 온 마음을? 뒤로 주춤하지는 않는가? 그렇다면 그 이유는 무엇인가. 그게 당신이 롤 모델로 삼고 있는 사람처럼 되지 못하고 있는 이유이지는 않은가?

스포츠와 비즈니스, 삶의 리더십 분야에서 많은 베스트셀러 책을 쓴 내 친구 존 고든은 내게 '메라키Meraki'라는 멋진 말을 알려주었다. '내가 하는 일에 내 자신을 쏟는다'는 뜻을 가진 그리스어이다. 영어에도 이런 의미를 가진 단어가 있으면 좋겠는데, 유감스럽게도 영어에는 없다. 아무래도 영미권 문화에서는 이런 개념에 별 가치를 두지 않기 때문이 아닌가 싶다.

마이클 조던Michael Jordan에서 코비 브라이언트Kobe Bryant에 이르는 모든 슈퍼스타와 일한 트레이너 팀 그로버는 자신의 책 『끈질겨져라 Relentless』에서 NBA 스타 찰스 바클리Charles Barkley와 관련된 흥미로운 이야기를 들려줬다. 바클리는 선수로 활약하던 시절, 무릎 부상 때문에 재활 훈련을 받느라 절대 코트에 서지 말라는 지시를 받은 적이 있었다. 물론 원칙에 따라 바클리는 코트에 서지 않았지만, 끈질기게 그로버를 따라다니며 코트에 서게 해달라고 졸랐다. 결국 그로버가 졌다. 그는 바클리에게 부상당한 다리 쪽으로 바닥을 디디지만 않는다면 슈팅 연습을 해도 좋다고 했다(당시 바클리는 부상당한 다리 쪽에 재활용 긴 부츠를 신고 있었다).

"알겠습니다." 바클리가 대답했고, 그로버는 농구공을 건네줬다. 그러자 바클리는 부상당한 다리 쪽으로 바닥을 딛지 않은 채, 성한 다리 하나로 농구 골대 아래에 서서 연이어 열 번이나 덩크 슛을 했다. 그로버는 입을 떡 벌린 채 그런 그를 지켜봤다. 한 발로 스탠딩 점프를! 코트로 되돌아오려는 바클리의 열정은 그렇게 뜨겁고 컸다.

재능은 고려해야 할 특징의 하나지만, 제대로 활용되지 못하면 그대로 사장되게 된다. 결국 빛을 보지도 못하고 사라지는 것이다. 두 차례나 NBA 최우수 선수에 선정됐던 스티브 내쉬Steve Nash는 회복력에 대해 이런 말을 했다. "회복력은 키워나가야 합니다. 뛰어난 투지와 회복력을 지니고 태어날 수도 있지만, 그 능력들은 계속 키워나가야 하는 것입니다."[3]

내가 당신에게 열정을 갖는 법을 가르쳐줄 수는 없다. 그건 아무도 못 한다. 해줄 수 있는 조언은 단 하나, 당신을 열정에 빠지게 하는 걸 찾아내 거기에 몰두하라는 것이다. 중간에 시들해지지 말고 지속성을 가져라.

어떤 이들은 결의라고도 하고 '인내'라고도 하고 '고집'이라고도 한다. 뭐라 부르든 상관없다. 당신이 느낄 것이다. 예를 들어 찰스 바클리가 한 발로 덩크슛을 한 것, 코비 브라이언트가 거의 선수생활을 그만둬야 할 큰 부상을 입고도 되돌아온 것, 그리고 15살 난 마이클 조던이 그 전해에 떨어진 고등학교 대표팀에 들어가기 위해 죽어라 노력한 것 등등. 32살이 된 마이클 조던이 은퇴 후 다시 돌아와 내리 세 번이나 다시 우승컵을 안은 것도 마찬가지. 말하자면 자신 앞에 현실적인 목표를 세워 그걸 성취하는 것이다. 당신의 경우는 어떤가?

쓰레기통을 뒤지던 남자가 억만장자가 된 비결

마크 큐반Mark Cuban은 무엇 하나 물려받은 게 없었다. 쓰레기통에서 찾은 분유와 한 TV 수리점에서 버린 물건 등 온갖 물건을 파는 것으로 그의 하루는 시작됐다. 그러다가 한 소프트웨어 매장에 일자리를 얻었다. 아침에 매장 문을 열고 밤에 바닥 청소를 하는 일이었다. 어렵던 시절에도 큐반은 모든 일을 고역으로 생각하지 않았다. 모든 일을 기회로 보는 나름대로의 철학이 있었다. 기회를 놓치지 않았다. 틈나는 대로 매장 여기저기 나뒹구는 컴퓨터 매뉴얼이란 매뉴얼은 다 읽어 각 기계의 작동법을 꿰차게 됐다. "좋든 싫든 어떤 일이든 저는 마음속으로 그 일을 정당화시켰습니다. 그야말로 월급을 받으면서 배운 거죠. 그리고 그 모든 경험들이 제가 하고 싶은 일을 찾는 데 정말 큰 도움이 됐습니다."[4] 큐반이 자신의 책『비즈니스 스포츠에서 승리하는 법How to Win at the Sport of Business』에서 한 말이다.

젊은 시절 큐반에게는 성공에 대한 열정이 있었다. 그 덕에 그는 고역이나 따분한 일들을 기회로 만들 수 있었다. 모든 사람이 그처럼 이른바 '막다른' 일을 기회로 보진 않는다. 나는 이 세상에 막다른 일 같은 건 없다고 믿는다. 그 일이 어디론가 나아가는 데 도움이 되도록 스스로 돌파구를 찾도록 하라. 큐반은 그렇게 했고, 그 결과 억만장자이자 시대의 아이콘이 되었다.

미디어 에이전시 론드리 서비스와 사이클 미디어의 최고경영주인 제이슨 스타인Jason Stein도 시작은 큐반과 비슷했다. 그는 일자리 하나를 찾기 위해 매일 크레이그리스트(중고나라와 같은 커뮤니티 - 역자 주)에서 200여 개 미디어 일자리에 이력서를 냈다.[5] 나이키의 창업자 필 나이트Phil Knight역시 처음에는 자동차 트렁크에 운동화를 싣고 육상 경기 대회장을 돌아다니며 팔았다. 미국 유기농 체인 홀 푸즈의 설립자 존 맥키John Mackey가 텍사스에 유기농 푸드 마켓을 연다는 아이디어를 내

났을 때 첫 투자자의 마음을 움직인 것은 그의 아이디어가 아니었다. 바로 그의 열정이었다.[6] 1990년대에 구글의 공동 창업자 세르게이 브린Sergey Brin과 래리 페이지Larry Page는 세계 최고의 검색 엔진을 만드는 일에 전력투구했다. 그들이 수익을 생각한 것은 나중 일이었다.[7]

이들 중 누구도 돈 때문에 움직이지 않았다. 그럴 수도 없었다. 돈은 너무 멀리 있었고, 당장 확실한 건 아무것도 없었으니까. 그러나 그들을 모방하려는 수많은 사람들이 계속 실패를 하는 이유는, 그들이 자신의 열정을 열쇠 삼아 앞으로 나아가려는 게 아니라 돈 자체를 추구하기 때문이다. 앞서 말한 사람들이 한 가지에 일에 몰두하며 성공할 수 있었던 이유는 순전히 열정 때문이다.

하찮아 보이는 일 때문에 밤을 새우다

성공은 오랜 시간과 고독한 몰두, 그리고 종종 '하찮아 보이는' 일의 결과로 얻어진다. 처음부터 멋진 성공을 거두는 사람은 거의 없다. 모든 사람이 부러워할 만한 성공을 거두는 사람들은 대부분 초라해 보이는 일들도 기꺼이 해가며 한 발 한 발 나아간 사람들이다.

슈퍼볼 우승 반지를 일곱 개*나 받는 대기록을 세운 미식축구 코치

---

* 참고 노트   벨리칙은 슈퍼볼 우승 반지 다섯 개는 패트리어츠 팀 수석 코치 재임 시절에, 그리고 두 개는 뉴욕 자이언츠 팀의 수비 코치로 재임 중에 받았다.

빌 벨리칙Bill Belichick도 처음부터 천재 소리를 들은 것은 아니었다. 벨리칙은 가장 잘 알려진 NFL(미국 프로 풋볼-역자 주) 코치 중 한 사람으로 명성이 자자하지만, 정말 물불 안 가리며 열심히 뛰었고 지금도 그렇다. 그는 아무도 마스터하지 못한 분야이자, 다른 모든 사람이 싫어하던 일인 비디오 분석 분야에서 전문가가 됨으로써 코치로서의 격을 높였다.[8]

스물 세 살의 젊은 벨리칙은 볼티모어 콜츠 팀의 보조 코치로 시작했는데, 당시 그는 무보수로 비디오 분석 일을 하겠다고 제안했다(그는 보조 코치 일을 하면서 겨우 주당 3만 원 정도를 받았다). 비디오 분석 일은 근무 시간 외에 많은 시간을 투자해야 했고, 때론 비디오를 하도 오래 들여다봐 눈물이 나고 정신이 멍해지기도 했다. 심지어 그의 비디오 분석이 경기에 어떤 도움을 주든 그의 노력은 별 인정도 받지 못했고, 모든 공은 선배 코치들에게 돌아갔다. 그러나 그는 개의치 않았다.

아, 그 부분 잠깐 멈추고 다시 볼까? 그는 무보수로 가장 험한 일을 했고 그걸로 인정도 받지 못했다. 그런데도 그는 그 일을 자청해서 했다.

작가이자 기업가인 라이언 홀리데이Ryan Holiday는 자신의 저서 『에고라는 적Ego Is the Enemy』에서 이런 말을 했다. "벨리칙은 뼈 빠지게 힘들다고 여겨지는 일로 성공했다. 그는 다른 사람들은 수준에 맞지 않는다고 여기는 일에서 최고가 되려 애썼다."[9]

그러다 마침내 벨리칙은 비디오 분석 분야의 전문가로, 또 경기에서 승리를 위한 열정이 아주 큰 사람으로 자리 잡게 됐다. 그러자 다른 코칭스태프들 역시 그를 인정하기 시작했다. 그리고 그 이후의 일은 문자 그대로 역사이다.

남들이 하기 싫어하는 비디오 분석 일로 시작해 조직에 없어선 안 될 존재가 된 사람이 또 있다. 미국 프로농구팀 마이애미 히트의 에릭 스폴스트라Erik Spoelstra[10]는 일찍이 비디오 분석에 많은 시간을 쏟았으며, 몇 년 뒤에는 그 능력을 인정받아 르브론 제임스LeBron James나 드웨인 웨이드Dwyane Wade 같은 선수들에게 많은 도움을 주었다. 할리데이는 벨리칙과 스폴스트라의 접근방식을 이렇게 요약하고 있다. "아무도 하고 싶어 하지 않는 일을 찾아내 하는 것. 그게 이들이 한 일이다."[11]

제프 밴 건디Jeff Van Gundy는 열정적인 사람의 대표주자다. 그는 1990년대 말에 뉴욕 닉스 팀의 수석 코치였는데, 나는 당시 그의 열정적인 모습을 지켜보는 게 너무 좋았다. 밴 건디는 경기 도중 한시도 자리에 앉아 있는 법이 없었으며 늘 목청껏 소리를 질러댔고, 선수들 역시 그렇게 경기에 몰두하는 그를 좋아하지 않을 수 없었다. 특히 극도로 긴장된 순간에 그가 자기 선수들을 위해 적극 나서던 모습이 기억난다. 마커스 캠비Marcus Camby가 자기 팀 선수 하나에게 주먹을 휘두를 때 말리려고 끼어들었다가 대신 맞고 쓰러진 일도 있었다(이 영상은 지금도 유튜브에 올라와 있다). 그는 맡은 일이 무엇이든, 개의치 않고 기꺼이 밑바닥에서부터 시작할 수 있는 선수들을 아주 좋아한다. 자신도 코치로서 가르치는 것을 몸소 실천하기 위해 사이드라인에서 할 수 있는 일을 했다. 오늘날 밴 건디는 NBA 방송 진행자로 일하면서, 선수와 코치들 모두에게 영감을 줄 만한 멋진 이야기들을 해주고 있다. 그는 언젠가 이런 말을 하기도 했다. "비범한 선수가 되고 싶은가? 그렇다면 박스 아웃(Box out. 상대 팀 선수들이 리바운드하기 어렵게 여러 명이 미리 유리한 포지션을 잡는 것 – 역자 주)을 하라. 스스로 책임을 떠맡으라. 그리고 흘러나온 공을 향해 몸을 던져라. 추가 패스를 하라. 이런 것들은 모든 선수들이 다 할 수 있는 일이지만, 실제 그렇게 하는 선수는 아주 드물다."

나는 밴 건디를 몇 차례 만났고, 인터뷰도 했다. 그는 아는 것이 많은 매력적인 코치로, 사물의 핵심을 찌르는 예리함이 있다. 내가 코치 입장에서 '경험'과 '본능' 중 어느 게 더 중요하다고 생각하느냐고 물었다. "동전의 양면 같은 거죠. 제대로 관심만 기울인다면, 경험은 결국 본능을 주거든요." 그가 내 팟캐스트 인터뷰에서 한 말이다. 그러니까 중요한 것은 많은 세월과 경기 경험 또는 승리의 축적뿐만이 아니라, 그 모든 것을 가지고 어떻게 하느냐에 달려 있는 것이다.

잠시 모든 일을 멈추고 당신이 하는 일에 대해 생각해보라. 당연히 해야 하는 일도 있지만, 그 외의 일도 있다. 안 그런가?

당신이 갖추고 있다면 더없이 가치 있을 기술이나 지식이 있을까? 물론 있다. 무엇인지 잘 모르겠다면 찾아보라. 그런 기술이나 지식을 완전히 내 것으로 만들라. 그리고 당신이 하는 일을 그 누구도 할 수 없게 하라.

마이클 조던을 파고든 무명의 트레이너

매 순간순간에 대비하는 것은 당신의 몫이다. 당신에게 기회가 별로 주어지지 않을 수도 있다. 기회가 언제 올지도 알 수 없는 노릇이다. 그러니 늘 대비하고 있는 것이 최선이다.

1990년에 석사 학위 소지자였던 젊은 트레이너 팀 그로버는 시카고의 한 헬스클럽에서 일했다. 어느 날 아침, 그는 몸싸움이 심한 디트로이트 피스톤스 팀에게 시달려 마이클 조던이 죽을 지경이라는 한 신문 기사를 봤다. 그리고 그 때문에 당시 조던의 팀이었던 시카고 불스는 계속해서 플레이오프(정규 리그를 끝낸 다음 우승 팀을 가리기 위해 별도로 갖는 순위 결정전 - 역자 주)에서 탈락하고는 했다. 그 기사를 보고 팀 그로버의 눈이 번쩍 떠졌다. 자신의 기회를 찾아낸 것이다.

당시 마이클 조던은 이미 NBA에서 가장 주목받는 최우수 선수였지만, 그로버는 전혀 주눅 들지 않았다. 그는 바로 공을 몰고 빈자리를 치고 들어갔다. 두려움 없이 밀어붙인 끝에, 그는 어렵사리 시카고 불스 팀의 의사 겸 트레이너와 미팅 약속을 잡았다. 그때를 회상하며 그는 말했다. "프로 농구선수를 훈련시켜본 경험도 전혀 없는 저 같은 무명의 트레이너한테 과연 슈퍼스타 선수에게 조언해줄 기회가 있었을까요? 다들 그럴 기회는 절대 없을 거라 했죠. 잊어버리라고. 불가능한 일이라고 말이에요."**12**

그러나 그렇지 않았다. 실제로 기회가 온 것이다. 조던과 시카고 불스 팀은 그로버를 채용했고, 그는 이후 코치 시절 내내 조던과 함께하게 된다. 조던과 함께 일하게 되고 또 성공까지 거두게 되자, 그로버는 하루아침에 유명인사가 되었다. 또 자기 분야 최고의 자리로 올라서게 됐다. 그는 이제 살아 있는 전설이 되었는데, 이 모든 것이 한 가지 결정 덕이었다. 그로버는 헬스클럽에서 마이클 조던 관련 기사를 본 날 일어나지도 않은 일을 놓고 고민하지 않았다. 마이클 조던과 시카고 불스 팀이 자기 같은 사람을 채용하지 않을 이런저런 이유들을 생각하는 데 시간을 낭비하지 않았던 것이다. 그리고 조던과 시카고 불스 팀이 자신을 채용하게 만들었다. 기회는 원한다고 해서 쉽게 오지 않는다. 또 이 같은 기회는 상식적인 선에서 생각하자면 거의 절대 일어나지 않는다. 그러나 그런 것은 문제가 아니다. 일단 문을 찾아내라. 그 문을 열어라. 그리고 그 문 안으로 들어가라.

당신의 이름이 불리는 순간

기회가 오지 않을 때, 그 힘든 시간들을 견디기 위해서는 열정이 반드시 필요하다. 그러니까 열정은 언제든 다가올 기회에 대비할 수 있게 해주는 힘인 셈이다. 게다가 기회는 언제 어떻게 올지 그 누구도 알 수 없다. 재미있는 일이지만, 미식축구 선수 톰 브래디^{Tom Brady}가 한때 어떻게 지냈었는지 기억하는 사람은 거의 없다. 브래디는 드래프트 후보 순위에서도 처지는 무명의 예비 쿼터백으로, 허구한 날 자신의 팀인 뉴잉글랜드 패트리어츠의 경기들을 사이드라인에서 지켜봐야 했다. 그러다가 2001년 어느 일요일에 주전 쿼터백인 드류 블레드소^{Drew Bledsoe}가 아주 심한 부상을 당해 대신 톰 브래디가 나서게 됐다. 그는 곧바로 헬멧을 뒤집어쓴 뒤 운동장으로 뛰어나갔다.

17년 후 브래디는 여전히 제 자리를 지키고 있으며, 이제 그가 가장 위대한 쿼터백 중 한 사람이라는 데 이견을 달 사람은 없다. 기회가 왔을 때 이미 만반의 준비가 되어 있었던 것이다. 물론 준비도 없이 무작정 블레드소가 결장할 때만 기다렸다면 기회가 왔을 때 그걸 잡지 못했을 것이다. 그는 늘 준비되어 있었고 자신의 순간이 올 거라는 것을 믿고 있었다.

톰 브래디의 '순간'은 거의 20년간 계속됐다. 그는 아마 프로 미식축구 사상 가장 오래 뛴 선수 중 하나로 기록될 것이다. 미식축구 선수, 특히 쿼터백으로서는 거의 불가능에 가까운 기록이 아닐 수 없다. 어떻게 이런 놀라운 기록을 세웠을까? 물론 경기에 대한 열정 덕이다. 하지만 그 때문만은 아니었다. 그는 2001년 일요일에 배운 교훈을 잊지 않았다. 건강과 컨디션 측면에서도 늘 완벽을 추구해왔다. 그는 한 인터뷰에서 이런 말을 한 적이 있다. "경기를 하지 않을 때 제가 주로 하는 일은 경기 준비입니다."**13**

생각해보라. 자신이 하는 일에 온갖 열정을 쏟는 사람을 이기기는 얼마나 힘들지 말이다. 이 이야기는 다음 장에서 코비 브라이언트 이야기를 할 때 다시 하도록 하자.

경쟁을 성장의 발판으로 삼는 기술

열정은 그야말로 내면에서 뿜어져 나오는 힘이지만, 외적 요소들을 통해 생겨나기도 한다. 열정을 끄집어낼 가장 효과적인 방법 중 하나는 '경쟁'이다. 즉 이기고 싶다는 우리의 욕망을 활용하는 것이다. 경쟁이란 뜻의 영어 competition은 '분투하다'의 뜻을 지닌 라틴어에서 유래했다.**14** 그러니까 분투하는 가운데 더 나아진다는 뜻이다. 최고의 팀들이 매일 서로 경쟁하는 이유이기도 하다. 신인들은 자기 일을 찾기 위해 경쟁하고, 주전들은 자기 일을 제대로 해내기 위해 경쟁한다. 건강한 경쟁은 코트 위에서만 좋은 게 아니라 직장에서도 좋다. 미국의 농구 명문고 디마사가톨릭고등학교의 코치 마이크 존스는 선수들의 경쟁 본능을 자극하기 위해 모든 훈련을 팀 내 경쟁으로 끝낸다. 경쟁은 강력하면서도 치열한 에너지원이자 영원히 활용되어야 할 무한한 힘이다.

심리학자 애덤 갈린스키와 경영학 교수 모리스 슈바이처는 그들의 책에서 일과 삶에서의 경쟁의 가치에 대해 말했다. "서로 대결하고 패하기도 하는 상황은 건설적이다. 실망이 동기부여로 발전될 수 있기 때문이다."[15] 패배를 맛볼 때, 우리는 내면에 더 잘해야겠다는 필요성을 각인시킨다. 그 결과 더 강해지고 결국 승리하게 된다. 그렇게 많은 조직들이 스포츠를 찾는 이유도 바로 이 때문이다. 동기부여에서 팀워크, 자기수양에 이르는 모든 것을 가르치기 위한 수단으로 스포츠만한 것이 없다. 경기장은 어떤 것이 효과가 있고 어떤 것이 효과가 없는지를 테스트하는 실험실이나 다름없다.

통계에 따르면 중간 휴식 시간 때 1점 뒤진 농구 팀이 1점 앞선 팀을 꺾는 경우가 많다고 한다. 이상해 보이지만, 잠시 생각해보면 충분히 이해가 가는 일이다. 1점 뒤진 팀은 지고 있다는 점에서 동기부여가 되어 힘을 내게 된다.[16] 달리기를 떠올려보라. 앞서 갈 것인가 뒤쳐져 갈 것인가? 조금 뒤쳐진 주자는 어디서 치고 나가야겠다는 상상도 해볼 수 있고 동기부여도 되지만, 조금 앞선 주자는 그렇지 못하다. 앞에 아무도 없는 탁 트인 트랙을 보면 기분은 좋겠지만, 뒤쳐진 주자처럼 동기부여 요소는 없게 된다.

아이들의 경우 스포츠를 시작할 때 연습 없이 바로 경기를 하는 이유가 있다. 자신들이 무엇을 하는지 깨닫기도 전에 먼저 경쟁에서 오는 힘과 에너지와 열정을 즐기는 것이다. 아이들 사이에서 스포츠가 중요한 역할을 하는 이유는, 연습하고 경쟁하고, 한 팀이 되는 과정에서 눈에 보이지 않는 가치들이 생겨나기 때문이다. 내가 내 아이들에게 그 무엇 하나 나를 이기지 못하게 만드는 이유 또한 경쟁의 중요성을 가르치기 위해서이다. 너무 자존심이 강해서가 아니라, 아이들에게 삶에 대한 가르침을 주기 위해서인 것이다. 노력해서 얻는 게 아니라면 성취감도 없다. 나는 내 아이들이 살면서 모든 것을 노력해서 얻기를 바란다. 기술과 힘 또는 스피드가 필요한 경기, 그러니까 내가 분명 엄청나게 유리한 경기에서, 나는 아이들이 이길 가능성을 높여주기 위해 종종 내 자신에게 핸디캡을 준다(예를 들어 달리기 경주를 할 때 아이들이 한참 앞에서 출발하게 한다든가 하는 식으로). 여전히 아이들한테 이기려고 최선을 다하지만.

아이들이 이길 경우에는 곧바로 축하를 해주고 그렇게 노력하는 모습 얼마나 자랑스러운지 모른다고 말해준다. 또한 아이들이 얼마나 열심히 노력했는지, 얼마나 많은 연습을 했는지, 또 얼마나 포기하지 않고 버텼는지를 인정해준다. 결과가 아니라 과정을 인정하는 것이 중요하다. 아이들이 이기든 지든 호들갑을 떨지 않으며, 대신 아이들의 노력과 마음가짐이 얼마나 중요한 역할을 했는지 부각시켜준다. 결과와 관계없이, 누가 이기든 겸손함과 고마움을 잃지 말고 누가 지든 품위와 고상함을 지키라고 말한다.

협곡에 팔이 낀 채 126시간을 보낸 남자

열정은 크든 작든, 서로 손에 손을 잡고 용기 있게 나아가는 것이다. 아마 내가 알고 있는 가장 놀라운 용기의 화신은 산악인 아론 랠스턴 Aron Ralston일 것이다. 랠스턴의 일생을 다룬 영화가 제작된 뒤 그는 너무도 잘 알려진 모험가이자 시대의 아이콘이 되었다. 2003년 4월 26일에 그는 절체절명의 위기에 빠졌다. 미국 유타 주에서 혼자 하이킹을 하다가 한 바위를 밟았는데, 순간 그 바위가 삐걱거리다 한쪽 팔 위로 떨어졌고, 그러면서 그 팔이 좁은 협곡 벽에 끼어버린 것이다. 그는 팔이 협곡 벽에 끼어 꼼짝달싹 못한 채 5일가량 서 있었다. 그에겐 음식도 물도 구조될 희망도 없었다. 얼어붙을 듯한 추위 속에서 그는 자신의 오줌을 마셔가며 버텼다. 그러나 포기하지 않았다. 오늘날 사람들은 랠스턴이 스스로 자신의 팔을 부순 뒤 잘라내기로 결정한 것이 대단하다고 말하지만, 그 외엔 달리 방법이 없었던 것이다. 그는 우리는 상상도 할 수 없는 상황 속에서 약 126시간을 보냈고, 갑자기 자기 팔을 잘라낼 생각을 한 것이 아니라 그런 일을 할 수 있게 스스로 마음을 독하게 다졌다. 그는 인공 팔을 단 채 여전히 등산을 하고 있으며 동기부여 연설가로도 일하고 있다. 그의 이야기를 듣고 나면 자신의 상황에 대해 불평불만 하는 일이 불가능해진다.

다행히 랠스턴이 겪은 끔찍한 일을 겪을 일은 없겠지만, 그의 이야기는 우리에게 교훈과 영감을 동시에 준다. 자신의 책 『돌파력The Obstacle Is the Way』에서 라이언 홀리데이는 모든 분야에서 역사상 위대한 업적을 이룬 사람들을 살펴보았으며, 그 결과 한 가지 공통된 특징을 찾아냈다. 그건 '반발력'이었다. 그는 이렇게 썼다. "산소가 불에 에너지를 공급하듯, 장애물은 야망이라는 이름의 불길에 땔감을 제공하며…… 모든 장애물은 그속에서 맹렬히 타오르는 불 역할을 한다."[17]

진정한 야망과 열정으로 자기 분야에서 최고의 자리에 오른 사람들은 장애물을 만날수록 오히려 더 강해진다. 그들은 장애물을 피해야할 대상으로 보지 않는다. 풍부한 에너지원이기 때문이다.

잊으면 안 된다. 무언가를 문제로 보느냐 아니면 기회로 보느냐는 순전히 당신 마음가짐에 달려 있다. 장애물과 역경을 극복할 수 있는 네 가지 열쇠는 다음과 같다.

1   늘 솔직하라.
2   늘 긍정적으로 생각하라.
3   늘 외부의 충격으로부터 자신을 지켜라.
4   늘 자신감을 가져라.

자가 테스트

현재 당신의 일과 삶에서 직면하고 있는 장애물을 생각해보라. 가장 큰 장애물 세 가지를 적어보면, 그것들이 무엇을 위한 장애물인지 아는 데 도움이 될 것이다. 그 장애물이 어떤 식으로 동기부여 요소가 될 수 있을까? 어떻게 땔감으로 활용할 수 있을까?

성장을 멈추면 부패하기 시작한다.

— 마이크 크지쥬스키

안락 지대는 새장과 같다

인간의 DNA는 안락함이나 편안함을 갈망하게끔 프로그램화되어 있다. 잠재의식적으로 모든 일을 최대한 쉽고 편하게 만들려는 것이다. 그러나 쉬운 길은 성장하는 방식이 아니다. 우리는 불편을 거치면서 성장한다. 확장을 통해, 도전을 통해, 또 역경을 통해 성장한다. 성취도가 낮은 사람들은 편안함을 갈망하고, 성취도가 높은 사람들은 단순히 불편을 참거나 불편 속에서 잘해내는 게 아니라 스스로 불편을 추구한다. 그들은 끊임없이 어려움의 정도를 높여 어쩔 수 없이 스스로 분투하고, 확장하고, 개선하게 만든다. 불편함은 장애물이 아니라 출발선인 셈이다.

열정은 불편함을 헤쳐 나가게 해준다. 그 불편함이 대부분의 사람들을 멈추게 만드는 것일지라도 말이다. 그래서 당신은 스스로 불편함이 편해지도록 훈련해야 한다. 성공하려면 열심히 일해야 한다는 말을 얼마나 많이 들었는가? 아마 셀 수 없이 많이 들었을 것이다. 그러나 어느 누구도 열심히 일한다는 게 무엇인지 그 정의를 알지 못한다. 나는 개인적으로 이렇게 정의한다. 열심히 일한다는 것은 의도적으로 그리고 목적의식을 가지고 안락 지대를 벗어나는 것이다. 그때 비로소 성장할 수 있다.

만일 내가 당신한테 이 책을 덮고 지금 당장 팔굽혀펴기를 하라고 한다면, 그리고 실제 팔굽혀펴기를 하다가 힘든 순간이 오면 어떻게 하겠는가? 멈출 것이다. 안 그런가? 가슴이 뛰고 어깨와 팔이 부들부들 떨리면 멈추게 될 것이다. 그게 자연스럽다. 그런데 만일 당신한테 그 순간을 넘겨야 다른 사람들과 달라진다고 말한다면 어떻겠는가? 이를 물고 해낼 것이다. 그러니까 그 순간을 넘겨야 다른 사람보다 더 강해지는 것이다.

2018년 봄에 프로 체조선수들 사이에서는 유행이 하나 생겼다. 체조선수들은 죄다 온라인에 자신의 모습이 담긴 동영상을 올렸고, 큰 인기를 끌었다. 금메달리스트다운 멋진 체조 장면들이었을까? 그건 아니었다. 개인적인 하이라이트 장면들? 그것도 아니었다. 전부 넘어지고 부딪히고 깨지는 등, 자신의 가장 큰 실수들이 담긴 동영상이었다. 한 이탈리아 체조선수가 자신의 그런 동영상을 올리며 #GymnasticsFallChallenge(체조선수들 실수 도전)이란 해시태그를 붙인 뒤 생겨난 유행으로, 그 이후 천 명이 넘는 프로 체조선수들이 자신의 동영상을 올렸다.[18] 왜일까? 자신들이 멋진 체조로만 알려져 있다는 사실을 잘 알았기 때문이다. 그처럼 선별적인 편집 때문에 그들이 얼마나 열심히 노력하는지, 또 그들이 하는 일이 얼마나 어려운 일인지에 대해 일반 대중에게 잘못된 인상을 심어줄 수도 있었던 것이다. 대중은 실수 동영상에 열광했다. 사실 우리에게는 다른 사람들이 실수로 넘어지거나 비틀거릴 때 소리 내 웃고 싶은 유치한 충동 같은 게 있지 않은가? 그 동영상들은 프로 체조선수들도 우리처럼 뼈 빠지게 노력하는 사람들이며, 실패를 토대로 성공을 거두고 있다는 사실을 잘 보여주었다. 실패는 옆으로 빠지는 곁길이 아니라 성공으로 향하는 징검다리라는 사실 말이다.

사업도 마찬가지이다. 가장 좋은 아이디어들이 떠오르는 건 대개 거절, 실망, 불발, 의심, 저항과 같은 것들과 부딪힌 뒤이다. 실패는 곧 배움인 셈이다. 억만장자 투자자 워렌 버핏Warren Buffett은 실패 연구의 전폭적인 지지자이다. 그런 실패 스토리들 속에 빛나는 금이 숨겨져 있다는 사실을 잘 알기 때문이다. 그는 말로만 그러는 것이 아니다. 몇 년째 어떤 투자 결정을 내릴 때 그 이유들을 적어놓았다가 후에 무엇이 옳고 무엇이 틀렸는지를 확인해보는 일을 습관화하고 있다.[19]

역경이 정말 많은 성공 스토리들의 핵심 요소인 건 우연의 일치가 아니다. 오프라 윈프리$^{Oprah winfrey}$에서부터 스티브 잡스$^{Steve Jobs}$, 토니 로빈스$^{Tony Robbins}$에 이르기까지, 큰 역경을 겪지 않고 자신의 자리에 오른 사람은 거의 없다. 모두 장애물을 헤쳐 나온 것이다.

행복은 궁극적으로 원하는 것을 위해 현재 원하는 것을
희생할 수 있는 능력과 뜨거운 열망의 열매라 할 수 있다.

- 스티븐 코비

실패가 보내는 초대장을 받아들여라

가슴을 활짝 열고 실패를 받아들여라. 실패를 초대하라. 당신이 매번 다른 식으로 실패한다면, 언젠가는 결국 실패를 하지 않게 된다. 선수에서 코치, 기업가에서 최고경영자까지, 내가 만나본 사람들 가운데 큰 성공을 거둔 사람들은 실패를 두려워하지 않는다. 그들은 과정을 중시하며 결과에 대해 미리 걱정하지 않는다. 이러한 사실은 뉴스는 물론 이 책을 비롯한 모든 책에서 접할 수 있는 모든 성공 스토리에 공통으로 나오는 이야기이다.

자신의 첫 디지털 벤처 기업에서 큰 실패를 맛본 전직 페이팔 중역이자 링크드인 공동 설립자인 리드 호프먼Reid Hoffman은 이런 말을 했다. "당신이 만일 아주 신경을 써 실패 확률을 0으로 만든다면, 아마 십중팔구 성공 가능성 역시 0이 될 것이다."[20] 호프먼은 이미 30억 달러 이상의 가치를 지닌 사업을 하고 있으면서도 여전히 열렬한 실패 지지자이다. 이런 말도 했다. "실패, 특히 아주 쓰라린 실패는 도움이 된다. 실패를 통해 어느 정도의 겸손함을 유지하는 법과 객관성을 유지하는 법을 배울 수 있기 때문이다." 그렇다고 해서 실패가 쉬운 일이라는 소리는 아니다. 실패는 쓰라리지만 나름대로의 가치도 있다는 말이다.

이는 기업에도 그대로 적용되고 개인에게도 적용된다. 의식적으로든 무의식적으로든 안락 지대를 찾는 일을 중단하라. 편안함은 당신의 적이다. 편안함은 당신을 연약하게 만들고 또 현실에 안주하게 만든다. 자신의 안락 지대에서 빠져나와 자기 자신에게 도전해야 한다. 처음 마이크로소프트를 시작했을 때 빌 게이츠Bill Gates는 늘 자신이 할 수 있는 것보다 더 많은 제품 배송을 약속했다. 일단 '좋다'고 대답하고 나중에 그 약속을 지킬 방법을 생각해낸 것이다. 마케팅 책임자였던 스티브 스미스Steve Smith는 이런 말을 했다. "사실 우리가 파는 것은 제품이 아니었습니다. 우리는 약속을 팔았거든요."[21]

이제 당신 차례다. 약속을 팔라. 제품 생산 시간이 됐을 때 당신이 무엇을 해낼 수 있는지를 보고 놀라게 될 것이다.

모든 일을 늘 안전하고 편하게 하면 보상도 없다. 어떤 분야에서든 큰 성공을 거둔 사람들은 불편 속에서 성장했다. 왜? 일시적인 불편이 영구적인 향상으로 이어지기 때문이다. 그 누구도 당신에게 무언가를 거저 넘겨주지 않을 것이다. 스스로 손에 넣고 성공할 자격을 갖춰야 한다. 당장의 만족을 희생할 용기를 가져야 한다. 무언가를 간절히 원한다면 필요한 과정을 인정하고 받아들여야 한다. 당신의 열정을 가이드로 삼도록 하라.

열정은 우리가 해야 할 일을 끝까지 할 수 있게 해주는 엔진이다. 해야 할 일이 무엇인지 안다면, 열정을 최대한 활용하라. 모른다면, 어떻게든 찾아내도록 하라.

기억하라

- 열정은 당신을 다른 사람들로부터 구분해주며 또 당신의 일을 나머지와 구분해준다.
- 그 누구도 재능만으로는 성공할 수 없다. 또한 능력만으로는 일도 제대로 해낼 수 없다.
- 어떤 일이 고역인지 성공을 위해 필요한 여정인지는 당신의 마음가짐과 접근방식에 따라 달라진다.
- 결과와 과정 모두에 신경 써라. 그리고 결과를 얻기 위해 기꺼이 필요한 일을 하라.
- 당신이 해야 할 일을 하는 데 열정을 가이드로 활용하라.

| 훈련 |
성공하는 습관 만들기

운은 계획에서 비롯된다.

– 브랜치 릭키

나는 운을 믿지 않는다. 성공하지 못한 불행한 사람들이 운을 핑계로 삼는다고 생각한다. 대부분의 사람들이 행운이라고 부르는 것이 실은 '준비와 기회 간의 예견된 충돌'이다. 운이 좋으려면, 기회가 노크할 때 그것을 잡을 준비가 언제나 되어 있어야 한다. 톰 브래디는 운이 좋았던가? 전혀 아니다. 드류 블레드소가 큰 부상으로 결장한 날 대신 나설 수 있었던 선수는 100명도 넘었다. 그러나 그들 중 누구도 브래디만큼 잘해낼 수는 없었다. 찾아오는 기회에 준비가 안 된 상태보다는, 찾아오지 않는 기회라도 늘 준비되어 있는 편이 낫다.

당신은 대체 어떤 준비를 하고 있는가? 기회가 왔을 때 준비하면 이미 늦다. 기회가 올 때를 대비해 늘 준비되어 있어야 한다. 그러려면 어떻게 해야 할까? 답은 간단하다. 매일 당신의 능력을 갈고 닦아라. 다른 사람들이 하지 않는 일을 하라. 당신이 선택한 분야에서 할 수 있는 모든 것들을 읽고 보고 또 귀 기울여 들으라. 다른 사람들이 텔레비전 앞에 앉아 있거나 잠자는 시간에 당신이 할 수 있는 일에 시간을 써라. 자원은 얼마든지 있다. 그것들을 찾아내라. 그리고 그것들을 활용하라. 그런 다음 행운을 잡고 싶다면 적절한 시간에 적절한 장소에 있어야 한다. 아니면 행운이 생길 때까지 기다리는 것이 아니라, 스스로 행운이 생기게 할 수도 있다. 어떻게? 당신이 하는 모든 일, 당신이 가는 모든 곳, 당신과 연결되는 모든 사람에게서 가치를 창출하라. 그리고 자신에게 이런 질문을 해보라. '내가 오늘 하고 있는 행동이 내일의 꿈에 부합하는가?'

이렇게 대비하라.

1 읽으라.

② 공부하라.

③ 관찰하라.

④ 평가하라.

⑤ 팔을 뻗으라.

⑥ 위험을 무릅써라.

멀티태스킹의 함정

우리는 모두 아주 산만한 사회 속에 살고 있으며, 그래서 집중력 있
게 우리의 일에 전념할 시간을 발견하기가 쉽지 않다. 『딥 워크Deep
Work』라는 책을 쓴 컴퓨터 과학 교수 칼 뉴포트Cal Newport는 그런 산만
함이 능력을 저하시킨다고 믿는다. 그는 이렇게 말한다. "일을 깊이 파
고드는 능력은 오늘날 성공하기를 바라는 사람에게 꼭 필요한 능력이
다. 경쟁이 치열하고 범세계적인 정보화 경제에서는 따라오지 못하는
사람들은 가차 없이 낙오되기 때문이다."[1] 다시 말해, 미래에는 자신
의 일에 전력투구할 수 있는 사람들, 모든 간섭을 차단할 수 있는 사람
들, 너무도 산만해지기 쉬운 현대 사회의 삶 속에서도 집중할 수 있는
사람들이 진가를 발휘한다는 것이다. 따라서 당신이 그렇게 할 수 없
다면 문제가 된다. 그런 문제를 안고 있다면, 이제부터라도 그 문제를
해결하도록 하라.

당신은 얼마나 오래 딴 데 정신을 팔지 않고 일을 할 수 있는가? 얼마나 오래 휴대폰 문자나 소셜 네트워크를 확인하지 않고 지낼 수 있는가? 잠깐의 시간만 들이면 되는, 별일 아닌 것처럼 보일 수 있지만 그런 일들이 누적된다고 생각해보라. 일의 흐름을 끊는 그 사소한 순간들이 모이고 모이면, 당신의 전반적인 생산성에 심각한 타격을 준다. 깊이 파고드는 걸 방해하기 때문이다. 아마존의 창립자인 제프 베조스Jeff Bezos는 초등학생 시절 자신의 과제에 워낙 깊이 몰입해, 다음 과제로 넘어가게 하려면 교사들이 그를 의자에 앉은 그대로 들어 옮겨야 했다고 한다.[2] 제프 베조스의 경우 어린 시절에도 굳이 일에 깊이 파고드는 방법을 배울 필요가 없었던 것이다.

동시에 여러 가지 일을 하는 이른바 '멀티태스킹multitasking'을 연구한 사람들은 결국 모두 같은 결론을 내렸다. 멀티태스킹 능력에 대한 찬사는 전혀 근거가 없다는 것. 우리는 동시에 두 가지 일을 할 수 없다. 두 가지 일 사이에서 왔다 갔다 할 뿐, 절대 어느 쪽 일에도 깊이 파고들지 못한다. 결국 한쪽 일이 다른 쪽 일에 방해만 되는 셈이다. 우리는 멀티태스킹을 할 수 있다고 믿고 싶어 하지만, 실은 두 가지 일 다 '하프태스킹half-tasking', 즉 절반밖에 하지 못한다. 그러니 멀티태스킹의 대가라고 자칭하는 사람이 있다면, 장담컨대 무언가 중요한 것을 놓치고 있는 것이다.

미래는 자신의 일에 깊이 파고드는 방법을 아는 사람들이 지배할 것이다. 집중력이 비밀 병기인 시대가 오고 있는 것이다. 뉴포트는 이렇게 썼다. "깊이 파고드는 일은 점점 더 힘들어지며, 그래서 점점 더 그 값어치가 올라가고 있다."[3] 그는 '생산성의 법칙'이라 부르는 다음과 같은 등식을 제시한다.

$$생산된 고품질의 일 = (소비된 시간) \times (집중도)[4]$$

의심의 여지없이 시간은 우리의 가장 소중한 자원이다. 태어나는 순간 우리의 모래시계는 거꾸로 뒤집혀 모래가 떨어지기 시작한다. 또한 가장 소중한 통화는 관심이다. 관심은 우리가 정말 소중히 여기는 걸 알려준다. 그런데 불행히도 우리의 시간 중 상당 부분은 관심도 없는 일들을 하는 데 쓰인다. 하버드대학교의 한 연구에 따르면, 사람들은 실제 일하는 시간의 46.9퍼센트를 자신이 하고 있는 일 이외의 다른 무언가를 생각하는 데 보낸다.[5] 결국 하루의 절반을 내키지도 않은 일을 하는 데 보내고 있는 것이다.

당신이 어떤 것에 관심을 두느냐는 시간을 낭비하고 있느냐 제대로 쓰고 있느냐, 아니면 투자하고 있느냐를 결정짓는다. 현재에 충실하라. 쉬운 이야기 같지만, 주변을 둘러보라. 결코 쉽지 않다. 늘 현재에 충실한 것만큼 힘든 일도 없을 것이다. 게다가 이는 갈수록 더 힘들어지고 있다.

이런 이야기를 하다 보면 르브론 제임스의 선수 생활 당시 정말 놀라웠던 순간 중 하나가 떠오른다. 코트 위에서가 아니라 뒤에서 있었던 일이다. 그의 소속 팀인 클리블랜드 캐벌리어스가 2018년 동부 컨퍼런스 결승에서 첫 경기를 내준 뒤 한 기사가 르브론에게 물었다.

"4쿼터 때 대체 무슨 일이 일어난 거죠?" 농담조의 반응이었을 수도 있고, 얼핏 그의 마음 상태를 들여다볼 수 있는 반응이었을 수도 있다. 르브론은 기자의 질문을 문자 그대로 받아들였다. 그러고는 4쿼터가 시작됐을 때부터 자기 팀 코치가 타임아웃을 요청할 때까지의 경기 전 과정을 순서대로 자세히 설명했다. 방 안에서 가벼운 웃음이 터져 나왔고 르브론 역시 말을 마친 뒤 히죽 웃었지만, 이는 그의 재능이 육체적인 것만은 아니라는 사실을 잘 보여주는 일화다. 얼마나 경기에만 집중했으면 그런 답을 했을까?

두 경기를 더 치른 뒤 르브론은 기자 회견 자리에서 다시 같은 일을 되풀이했다. 그 경기에서 자신이 한 세 가지 다른 패스 이야기를 하면서 당시 다른 선수들은 코트 어디에 있었는지, 또 자신이 패스를 어떻게 했는지 등을 순서대로 자세히 설명한 것이다. 르브론은 워낙 자신이 하고 있는 일에만 집중하고 있어, 더없이 중요한 플레이오프에서 있었던 모든 일을 그렇게 자세히 설명하는 일이 그야말로 식은 죽 먹기였다.

생산성 검사를 시작하겠다.

● 일과 관련해서 당신에게 가장 중요한 책임 세 가지는 무엇인가?

● 당신은 매일 직장에서 실제로 무엇을 하는가?

● 리스트들을 비교해보라.

노트 : 당신이 가장 중요한 책임 세 가지에 적어도 80퍼센트에서 90퍼센트의 시간을 투자하지 않고 있다면, 당신은 할 수 있는 최대한의 효율성과 생산성을 발휘하지 못하고 있는 것이다. 당신의 에너지와 시간을 가장 중요한 일들에 쏟아 제대로 처리하도록 하라.

본 훈련 전부터 200번의 슛을 던지는 이상한 선수

훈련이 뒷받침된다면 자신의 기준을 믿을 수 없을 만큼 높일 수 있다. 높은 기준을 출발점으로 잡아 먼저 그 기준에 맞추고, 이어 다시 그 기준을 능가하려 노력할 수 있게 되는 것이다. 여러 해 전에 나는 훗날 NBA 역사상 가장 뛰어난 슈터가 될 선수를 가까이서 볼 기회가 있었으며, 그가 어떻게 그런 위치에 오르게 됐는지도 엿볼 수 있었다.

11년 전 한 농구 기술 향상 캠프에서 나는 스테판 커리를 만나 함께 일할 기회가 있었다. 한참 떠오르는 대학 2학년생 농구선수였던 그는, 남부 컨퍼런스 내에서 별 주목을 받지 못하던 조그만 대학 데이비드슨 칼리지 소속이었다. 사실 이후 몇 년간 데이비드슨 칼리지를 전국적으로 아주 유명한 대학으로 만든 것은 스테판 커리 자신이었다.

나는 당시 캠프의 성과 향상 코치였고 스테판은 캠프의 카운슬러 가운데 한 명이었다. 아직 신입생 티가 가시지 않은 그는 대학 수준에서조차 아직 유명한 선수가 되지 못한 상태였다. 그러나 나는 그를 보자마자 깊은 인상을 받았다. 사람 보는 눈이 있다면 아마 당신도 그랬을 것이다. 스테판은 그만큼 특별한 선수였다.

심지어 모든 것이 시작도 되기 전부터 그는 특별했다. 훈련이 시작될 때마다 스테판은 늘 제일 먼저 코트에 나타났다. 다른 선수들은 샌들을 신고 헤드폰을 쓴 채 어슬렁거리거나 별생각 없이 스트레칭을 하거나 서로 농담을 하고 있을 때, 그는 이미 신발끈을 졸라맨 뒤 슈팅 연습을 시작했다.

훈련이 본격적으로 시작할 때쯤이면 스테판은 이미 슛을 200번은 해 온통 땀에 젖어 있었다. 연습 순서를 기다릴 때에도 지루해하거나 서로 잡담을 하는 다른 선수들과 달리 그는 이런저런 동작들을 연구하고 있었다. 줄을 서서 기다릴 때에도 그는 농구 골대 주변에서 무언극을 하듯 말없이 풋워크를 연습했고, 그래서 자기 차례가 되면 어떤 동작이든 정확히 할 수 있었다.

코칭 훈련을 거치면서 선수들을 보는 눈이 생긴 나는 그런 스테판에게서 눈을 뗄 수가 없었다. 그는 어떤 동작을 정확히 하는 데 성공하고 나면 계속해서 그 동작을 반복하면서 스스로 그 동작에 대한 근육 기억(특정 신체 활동을 반복해 몸이 기억하게 하는 것 – 역자 주)을 쌓았다. 동작이 잘못됐다고 느끼면 가장 가까이 있는 코치를 찾아가 바로잡아달라고 했다. 그러다 선수들이 사이드라인 쪽으로 물러나면, 그는 풋워크나 다른 동작을 연습을 했다. 이 모든 것은 테스트를 위한 게 아니었다. 누군가 그를 스카우트하는 상황도 아니었고, 드래프트에 대비해 몸값을 올려야 하거나 어떤 평가에 대비해야 하는 상황도 아니었다. 그는 자기 속에 괴물을 기르고 있었던 것이다. 아직 아무도 몰랐을 뿐.

그날 늦게 코트에서 떠날 준비를 하고 있는 나를 스테판이 붙잡았다. 그러고는 이런 말을 했다. "코치님, 절 위해 리바운드 좀 잡아주시겠어요? 자유투를 연속 다섯 번 스위싱swish으로 성공하기 전엔 가지 않을 거예요."

스위시란 농구공이 백보드나 골대에 닿지 않고 그대로 그물 안으로 들어갈 때 나는 휙 소리로, 그렇게 슛을 성공시키는 걸 스위싱swishing이라 한다. 골대 밑에 서서 리바운드를 잡아주며 나는 스테판에게 정말 깊은 경외감을 느꼈다. 녹초가 될 정도로 강도 높은 훈련을 한 뒤 연속으로 다섯 개의 자유투를 성공시키는 것도 힘든 일인데, 그는 그 정도로도 성이 차지 않았던 것이다. 그는 연속 다섯 개의 자유투를 스위싱으로 성공시켜야 했다.

스위싱은 단순히 집중을 한다고 해서 성공시킬 수 있는 일이 아니다. 스위싱에 집중한다면 잘못된 집중이다. 스위싱은 완전히 자동적으로, 그러니까 거의 기계적으로 이루어져야 한다. 사람들은 대개 어떻게든 공을 넣으면 그만이라고 말하겠지만, 스테판의 기준에선 그렇지 않았다. 스위싱으로 공을 넣는 것보다 완벽한 일은 없었다.

몇 차례 그는 네 번까지 스위싱으로 슛을 성공시켰지만 다섯 번째 슛에서 실패했고, 그러면 처음부터 다시 시작했다. 그쯤 하고 하루 일과를 끝내도 뭐라 할 사람은 아무도 없었지만, 스테만은 자신이 세운 기준에 도달할 때까지 전력투구했다. 오늘날 그는 리그를 통틀어 가장 뛰어난 슈터로, 아니 어쩌면 모든 시대를 통틀어 가장 위대한 슈터로 꼽힌다. 그 모든 것이 하늘에서 그냥 뚝 떨어진 것이 아니었다. 누구 하나 자신에게 관심도 주지 않던 시절, 스스로 세운 높은 기준에 도달하기 위해 죽어라 훈련해 얻은 결과였던 것이다.

스테판의 아버지 델 커리^{Dell Curry} 역시 NBA 선수였고 뛰어난 슈터였다. 그래서 스테판은 뭔가에 뛰어난 사람이 되려면 그것에 시간과 노력을 쏟아야 한다는 사실을 자기 두 눈으로 직접 보았다. 대부분의 아이들은 스포츠 전문 채널 ESPN의 하이라이트 모음과 유튜브 동영상을 보지만, 스테판은 매일매일 이른 아침부터 하루 종일 진이 빠지도록 맹훈련을 했다. 그는 자신이 해야 할 일이 무엇인지 잘 알았고, 그게 노력할 만한 가치가 있는 일이라고 결론 내렸다.

보이지 않는 시간의 힘

내 친한 친구이자 동료인 드류 핸렌Drew Hanlen은 세계적으로 유명한 NBA 전략 기술 코치이다. 그는 내가 너무도 좋아하는 말인 '보이지 않는 시간들unseen hours'이란 말을 만들어냈다. 일반 대중의 눈에는 보이지 않는, TV 카메라도, 팬도, 치어리더도 없는 데서 쏟는 성공 밑에 숨겨진 그 많은 시간과 노력을 가리키는 말이다. 비디오 재생 장면에도 나오지 않는 많은 패스와 슛, 팬도 응원도 없이 이루어지는 몸싸움. 이 모든 일은 체육관 좌석이 텅 빈 시간에, 또는 엄청나게 이르거나 엄청나게 늦은 시간에 일어난다. 드류는 브래들리 빌Bradley Beal, 조엘 엠비드Joel Embiid, 앤드류 위긴스Andrew Wiggins, 제이슨 테이텀Jayson Tatum 등, NBA의 수많은 최연소 스타 선수들과 함께 그들의 보이지 않는 시간들을 보냈고, 그래서 그런 시간을 잘 안다. 그들은 우리가 코트 위에서 그들을 보는 시간보다 훨씬 더 많은 시간을 온갖 힘겨운 일들에 쏟고 있다.

보이지 않는 시간들의 가치를 너무도 잘 보여주는 파블로 피카소Pablo Picasso의 유명한 일화가 있다. 말년의 어느 날 피카소가 공원 안에서 스케치를 하고 있는데 한 여성이 다가왔다. 그러곤 이런 말을 했다. "실례합니다만, 저를 스케치해주실 수 있을까요?" 그러면서 그녀는 자신이 뺏은 시간에 대한 돈은 지불하겠다고 했다. 피카소는 그 제안을 받아들였고, 일필휘지로 스케치를 해 그녀에게 건네줬다.

"5,000프랑 되겠습니다." 그가 말했다.

"뭐요?" 그녀가 어처구니없다는 표정으로 물었다.

"5분밖에 안 걸린 일에 어떻게 그렇게 많은 돈을 청구할 수가 있어요?"

"아, 하지만 부인," 자신이 넘겨준 스케치를 가리키며 피카소가 말했다. "그게 제 평생이 담긴 그림이거든요."[6]

자립의 아이콘이자 베스트셀러 작가인 토니 로빈스Tony Robbins는 자기 분야에서 성공한 사람이다. 그는 휴대폰에 영화배우 레오나르도 디카프리오Leonardo DiCaprio의 전화번호가 단축 번호로 저장돼 있고, 전 영국 총리 마거릿 대처Margaret Thatcher와 전화통화를 하는 사이이다. 1998년 의회에서의 빌 클린턴Bill Clinton 미국 대통령 탄핵 절차가 시작되기 전날 밤 로빈스는 자기 집에서 전화 한 통을 받았다. 대통령이 그의 조언을 듣고 싶어 직접 전화를 한 것이다. 로빈슨은 다음과 같은 말로 유명하다. "아무도 지켜보지 않는 데서 혼자 여러 해 동안 연습한 사람들은, 그 덕에 더 많은 사람들 앞에서 보상을 받는다."

눈에 보이는 것, 감탄해 마지않는 것, 기념하기 위해 포스터를 내거는 순간들, 관심을 갖고 서로 이야기 나누는 순간들은? 그야말로 빙산의 일각에 지나지 않는다. 그 밑에는 거대한 빙산이 있다.

내 친구 베이브 크와스니아크Babe Kwasniak는 한때 암 진단 전문 회사인 아메리패스의 세일즈 책임자였다. 회사가 20억 달러에 매각됐을 때, 그는 회사를 떠나 자신의 열정을 추구하기로 했다. 농구 코치 일을 시작한 것이다. 코치 크와스라는 애칭으로 불리던 그는 현재 내가 알고 있는 가장 뛰어난 농구 코치 중 한 사람이다.

"오리가 물 위에서 떠다니는 걸 본 적 있나? 그야말로 더없이 우아하지." 한 인터뷰에서 그가 나에게 한 말이다. "비즈니스에서든 팀에서든 우리도 그렇게 해야 해. 세련되면서도 전문가답게. 오리가 물 밑에서 헤엄치는 걸 본 적 있나? 그야말로 참 볼품없지. 하지만 우리도 마찬가지야. 아무도 보고 있지 않을 때 우리는 결코 우아해서는 안 돼."

훈련은 다음과 같이 간단한 선택으로 요약된다.

1. 자신이 정확히 무엇을 원하는지 결정하라.
2. 당신이 치러야 할 대가를 알아내라.
3. 기꺼이 그 대가를 치를 건지 선택하라.

끝이다. 이 세 단계를 밟아 앞으로 나아가라. 먼저 이런 과정을 밟으면 시간이 절약되고 실망할 일도 줄어들 것이다.

코비 브라이언트의 자신감은 어디에서 올까?

훈련 과정은 멋지지도 않고 매력적이지도 않다. 훈련은 하나의 윤리이자, 믿음 체계다. 또한 쌓아올릴 가치가 있는 무언가를 쌓아올릴 토대다. 인간의 뇌는 최대한 효율적으로 움직이길 원한다. 효율성을 기르기 위해서는 바람직하면서도 꾸준한 습관들을 들여야 한다. 그리고 그 모든 습관을 합친 것이 바로 훈련이다.

2007년 나는 나이키 사의 요청에 따라 코비 브라이언트 기술 아카데미가 최초로 열리는 로스앤젤리스행 비행기에 몸을 실었다. 미국 최고의 고등학교와 대학 농구선수들(그중에는 애리조나주립대학교의 제임스 하든 선수도 있었다)을 불러 모아 3일간의 미니 집중 캠프를 개최해 세계 최고의 농구선수에게 배울 기회를 주기로 한 것이다.

이론의 여지없이 그 당시 세계 최고의 농구선수는 코비 브라이언트였다. 마이클 조던은 과거의 선수였고, 르브론 제임스는 미래의 선수였다. 코비의 훈련과 관련해서는 늘 괴담 같은 게 있었다. 농구계 안에 떠도는 소문에 따르면, 코비는 자신의 훈련을 '운동' 대신 '기절blackout'이라 불렀다고 한다.

나는 캠프 스태프였고 두 번 다시 안 올 기회를 놓칠 수 없어, 코비에게 그의 훈련 모습을 지켜보게 해달라고 부탁했다. 그렇다. 내 철학은 이랬다. 경기 모습은 모든 사람이 볼 수 있지만, 숨겨진 비밀을 제대로 알려면 훈련 모습을 지켜봐야 한다. 이는 래퍼 제이지^{Jay-Z}의 앨범을 사는 것과 스튜디오 안에 앉아 그가 작곡하고 녹음하는 것을 지켜보는 것의 차이와 같다.

"그러시죠." 코비가 말했다. "내일 4시에 시작할 겁니다."

"근데 내일 오후 3시 30분에 캠프에 참석해야 하지 않나요?" 내가 상기시켜주었다.

"아닙니다." 그가 답했다.

"새벽 4시에 운동을 할 겁니다."

그래 좋아. 어쨌든 그 이른 시간에 가기만 해도 코비에게 깊은 인상을 줄 거라 생각했다. 내가 얼마나 진지한 트레이너인지 보여줄 수도 있으리라. 그래서 나는 그보다 먼저 체육관에 도착하기로 마음먹었다. 새벽 3시에 알람이 울리자, 나는 벌떡 일어나 옷을 입고 택시를 잡아탔다. 3시 30분쯤 체육관에 도착했고, 밖은 칠흑같이 어두웠다. 하지만 택시에서 내리자마자 체육관 안에 이미 불이 켜져 있는 게 보였다. 심지어 농구공 튀는 소리와 운동화 끄는 소리도 들렸다. 조용히 옆문으로 들어가자, 코비는 이미 땀에 흠뻑 젖어 있었다. 그는 실제 운동을 시작하기에 앞서 강도 높은 워밍업을 하고 있는 중이었다. 나는 자리를 잡고 앉아 그와 그의 트레이너에게 한 마디도 하지 않고 그냥 지켜만 봤다.

45분간 나는 그야말로 충격에 빠졌다. 나는 45분간 세계에서 가장 뛰어난 선수가 가장 기본적인 훈련들을 하는 걸 지켜봤다.

최고의 선수가 기본적인 볼 핸들링을 하는 것을 지켜봤다.

최고의 선수가 기본적인 풋워크를 하는 것을 지켜봤다.

최고의 선수가 기본적인 공격 동작을 하는 것을 지켜봤다.

최고의 선수가 기본적인 수비 동작을 하는 것을 지켜봤다.

인정하지 않을 수 없었다. 그는 모든 동작을 외과 의사처럼 정확하게 그리고 슈퍼 영웅답게 치열하게 했지만, 그가 하는 모든 것은 정말 단순했다. 내 눈을 믿을 수 없었다. 그날 늦게 코비에게 다가가 말했다. "정말 고마웠어요. 오늘 아침 훈련 모습 정말 잘 지켜봤어요."

"별말씀을요." 코비가 답했다.

그런 다음 나는 혹 무례하게 보이거나 잘난 척하는 것처럼 보일까봐 주저하며 입을 열었다. "세계에서 가장 뛰어난 선수인데, 왜 그렇게 기본적인 훈련을 하죠?"

그의 얼굴에 옅은 미소가 비쳤다. "제가 왜 경기에서 뛰어날 수 있다고 생각하세요?" 그가 물었다. "절대 기본적인 동작에 싫증 내지 않기 때문이에요."

그는 자신의 풋워크가 면도날같이 예리하지 않으면 나머지 동작들이 절대 좋아질 수 없다는 사실을 알고 있었다. 또한 풋워크에 예리해지려면 계속 반복하는 수밖에 없다는 것도 잘 알고 있었다. 코비는 모든 것을 하나하나 차근차근 쌓아올리는 방법을 너무도 잘 알았다.

코비 정도의 수준에 올라 있는 사람이 기본적인 것들을 연습하는 데 많은 시간을 쏟는다면, 우리 같은 사람들은 어떻겠는가?

코비는 그날 아침 내게 아주 중요한 교훈을 하나 주었다. 기본은 간단하다. 그러나 쉽지 않다. 만일 기본이 쉽다면, 누구나 쉽게 하지 않겠는가.

슈팅, 패스, 수비 슬라이드 등, 농구선수가 하는 모든 동작은 발에서 시작된다. 결국 풋워크가 모든 경기의 기본인 것이다. 제대로 된 풋워크를 할 경우, 선수는 공격도 수비도 더 잘할 수 있다. 제대로 된 풋워크를 통해 동작의 효율성과 속도, 민첩함이 좋아지기 때문이다. 제대로 된 풋워크로써 평범한 선수가 우수한 선수가 되고, 우수한 선수가 위대한 선수가 되며, 위대한 선수가 최고의 선수가 된다. 코비가 그렇게 많은 시간을 기본 동작 연습에 쏟았던 이유다. 기본 동작을 완전히 습득하기 전에는 제대로 경기를 할 수가 없다. 빈약한 토대 위에 무언가를 쌓을 수는 없는 것이다. 기본을 배워라. 기본을 깨달으라. 기본들을 마스터하라. 그리고 자신에게 물어보라. "내 분야의 기본은 무엇인가?"

컨설턴트이자 강연가, 작가인 나는 내 분야의 기본이 무엇인지에 대해 이견이 좀 있다는 사실을 안다. 대부분의 사람들은 '판매'라고 믿는다. 나는 고객들에게 내 서비스를 팔아야 한다. 일단 고용됐다 하면, 메시지와 믿음, 전략을 팔아야 한다. 하지만 나는 거기서 한 걸음 더 나아가려 한다. 판매의 기본은 무엇인가? 커뮤니케이션이다. 그렇다면 커뮤니케이션의 기본은 무엇인가? '귀 기울여 듣는 것'이다.

모든 분야에 걸쳐 가장 기본은 '적극적인 듣기'라고 생각한다. 적극적으로 듣는다는 것은 반응이 아니라 연결하기 위해 듣는 것이다. 또한 다른 사람의 말에 공감하며 듣는 것이다. 즉, 다른 사람의 눈을 통해 세상을 보려 노력하고, 다른 사람의 관점을 존중하고 제대로 이해하려 노력하는 것이다. 회사의 규모나 업계의 종류에 관계없이, 최고가 되고 싶다면 적극적인 듣기(자신의 직원들이나 고객들의 말을)의 기초를 마스터해야 한다. 결국 적극적인 듣기는 비즈니스의 '풋워크'이다.

3점슛의 대명사 스테판 커리의 비밀

우리는 모든 것을 즉시 다운로드할 수 있는 세상에 살고 있다. 그렇기에 걸핏하면 여러 단계들을 건너뛰고 과정을 피해가려 한다. 또한 인기 있고 현란하고 멋진 것을 추구하기에, 기본은 다소 무시당하기도 한다. 이것저것을 '해킹'하거나 편법을 쓸 유혹에 빠지기 쉬운 것이다. 그럼에도 기본은 언제나 통한다. 과거에도 그랬고 앞으로도 늘 그럴 것이다.

해킹은 지름길이다. 해킹은 데이터 침해이다. 나는 이런 것에 반대한다. 지름길이 아닌 효율성을 믿는다. 직접 일을 하라. 스스로 성공을 성취하라.

내 친구 제이 빌라스^{Jay Bilas}는 틈나는 대로 자신의 아버지가 스포츠든, 인생이든, 정원 일이든 그 과정을 얼마나 중시했는지에 대해 말한다. 그의 아버지는 언제나 말씀하셨다. "제이, 어떤 사다리든 꼭대기까지 올라가려면 한 칸 한 칸 올라가는 수밖에 없단다."

제이의 아버지는 사다리에서는 단 한 칸도 건너뛸 수 없다는 이야기를 강조했다. 한 칸이라도 놓치면 바로 바닥까지 떨어지게 된다. 명성을 쌓는 일은 평생이 걸릴 수도 있지만, 단 한 번의 바보짓으로 잃을 수도 있다는 뜻이다.

지금의 문화는 단계들을 건너뛰라고 부추긴다. 기본에 충실하지 않고도 얼마든지 명성을 얻을 수 있다고 생각하기 때문이다. 열두 살 난 아이들이 먼 거리에서 3점슛 연습을 하며 시간을 보내는 것도 그 때문이다. 스테판 커리가 잘하는 슛이니까(내가 어렸을 때 아이들은 마이클 조던을 따라한다고 공중 동작 연습을 많이 했었다).

오늘날의 아이들은 스테판 커리가 왜 3점슛을 잘 던지는지 생각해보려 하지 않는다. 그는 자기 기량을 갈고 닦으면서 맹렬한 슈팅 훈련을 해 그렇게 먼 거리에서 슛을 성공시킬 수 있게 되었다. NBA에서 경기 종료 휘슬이 울릴 때 3점슛을 성공시키는 일은 정말 기막히게 멋진 일이다. 그러나 깜깜한 새벽에 아무도 없는 체육관에서 연이어 자유투 100개를 날리며 죽어라 연습해야 하는 일은 어떤가? 스테판 커리와 코비 브라이언트 같은 사람들은 자신의 경기가 어디서부터 시작되는지를 절대 잊지 않는다.

훈련은 쉽다. 지속적이며 꾸준한 훈련이 어려울 뿐이다.

- 제시 잇츨러

경쟁 우위를 선점하라

열정이 이유라면 훈련은 방법이다. 우리는 열정을 시작할 에너지는 있어도 그 열정을 유지할 에너지는 충분하지 않을 수도 있다. 숫자는 결코 거짓말을 하지 않는데, 모든 신생 기업의 90퍼센트는 실패로 끝난다.[7] 연구 결과에 따르면, 다이어트로 체중을 줄인 사람들의 95퍼센트는 다시 체중이 늘며, 그중 상당수는 원래 줄인 체중보다 더 많은 체중이 불어난다.[8] 신년 결심, 기업들의 조직 개편, 그리고 심장마비 이후의 변화들과 관련된 수치 역시 아주 암울하다. 이유가 뭘까? 처음 결심할 때는 워낙 많은 관심을 쏟지만, 실제 그 약속을 지키고 유지하기 위한 기초 작업에는 충분한 관심을 쏟지 않기 때문이다.

준비는 통제 가능한 '경쟁 우위'로, 미래의 성공에 도움을 준다. 내가 마크 큐반에게 스포츠의 어떤 기술들이 비즈니스에 적용될 수 있냐고 묻자 그는 이렇게 답했다. "준비, 준비, 또 준비요."

큐반은 늘 자신이 잘 모르는 것을 개선하려 애쓰며, 이를 '지식 우위'라 부른다. 그는 이런 말을 했다. "주로 기술에 대한 지식의 경우지만, 시간만 쏟는다면 그 누구든 다 따라잡을 수 있습니다."

널린 게 지식이다. 그리고 당신은 지식 우위를 통제할 수 있다. 큐반은 대부분의 사람들이 지식 우위를 갖기 위해 시간과 노력을 쏟지 않는다고 굳게 믿고 있다. 실제로 그는 많은 사람들을 제치고 정상의 자리까지 올랐다.

컴퓨터 업계에서 시작한 큐반은 컴퓨터 관련 책과 잡지를 닥치는 대로 사들였고, 자기 자신을 교육시키는 일을 최우선 과제로 삼았다. "누구든 다 같은 책과 잡지를 살 수 있다." 그가 자신의 책에서 한 말이다. "원하는 사람은 누구든 다 같은 정보를 얻을 수 있는 것이다. 그런데 대부분의 사람들은 그렇게 하려 하지 않는다."[9] 어떤 결과를 원하면서도, 그 결과를 얻기 위해 필요한 일은 하려 하지 않는다. 그러나 큐반은 했다. 그리고 지금도 한다.

결론은 간단하다. 무언가를 원한다고? 그렇다면 다른 사람들이 쉽게 하지 않는 일을 쉽게 하는 법을 배워라. 성공한 사람들은 많은 것을 읽고, 운동하고, 건강하게 먹고, 귀 기울이고, 기준을 세우고, 멘토를 찾아내고, 세미나에 참석하고, 인맥을 형성하는 일을 쉽게 한다. 미

기술을 마스터하는 5가지 단계

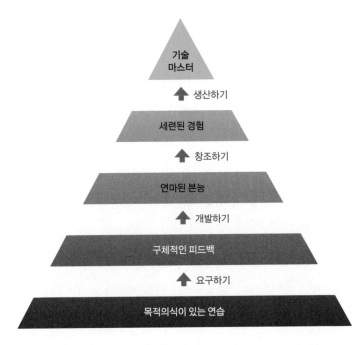

국의 기업가이자 작가이자 동기부여 강연자인 짐 론Jim Rohn은 이런 말을 자주 한다. "성공하지 못하는 사람들은 이런 일들을 쉽게 하지 않는다.¹⁰

환경과 운도 분명 성공에 영향을 미친다. 하지만 기회가 올 때에 대비해 준비하는 것은 언제나 당신의 통제 안에 있으며, 기회가 언제 어떻게 오는지 통제할 수도 있다. 나는 준비가 외부 압력에 우선한다는 사실을 안다. 그리고 온갖 여건에서 그런 경우를 정말 많이 봐왔다. 그러니 통제 가능한 것을 통제하라. 또한 결과 대신 과정에 집중하라. 당신이 과정에 집중한다면, 결과는 저절로 좋아진다.

필요한 훈련을 하면서 지금 하는 일에 열심히 임하다 보면 성공하게 된다. 경험을 쌓는다는 것은 이전 직책이나 경력과는 무관하다. 그보다는 '보이지 않는 시간들', 이른 아침, 늦은 밤, 그리고 아무도 지켜보는 사람이 없을 때 하는 모든 일과 관련이 있다. 이 모든 것을 충분히 쌓다보면 숨이 자연스레 몸 밖으로 나오듯 당신의 기술들이 자연스레 나오게 된다.

성공하는 선수와 그렇지 못한 선수의 결정적 차이

내 오랜 친구인 데이브 볼윈켈Dave Bollwinkel은 시카고 불스 팀의 스카우트 담당이다. 여러 해 전 시러큐스대학교 농구팀이 조지타운대학교 농구팀과의 오후 4시 경기를 위해 워싱턴 DC에 왔을 때, 데이브는 나에게 문자를 보냈다. 양 팀에서 선수 두 명을 스카우트하러 가는 길에 나를 초대한 것이다. 그는 이렇게 말했다. "11시에 경기장 밖에서 만나."

"11시?" 내가 답했다. "경기는 4신데? 왜 5시간이나 전에 거길 가야 하지?"

"그게 내 일이거든." 그의 답이었다.

누군가 지켜보고 있다는 사실을 인식하지 못하도록 선수들을 관찰하는 것이 스카우트 담당자인 그의 일이었던 것이다. 데이브는 경기 그 자체에는 별 관심이 없었다. 몇 시간의 비디오 분석을 통해 이미 양 팀 선수들의 경기 모습은 다 봤다. 이제 경기 전의 모습을 볼 필요가 있었다. 팀 동료 및 코치들과는 어떻게 의사소통을 하는지, 경기장 관리 직원을 어떻게 대하는지, 연습 시간에 어떤 훈련을 하는지, 자유 시간에는 무엇을 하는지 봐야 했던 것이다.

데이브는 선수들이 어떻게 준비를 하는지 보고 싶어 했다. 모여서 어슬렁대며 하프코트에서 훅슛(Hook shot. 한 손으로 공을 옆으로 높이 들어 올려 길게 호를 그리면 던지는 슛 – 역자 주)을 던지는지, 특정한 기본 훈련들을 하는지 근력 코치가 워밍업을 시킬 때 곧 있을 경기에 임하듯 전력투구하는지 아니면 그냥 대충 시간만 때우는지.

데이브와 나는 스탠드에 앉아 있었고(당시 선수들의 비공식 연습 경기를 지켜보는 사람은 우리밖에 없었다), 데이브는 한 페이지, 한 페이지 계속 메모를 하고 있었다. 나는 데이브처럼 예리한 눈을 갖고 있지는 못하지만, 선수들이 어떻게 준비를 해야 하는지 잘 알고 있었다. 어떤 선수가 준비를 잘 하고 있는지 그렇지 않은지 내 눈에도 뻔히 보였다. 한 연습 경기에서 두세 명의 선수가 데이브한테 큰 점수를 땄고 몇몇 선수는 점수를 많이 잃었다. 선수들 자신은 이런 사실을 까맣게 모르고 있었다.

데이브는 선수들이 중요하다고 생각지도 않을 사실을 토대로 그들의 미래에 실질적인 영향을 줄 메모를 하고 있었다. 여기서 배울 교훈은? 늘 누군가 당신을 지켜보고 있을 수 있고 그러므로 당신이 하는 모든 일이 중요하다는 것. 당신이 경기 전 준비를 중요하게 여기지 않는다면, 아마 관중석이 꽉 찼을 때도 제대로 된 경기를 하지 못할 것이다.

너 나 할 것 없이 일이 잘 안 풀리는 날들이 있다. 그러나 늘 철저히 준비하는 습관을 들인다면 그런 날들이 최대한 줄어들 것이다.

고등학교 시절에 래리 버드가 매일 아침 수업 시작 전에 자유투를 500개씩 던진 것도 이런 이유 때문이었다. 그는 심지어 발목이 부러져 나머지 시즌 내내 뛰지 못할 것 같은 상황에서도 그렇게 했다.[11]

"새벽의 어둠 속에서 사람들의 눈을 속인다면⋯⋯ 그 모든 게 밝은 불빛 아래에서 다 드러나게 된다."[12] 헤비급 복싱 챔피언 조 프레이저 Joe Frazier가 언젠가 한 말이다.

제프 베조스의 졸업자: 당신의 선택이 당신을 만든다

2010년 아마존 설립자 겸 최고경영자 제프 베조스는 프린스턴대학교 졸업반 학생들 앞에서 졸업식 연설을 했다. 그는 우리의 삶은 결국 우리가 어떤 선택을 했는가로 요약될 수 있다고 말했다. "나이가 들어 언젠가 자신의 이야기를 들려줄 때, 가장 간결하면서도 의미 있는 이야기는 '당신이 어떤 선택을 했는가'일 겁니다. 우리는 결국 우리가 한

선택들의 결과니까요."¹³

　당신은 매일 선택을 한다. 열심히 하기를 선택할 수도 있고, 열심히 하지 않기를 선택할 수도 있다. 열심히 하지 않기로 하는 것도 선택이다. 선택처럼 느껴지지 않겠지만, 분녕 선택이다. 실제로 가장 하기 쉬운 선택일 수도 있다. 그렇지만 성공하고 싶다면 꾸준히 열심히 하기를 선택할 필요가 있다. 주변에 지켜보는 사람이 없을 때나 그러고 싶지 않을 때조차도, 매일 더 나아지도록 선택해야 한다. 단순히 성공하고 싶다는 마음만으로는 충분치 않다. 대부분의 사람들은 모두 성공하고 싶어 한다. 성공하려면 그만한 희생을 치러야 하는 것이다.

자신의 분야에서 경쟁 우위를 가질 수 있는 습관들을 들여라. 훈련이란 당신의 일을 제대로 하는 데 필요한 시스템을 만들어내고 유지하고 다듬는 것이다.

기억하라

- 우연히 만난 것처럼 성공을 '찾아내는' 경우란 없다. 성공은 그곳에 도달하는 데 필요한 습관을 들여 스스로 만들어내야 한다.

- 가장 뛰어난 사람을 만드는 것은 꾸준한 습관이다. 중요한 일을 먼저 하게끔 일정을 짜고 습관을 들여라.

- 정신을 딴 데 팔지 마라. 어떻게 당신의 시간을 현명하게 또 효율적으로 쓸 건지를 생각하라. 당신의 하루 일과 중에 불필요한 것은 과감히 쳐내라.

- 보이지 않는 시간을 잘 활용하라. 당신의 시간을 최대한 활용하라. 정상에 오른 사람은 1초도 허비하지 않는다. 중요한 것에 집중하라.

| 수용력 |
뼈아픈 조언도 받아들일 수 있는가?

중요한 것은 모든 것을 알고 난 이후에 배우는 것들이다.

- 존 우든

피드백이란 세상이 우리에게 반응하는 소리다. 피드백은 성장에 절대적으로 필요하므로, 이를 무시하려면 그만한 책임을 각오해야 할 것이다. 어떻게 개선해야 하는지 알지 못하거나 굳이 알려고도 하지도 않는다면, 영원히 현재 상태에 머물러야만 한다. 당신의 에고가 피드백에 귀 기울이려 하는 것을 막을 수도 있다. 그렇지만 비판에 너그럽고 전반적인 상황을 파악하려는 사람들은 피드백을 갈망한다. 앞서 말했듯 자기인식은 반드시 필요한 토대지만, 진정한 피드백은 외부 자원으로부터 와야 한다. 그리고 그런 피드백에 기꺼이 귀 기울이는 사람들이 내가 말하는 '변화할 수 있는 사람들'이다.

당신이 수용력 있는 사람이 아니라면, 발전에 그리고 궁극적으로 성공에 스스로 문을 닫고 있는 셈이다. 성공하는 사람은 자신이 어떤 분야에 약한지 또 어떻게 약한지를 알고 싶어 하며, 마침내 그 분야에서도 성공하게 된다. 이것이야말로 잘못을 바로잡고, 허점을 메우며, 자신을 믿을 만한 사람으로 만드는 유일한 방법이다. 에고를 버리고 늘 마음을 열어라. 아마 스스로가 얼마나 많은 것을 할 수 있고, 또 얼마나 많은 것에 영향을 줄 수 있는지 놀라게 될 것이다.

피드백을 어떻게 받아들이냐에 따라, 우리는 앞으로 나아갈 수도 있고 뒤로 물러설 수도 있다. 전 세계 상위 1퍼센트의 사람들은 모든 피드백을 앞으로 나아가는 데 활용하기로 선택한 사람들이다. 우리는 피드백을 어떻게 받아들일지 선택할 수 있다. 피드백 그 자체는 긍정도 부정도 아니다. 피드백은 중립적이다. 편견이 없다. 피드백은 우리가 어떤 감정을 갖다 붙일 때만 긍정적인 것이 되거나 부정적인 것이 된다. 피드백을 주는 사람이 어떤 선수의 풋워크를 바로잡아 주는 코치든, 어떤 제안을 듣고 또 다른 제안을 하는 관리자든, 연사의 자질을 평가하는 청중이든 관계없다.

나는 운동성과 훈련 분야에서 이른바 '고강도 훈련'을 받으면서 자랐다. 이 훈련은 각 운동 세트마다 '순간적 근육 고장MMF'에 이를 때까지 운동을 하는 아주 강도 높은 훈련 방식이다. 예를 들면 더 이상 밀 수 없을 때까지 무거운 것을 미는 식이다. 그래서 나는 각 운동 세트마다 근육이 더 이상 움직이지 못할 때까지 밀고는 한다.

생각해보라. 어떤 농구선수가 30분간 볼 핸들링 훈련을 하는데 농구공을 한 번도 뺏기지 않는다면 어떻겠는가? 그는 더 이상 성장하지 못한다. 모든 훈련이 그가 이미 잘하는 일을 반복하는 것에 지나지 않기 때문이다. 발전을 하려면 현재의 한계들을 밀어붙이며 나아가야 한다. 다시 강조하지만, 공을 뺏기지 않는다면 더 이상 실력이 늘지 않는다.

시장 점유율을 되찾는 최선의 공격법

당연한 말이지만 코칭이 가능하다는 것은 체육관과 코트를 초월하는 개념이다. 비즈니스 충고 중에 이런 충고가 있다. "최악의 고객은 당신의 가장 친한 친구이다."[1] 당신은 실패를 통해 배우고, 당신을 거부하거나 외면하는 사람들을 통해 배우고, 당신과 아무것도 하고 싶어 하지 않는 사람들을 통해 배운다. 두려워 말고 그들의 말을 끝까지 들어보라. 당신에게 가장 좋은 스승이 되어줄 것이다.

가정용 건축 자재 유통 업체 홈 디포의 공동 설립자이자 미국 프로 미식축구팀 애틀랜타 팰컨스의 구단주인 아서 블랭크Arthur Blank는 자신의 사업은 메워야 하는 구멍들을 찾는 일을 토대로 하고 있다고 주장했다. 성공을 거듭하면서도 계속 그런 마음가짐을 잃지 않았다. 언젠가 그는 이런 말을 했다. "홈 디포를 운영할 때 나는 늘 아무것도 사지 않고 우리 매장을 나가는 고객들을 붙잡고 질문을 던지고는 했다. 그들이야말로 우리에게 가장 많은 것을 가르쳐준 사람들이었다."[2]

이는 적응을 잘하는 사람들이 살아남는 법이다. 많은 것을 성취한 사람들은 늘 이런 과정을 거친다. **배우고 – 배운 걸 잊고 – 다시 배운다.**

도미노를 보라. 도미노는 여러 해 동안 피자 배달 시장을 석권했다. 그런데 어느 시점인가 그들은 현실에 안주했고 그러면서 아주 느슨해졌다. 경쟁업체들에 시장 점유율을 뺏기기 시작하자, 그들은 고객 피드백을 수집했다. 압도적으로 많은 반응은 '당신네 피자는 형편없어'였다(내가 쉽게 풀어쓴 것이다). 도미노 측은 이 피드백을 가슴에 새겼다. 심지어 자신들의 피자가 형편없다는 사실을 인정하는 광고 캠페인까지 벌였고, 피자를 더 건강하고 맛있게 만들기 위해 아주 공격적인 조치를 취했다. '피자 반전'이라 부른 이 조치들 덕에 피자 판매가 급격히 늘어나 도미노는 여러 해 동안 경쟁업체들을 능가했다.[3]

자신의 저서 『마인드셋Mindset』에서 심리학자 캐럴 드웩Carol Dweck은 두 종류의 사람을 비교하고 있다. 먼저 고정된 마음가짐을 지닌 사람들, 이들은 자기 자신이 있어야 할 곳에 있다고 생각한다. 그리고 성장하는 마음가짐을 가진 사람들, 이들은 늘 앞으로 밀고 나아간다. 그는 밀고 나아가는 것을 '뻗어 나간다'고 한다. "성장하는 마음가짐을 가진 사람들은 단순히 도전을 찾는 게 아니라, 그 도전을 통해 성장한다. 그리고 도전이 클수록 더 멀리 뻗어 나간다."[4] 그의 연구 결과에 따르면, 성장하는 마음가짐을 가진 사람들이 확실히 이런저런 도전에 회복될 가능성이 더 높으며, 그 여력 덕에 성공할 가능성도 더 높다.

실패에 어떻게 반응하느냐는 성공하는 데 가장 중요한 요소 중 하나다. 우리는 누구나 실패를 한다. 우리의 잘못 때문이기도 그게 세상사의 이치이기 때문이기도 하다. 그러나 성공한 사람들은 실패를 활용하는 방식이 다른 사람들과 다르다. 사실 성장하는 마음가짐을 사람들은 실패를 실패로 여기지 않는다. 그저 무언가를 배울 기회인 것이다. 이것이 바로 성공한 사람들과 일반 사람들의 차이점이다. 그들은 어느 정도의 성공에 도달해도 멈추지 않으며, 어떤 벽에 부딪혀도 절대 멈추지 않는다. 벽에 부딪히면 그 벽을 밀고 나가면 된다.

자가 테스트

코칭 가능성은 다음과 같이 크게 세 부분으로 나뉜다. 당신에게는 아래와 같은 능력이 있는가?

- **신뢰** : 코치의 선수에 대한, 선수의 코치에 대한, 그리고 선수, 코치, 팀에 대한 절대적인 믿음

- **마음 열기** : 겸손함과 신뢰, 지침과 안내를 기꺼이 받아들이려는 욕구

- **실행** : 요구되는 행동 방침을 정확히 수행하는 능력

케빈 듀란트는 오프시즌에 무엇을 할까?

성장하기 위해서는 현재의 자신과 앞으로 되고 싶은 자신 간의 간극을 이해하고, 전자에서 후자로 가기 위해 필요한 모든 일을 다 해야 한다. 내가 2004년 케빈 듀란트^{Kevin Durant}를 처음 만났을 때, 그는 비쩍 마른 고등학교 2학년 학생으로, 말수가 적어 '안녕하세요', '안녕히 가세요', '감사합니다' 외의 말은 거의 하지 않았다. 지금의 케빈 듀란트가 말랐다고 생각한다면, 정말이지 그 당시의 그를 봤어야 한다. 그는 영화관에서 제대로 자리에 앉아 있으려면 무릎 위에 콘크리트 블록이라도 하나 올려놔야 할 만큼 가벼웠다. 물론 오해는 하지 말길. 그는 놀라운 재능이 있었고 엄청나게 부지런했다. 하지만 다음 단계로 올라가고 싶다면 근육도 더 키우고 강해져야 했다. 그래서 내가 끼어들었다. 열심히 설득한 끝에, 그의 어머니는 결국 나에게 아들의 체력 단련을 완전히 일임했다.

그리고 나는 케빈을 반쯤 죽여놨다. 모진 전신 체력 단련이 끝나면,

그는 문자 그대로 바닥에 널브러졌다. 하지만 워낙 말수가 적어, 대체 어떤 생각을 하고 있는지 어떤 기분인지 알기가 힘들었다. 체력 단련이 끝난 뒤 내가 다가가 물었다. "이봐, 어린 친구, 어때 훈련이 맘에 들어?"

그가 내 눈을 쳐다보며 아주 진지하게 말했다. "아뇨, 하지만 제가 NBA에서 뛰려면 이걸 해야 한다는 거죠? 우리 또 언제 만나요?"

당시 케빈 듀란트는 열다섯 살의 어린 나이였지만, 자신이 원하는 곳에 도달하려면 무엇을 해야 하는지 알 정도로 성숙했다. 그만큼 특별한 선수였다. 성공하는 사람들은 자신이 할 수 없는 일을 알게 되면, 그것을 해내기 위해, 그것도 제대로 해내기 위해 노력한다. 그로써 현재의 자기 위치에 오르게 되는 것이다.

오프시즌(Off-season. 선수가 정규시즌과 플레이오프에 참여하지 않는 기간-역자 주) 중의 케빈 듀란트를 집중 조명한 미국의 영화 전문 채널 HBO 다큐멘터리를 본 적이 있는데, 휴가 기간 중에도 그는 정말 믿을 수 없을 만큼 많은 훈련을 했다. 그의 일과를 지켜보는 것만으로 진이 빠질 정도였다. "그 친구 훈련하는 거 보면, 아직도 NBA에 가려고 노력 중인 사람 같아요." 그의 친구가 한 말이다. 케빈은 이제 NBA의 최우수 선수가 되었지만, 그런 것은 중요하지 않았다. 그는 성공하려고 발버둥 치던 열다섯 살 때의 케빈처럼 여전히 자신을 몰아붙이고 있었다. 오프시즌 중에 내 팟캐스트에 출연했을 때도 마찬가지였다.

아침 8시부터 시작된 훈련을 끝낸 그와 이야기를 나누었을 때 그는 이런 말을 했다. "오프시즌이야말로 진정한 시즌이에요. 더 나아져야 할 때거든요."

그렇다고 실제 오프시즌이 모든 선수가 더 나아지는 때는 아니다. 피드백을 받아들일 만큼 수용력이 있는 선수들만 더 나아지는 것이다.

케빈 듀란트는 다른 선수들에게 좋은 본보기가 된다. 그는 내게 자신이 신인 선수들과 교체 선수들에게 얼마나 큰 영향을 주는지 잘 알고 있으며, 그래서 경기가 있는 날 가능하면 일찍 나와 연습을 하려 한다고 했다. 자신이 솔선수범하면 다른 선수들도 다 따라할 거라는 사실을 알았던 것이다. 만일 당신이 자신의 분야에 대해 너무 잘 알고 있고, 그래서 굳이 코칭을 받을 필요가 없다고 생각한다면, 심지어 케빈 듀란트같이 위대한 선수도 그러지 않는다는 것을 상기하기 바란다. 그는 그런 사람이다. 당신은 자신이 케빈 듀란트보다 더 자기 분야에서 뛰어나다고 생각하는가? 그 이상은 말하지 않겠다.

마이클 조던이 10대 시절 처음 한 여름 캠프에 모습을 드러냈을 때, 스카우트 담당자들의 마음을 사로잡은 것은 운동선수로서의 재능이 아니었다. 어린 나이에 코칭을 너무나도 잘 받아들이는 것에 마음을 뺏겼다.[5] 최고의 선수들은 코칭을 잘 받아들인다. 위대한 선수가 되고 싶다는 갈망 때문에 만족할 줄 모르는 향상 욕구를 갖고 있는 것이다. 그들은 현재의 모습에 절대 만족하지 않으며, 배움을 멈추지 않는다.

얼마든지 그럴 수 있다 해도, 월계관이나 사람들의 격찬에 안주하지 않는 것이다.

한때 시카고 불스 팀과 로스앤젤레스 레이커스 팀의 코치였던 필 잭슨Phil Jackson은 훈련 캠프가 열릴 때마다 자기 선수들과 함께 치른 한 가지 의식에 대해 이야기한다. 선수들을 베이스라인(Baseline. 농구 코트의 양쪽 끝 선 – 역자 주)에 정렬시킨 뒤, 곧 있을 시즌을 대비한 자신의 코칭을 기꺼이 받아들이겠느냐고 물어보는 것이다.

모든 세대를 통틀어 가장 많은 우승을 거머쥔 코치 중 한 사람인 잭슨은 이 같은 의식의 필요성을 잘 알고 있다. 일부 선수들은 이런 의식이 너무 감상적이라고 생각했을 수도 있고, 또 매 시즌마다 왜 이런 의식을 해야 하는지 이해하지 못했을 수도 있다. 하지만 잭슨은 알고 있었다. 훈련을 통해 이후에 있을 모든 것에 필요한 토대를 쌓고 선수들 간의 유대감을 공고히 할 수 있다는 사실을 말이다.

그간 내게 가장 많은 걸 가르쳐준 사람들은
내가 보지 못하는 것들을 지적해준 사람들이다.

- 셰릴 샌드버그

병적인 호기심에 사로잡힌 사람들

당신은 호기심이 많은가? 당신의 사업이나 주변 세상에 대해 더 많이 배우는 일에 관심이 있는가? 알고 싶다는 욕구가 당신을 움직이는 엔진 중 하나라고 말할 수 있는가? 아니라면, 안 좋은 소식이 있다.

『뉴욕 타임스』 칼럼니스트 애덤 브라이언트Adam Bryant는 성공한 최고경영자들을 상대로 인생에 대한 인터뷰를 하면서 모든 업계에 걸쳐 조사를 했다. 그들에게는 어떤 공통점이 있었을까? 애덤은 "그들의 공통점은 열정적인 호기심이 있다는 것"[6]이라고 적었다. 또 이렇게 설명했다. "우리는 그들의 호기심까지는 볼 수 없다. 대중들 앞에 나서는 순간, 그들의 얼굴은 더없이 차분하고 침착한 리더의 얼굴이 되기 때문이다.[7] 물론 그들은 그래야 한다. 하지만 내가 그랬던 것처럼, 한 사람 한 사람과 직접 이야기해보면 완전히 다르게 느껴질 것이다. 그들은 무언가를 배우려는 학생들처럼 이런저런 식견과 교훈에 목말라 하고 있으며, 자기 주변의 모든 것에 대해 늘 진지하면서도 열정적인 관심을 갖고 있다."[8]

이 기사를 읽었을 때 나는 마크 큐반과 같은 사람들이 생각났다. 그들은 자기 분야에서 최고의 자리에 올랐지만, 그런데도 계속해서 무언가를 더 배우려 한다. 그것이 그들이 여전히 최고의 자리를 지키고 있는 이유이기도 하다.

21세기에 나온 모든 위대한 아이디어를 생각해보라. 그러면 그 중심에 호기심이 많은 사람들이 있었다는 걸 알게 된다. 숙박 공유 사이트 에어비앤비의 공동 설립자이자 최고경영주인 브라이언 체스키^{Brian} ^{Chesky}는 집의 여유 공간과 에어 매트리스를 공유한다는 장난 같은 아이디어를 무려 300억 달러 가치의 거대 사업체로 발전시켰다. 그를 아는 사람들은 모두 그를 '거의 병적인 호기심'[9]과 '늘 새로운 정보를 받아들이려 하는 강박증'[10]에 사로잡힌 사람이라고 한다. 그리고 바로 여기에 열쇠가 있다. 그는 지금도 여전히 그렇다. 사라 블레이클리 역시 비슷하다. "문제가 보이면, 저는 그냥 질문들을 던지기 시작합니다. 틈새를 찾는 겁니다."[11] 그가 한 인터뷰에서 한 말이다.

온갖 어려움을 헤쳐온 최고경영자들은 자기 자신을 되돌아볼 수 있게 만드는 사람을 찾는다. 또한 위험을 감수하는 사람을 소중히 여긴다. 그러니까 일단 무언가를 시도해볼 만큼 용기 있고, 무언가를 배우고 실패하고 다시 시도할 만큼 겸손한 사람 말이다.

타협할 줄 모르며 모든 걸 다 알고 있다는 듯 행동하는 사람은? 그런 사람을 원하는 이는 아무도 없다. 그런 사람에게는 가르칠 것도 없고 제안할 것도 없다. 그렇다면 가슴을 활짝 여는 사람은? 기꺼이 귀 기울여 듣고 코칭을 받아들일 수 있는 사람은? 그런 사람은 모든 팀이 함께하고 싶어 한다. 스스로를 가치 있는 사람으로 만들라. 스펀지처럼 모든 걸 빨아들이는 사람이 되라. 기꺼이 귀 기울이고 배워라. 늘 모든 것을 받아들이는 성장 가능성 있는 사람이 되라.

매년 NBA 프로농구 시즌이 끝날 때면, 그렉 포포비치^{Gregg Popovich}코치는 각 선수를 한쪽으로 데려가 자신이 코칭을 할 수 있게 허락해 줘 고마웠다며 감사를 표한다.¹² 이는 아주 강력한 메시지로, 선수들에게 감사의 뜻을 전할 뿐 아니라, 선수들로 하여금 모든 것이 양방향 관계라는 사실을 상기시켜주기도 한다. 당신의 허락 없이는 그 어떤 코치도 당신에게 가르침을 줄 수 없다. 그러니 코치의 가르침에 마음의 문을 열도록 하라.

실패하라

성공으로 오르는 모든 사다리에는 실패의 칸이 있다. 멈추라거나 이상이 있는 것이 아니다. 그 모든 칸은 성공으로 오르는 데 꼭 필요한 칸이다. 충분한 실패를 하지 않고서는 무엇 하나 제대로 할 수 없다. "실패 앞에서 움찔하지 마라." 전설적인 NBA 코치 존 우든이 한 말이다. "지금까지 나는 올바른 방향으로의 실패라면 실패하는 것을 두려워하지 말라고 배웠다. 대학 시절 코치 퍼듀^{Purdue}는 대개 실수를 가장 많이 하는 팀이 우승한다고 말했다."¹³ 일단 에고라는 적만 극복한다면, 우리는 실패가 얼마나 가치 있는 것인지 깨닫게 된다. 성공보다는 실패에서 훨씬 더 많은 것을 배울 수 있다.

이는 비즈니스 세계에까지 널리 퍼져 있는 믿음이다. 사라 블레이클리는 자신의 회사 스팽스 내에서 '아차' 하는 순간이 생기면 오히려 자축하는 분위기를 조성한다. 직원들은 실수하는 순간이 어떻게 교훈의 순간으로 변할 수 있는지 잘 알고 있다. 그는 자신의 그런 철학과 접근 방식이 아버지한테 배운 거라고 말한다. 어린 시절 저녁 식사 자리에서 그의 아버지는 종종 그와 오빠에게 그 주에 한 실수나 실패가 무엇인지 물었다.[14] 그는 그런 철학을 가슴에 새기고, 늘 실패를 교훈으로 삼으려 애썼다.

재능 없는 사람이 주는 교훈

P. J. 칼레시모P. J. Carlesimo는 모든 면에서 전설적인 코치로, 특히 샌안토니오 스퍼스의 두 우승 팀을 비롯한 네 개 팀을 이끌었으며, 역사상 가장 재능 있는 선수들로 구성된 1992년 바르셀로나 올림픽 금메달 팀인 '드림 팀'도 이끌었다. 그러나 그를 내 팟캐스트에 초대해 인터뷰했을 때, 놀랍게도 그는 자신과 함께했던 최고의 선수들에 대한 이야기를 하지 않았다. "아주 재능 없는 팀을 맡았을 때 훨씬 더 많은 것을 배웁니다." 그가 내게 한 말이다. "또한 경기에서 졌을 때, 특히 코치 생활 초에 경기에서 졌을 때 훨씬 더 많은 것을 배웁니다. 제가 그랬거든요. 실패는 위대한 스승이에요." 칼레시모는 실패란 현재의 우리를

있게 해준 과거의 그 모든 실수를 가리키는 말이라고 생각하고 있다.

요즘 일부 학자들은 자신의 이력서에 '중요한 실패들'이라는 항목을 집어넣는다. 나 역시 이런 시대적 흐름의 커다란 팬이다. 우리가 늘 직선으로만 나아가는 것이 아니라는 사실을 확인시켜주는 추세라 할 만하다. 우리의 경력에서 실패한 것을 지워버리는 일은 자존심을 살리는 데만 도움이 된다. 실패에 머물지 말고 그 실패를 최대한 활용해라.

실패에 대한 지나친 두려움은 세대 간의 문제가 될 수도 있다. 최근의 한 조사에 따르면, 밀레니얼 세대(Millennial. 1980년대 초반부터 2000년대 초반 사이에 출생한 세대로 정보기술에 능통함－역자 주)의 40퍼센트가 실패에 대한 두려움을 갖고 있다고 하는데, 이는 다른 연령대보다 높은 비율이다.[15] 내가 보기에 밀레니얼 세대는 소셜 미디어 문화, 그러니까 그 어떤 사소한 것도 공유되는 세계에서 자라난 세대라 이런 부작용이 생겨난 게 아닌가 싶다. 그들에게는 실패가 워낙 공개적이고 당혹스러운 일이어서 더더욱 실패를 하고 싶지 않은 것이다. 그러나 받아들일 자세만 되어 있다면, 실패는 동기부여 요소이자 가르침을 주는 요소이다. 제임스 프로차스크사James Prochasksa는 이런 말을 했다. "실패는 정말 가치 있는 것이다. 설사 우리가 원치 않는다 해도 무언가를 배우게 하기 때문이다."[16]

당신의 회복력은 얼마나 강한가?

사실 내가 열정적으로 실패를 받아들이려 하는 이유는, 한때 실패를 피하는 데 급급했기 때문이다. 마음가짐을 바꿔 내 실수들을 꼭 필요한 과정의 일부로 가치 있는 일로 받아들이게 된 건 30대 초에 이르러서의 일이다. 모든 것을 완벽하게 해내는 사람은 거의 없다. 모든 사람이 필연적으로 실패를 하므로 실패할 것인가 그러지 않을 것인가는 문제가 되지 않는다. 실패에 어떻게 대처하느냐가 문제다.

당신이 실패에 어떻게 대처하느냐에 따라 당신의 행복과 성공이 결정된다. 그것을 당신의 회복력이라 부르기로 하자.

애플의 스티브 잡스는 앞으로도 영원히 비전을 가진 천재로 불릴 것이다. 그러나 그와 관련해 가장 자주 듣게 되는 이야기는 그가 어떻게 자신이 만든 회사에서 해고됐으며, 12년 후에 되돌아와 어떻게 그 회사를 살렸고, 어떻게 그 회사를 지구상에서 가장 큰 성공을 거둔 중요한 브랜드 중 하나로 탈바꿈시켰는가 하는 이야기다. 잡스는 자신의 전기에서 실패한 부분을 감추지 않았다. 오히려 스스로 그 이야기를 자주 했는데, 자신의 실패가 훗날 성공의 토대가 됐다는 사실을 잘 알고 있었기 때문이다.

실패는 오로지 당신이 그 실패를 어떻게 규정하고 개인화하느냐에 따라 긍정적인 것이 되기도 하고 부정적인 것이 되기도 한다. 똑같은 실패가 당신에게 영감을 주고, 동기부여를 해주고, 가르침을 줄 수도 있고 반대로 당신을 파괴하고, 약화시키고, 무력화시킬 수도 있다. 전적으로 선택의 문제인 것이다.

실패는 수많은 거절 속으로, 역경 속으로, 또 불편 속으로 걸어 들어가는 것이다. 우리는 실패를 받아들이고 실패를 토대로 변화해야 한다.

전문 강연가로서 나는 거의 매일 부정적인 대답을 듣는다. 그러나 그런 일이 그저 내 일과의 일부라고 생각한다. 오히려 당신이 늘 긍정적인 대답만 듣고 있다면, 당신은 충분히 열심히 밀어 붙이지 못하고 있는 것이다. **공을 뺏기지 않는다면 더 이상 발전하지 못한다.**

결국 모든 것은 당신이 실수를 어떻게 느끼고 어떻게 인식하느냐에 달렸다. 그리고 모든 것은 다시 '성장하는 마음가짐'으로 돌아간다. 실패를 벽으로 보는 사람들은 그 벽을 뚫고 나가기 위한 어떤 일도 하지 못한다. 그러나 실패를 문으로 보는 사람들은 그 문을 활짝 열기 위해 노력하게 된다.

언제든 받아들일 준비를 하라

코칭을 받아들이려면 어디서든, 누구에게서든 교훈을 얻을 수 있도록 마음을 열어두어야 한다. 전 종합격투기 챔피언 프랭크 샴락Frank Shamrock은 한때 세계에서 가장 치명적인 전사였다. 그는 극도로 단련된 멋진 남자로 강력한 존재감과 에너지를 과시한다. 말할 때는 아주 권위적으로 보이지만, 실은 아주 내성적이며 자신감과 겸손함을 두루 갖춘 남자다. 그는 자신이 누구와 상대하든 6초 이내에 죽음에 이르게 할 수 있다는 걸 알지만, 그런 사실을 자랑하지도 숨기지도 않는다. 나는 최근 한 휴양지에서 프랭크와 귀중한 시간을 보낸 적이 있다. 그는 자신이 그간 살아오면서 저지른 모든 실수에 대해, 또 자신이 그 실수를 바로잡고 앞으로 나아가기 위해 얼마나 많은 노력을 했는지에 대해 숨김없이 털어놨다.

처음 21년간 프랭크의 삶은 잔인했다. 어린 시절 학대를 당했고, 허구한 날 아동 위탁 업체를 들락날락했으며, 그러다 교도소까지 갔다. 그는 자신의 삶을 되돌리기로 결심하고 격투기를 시작했는데, 그러면서 그때까지 취해온 접근방식과는 완전히 다른 접근방식을 택했다. 당시로서는 들어본 적도 없는 아주 과학적이면서도 지적인 접근방식을 택한 것이다. 그는 상대 선수의 장점과 단점, 격투 스타일을 연구해 종합격투기 경기장인 옥타곤에 들어갔다. 그러고는 확실한 경쟁우위를 점했다. 그는 격투기 선수로 끝없이 진화했으며, 예측 가능한 선수가 되고 싶어 하지 않았다. "모든 것이 통하지만, 영원히 통하는 건 없습니다." 그가 내게 한 말이다.

프랭크는 이른바 +, =, - 시스템에 따라 살고 있다.

+ (더하기) 시스템 : 주변에서 누군가를 발견해 무언가를 배운다.

= (등호) 시스템 : 자신과 대등한 누군가를 찾아내 서로 무언가를 주고받는다.

− (빼기) 시스템 : 자신보다 못한 누군가를 발견해 무언가를 나눠준다.

나는 여러 가지 이유로 이 시스템을 좋아하는데, 그중 하나는 이 시스템이 온갖 아이디어와 도움, 동기부여를 어디의 누구라도 언제든지 줄 수 있다는 사실을 내포하고 있기 때문이다. 프랭크는 어떤 사람에게는 시간을 쓸 가치가 있고, 어떤 사람들은 그렇지 않다고 여기지 않는다. 모든 사람이 가치가 있기 때문이다. 다시 한번 말하지만 우리는 주변 누구에게서든 교훈을 얻을 수 있다,

늘 마음을 열고 누구에게서든 아이디어를 얻을 수 있어야 한다. 아마존의 경우를 보자. 과연 다른 웹 페이지(심지어 집에서 만든 웹 페이지)에 아마존 버튼을 추가하는 아이디어는 어디서 왔을까? 한 고객에게서 온 것이다. 제프 베조스는 아마존을 거대 사업체로 발전시켰는데, '어떤 자원으로부터 오는 그 어떤 새로운 아이디어도 기꺼이 받아들이려는 마음가짐'[17]도 큰 역할을 했다. 어디에서, 누구로부터 오는 아이디어든 기꺼이 받아들이려면 겸손해야 하며 또 늘 마음의 문을 열어놓고 있어야 한다. 새로운 결과를 보려면 새로운 행동을 해야 한다. 행동이 그대로라면 변화도 있을 수 없다.

록 밴드 메탈리카Metallica는 막 폭발적인 인기를 누리기 시작하던

1980년대 초에 자신들의 첫 번째 기타리스트를 내쫓았다. 그러고는 오디션을 통해 무명의 커크 해밋Kirk Hammett을 자신들의 새로운 기타리스트로 영입했다. 해밋이 리드 기타리스트라는 일자리를 얻은 뒤 세계에서 가장 위대한 밴드로 발돋움하려는 메탈리카를 위해 제일 먼저 한 일은 무엇이었을까?

그는 기타 스승을 채용했다.

변화의 시기를 맞이하라

성장과 발전, 개선은 계속되는 과정이어야 한다. 당신이 대학교 3학년이라면 성장을 위해 시간이 얼마나 남았다고 생각하겠는가? 1년이다. 그 시점에서는 낙관적인 기대뿐만 아니라 실제로 나아져야 한다. 그런데 기업체 직원은 왜 같은 압박감을 느끼지 않는 걸까? 많은 직원이 대개 올해고 내년이고 같은 수준에 머물러 있다.

성장은 오직 변화에서만 온다. 행복과 성과, 성공은 당신이 그런 변화들을 어떻게 관리할 수 있느냐에 달려 있다. 어떨 때는 우리가 직접 변화를 시작하지만, 어떨 때는 우리에게 변화가 강요되기도 한다. 어떤 경우든 우리는 거기에 적응해야 한다. 변화를 예측해야 하며, 늘 변화에 대한 준비가 되어 있어야 한다. 변화란 눈에 띄는 게 아니며, 그래서 미처 준비할 시간이 없을 수도 있다.

삶은 온갖 변화로 가득 차 있다. 그런 변화가 일어나기 전에 미리 예측하고 또 변화가 왔을 때 잘 받아들일 수 있어야 앞장서서 다음 단계로 나아갈 수 있다. 그리고 그 과정에서 피드백을 잘 받아들일 수록 많은 것을 성취할 수 있다는 사실에 놀라게 될 것이다.

삶은 목적지가 아니라 여정이다. 성공하는 사람들은 절대 성장을 멈추지 않는다. 당신이 더 배워야 한다는 사실을 인정하고, 어디에서 누구에게서든 기꺼이 배워라.

기억하라

- 당신은 '지식 우위'를 통제할 수 있다.
- 누가 또는 무엇이 관심을 쏟을 가치가 있는지 성급히 판단하지 마라. 늘 마음을 열어라.
- 좋은 아이디어는 우리 주변에 널렸다. 그것을 알아볼 수 있는 안목을 키워라.
- 실패를 가르침을 주는 수단으로 받아들여라.
- 피드백이란 세상이 우리에게 반응하는 소리다.

| 자신감 |
자신의 성공을 믿는다는 것

당신은 나만큼 시간을 쏟지 않기 때문에 절대 나보다 잘할 수 없다.

그래서 난 이미 승리한 것이다.

- 코비 브라이언트

1부의 마지막 장은 자신감이다. 자신감은 앞서 나온 모든 특징의 총합이기 때문이다. 당신은 자기인식을 갖고 있는가? 열정을 갖고 있는가? 기꺼이 훈련을 할 의사가 있는가? 늘 피드백을 수용할 수 있는가?

이 모든 것이 합쳐져 자연스레 나오는 결과가 자신감이다. 스스로 만들어낸 자신감이자 근거 있는 자신감, 진정한 자신감 말이다.

스스로 준비가 되어 있으면 자신감은 저절로 생겨난다. 스테판 커리가 수백만 명이 지켜보는 가운데 경기가 불리하게 돌아갈 때, 자신 있게 자유투를 스위싱으로 성공시킬 수 있는 것도 바로 이 때문이다. 아무도 보지 않는 데서 그런 자유투를 수천 개를 던져봤기 때문에, 그는 자유투가 들어갈 것을 이미 자신하고 있는 것이다.

로커룸 옆에 앉아 표를 파는 억만장자 구단주

자기 분야에서 최고의 자리에 오른 사람과 5분만 함께 이야기를 나눠보라. 어떻게 그 자리에 오르게 됐는지 금방 알 수 있게 된다. 그들은 자신이 하는 일에 대한, 자신이 알고 있는 것에 대한 자신감 같은 걸 발산하기 때문이다. 그런 자신감은 수년간 또는 수십 년간 자기 자신에게 많은 시간과 노력을 투자한 데서 온다.

몇 년 전 내 〈하드우드 허슬〉 팟캐스트 팀과 나는 스포츠 및 비즈니스 세계에서 가장 자신감 넘치는 사람 중 한 사람을 만나기 위해 댈러스행 비행기를 예약했다. 바로 미국 프로농구팀 댈러스 매버릭스 구단주이자 유명 미국 TV 프로그램 〈샤크 탱크Shark Tank〉의 스타, 괴짜 억만장자인 마크 큐반이었다. 비행기가 지연되어 잠도 제대로 못 잔

채 댈러스에 도착했지만, 그건 문제도 아니었다. 나는 잔뜩 흥분되어 있었다. 큐반을 직접 만난다는 사실만으로도 카페인 링거를 맞는 기분이었다. 그는 영감을 주는 사람이었고, 또 자석처럼 사람을 끌어당기는 사람이었다.

마크는 내 '꼭 만나고 싶은 사람 목록' 꼭대기에 있던 사람이다. 그래서 그와 마주 앉아 이야기를 나누는 일은 엄청난 경험이었다. 그는 더없이 편안하고 친절한 신사로, 우리에게 아메리칸 에어라인스 센터(미국 프로농구팀 댈러스 매버릭스의 홈구장 - 역자 주)에 있는 자신의 전용 스위트룸을 열어줬다. 그의 사무실은 경기장 지하 벙커에 있었고, 여러 개의 대형 스크린 TV와 가죽 소파, 댈러스 매버릭스 팀의 기념품으로 장식되어 있었다. 전용 바도 있었다. 영락없는 남자의 아지트였다.

큐반은 말도 못하게 바쁜 사람이지만, 우리에게 무려 두 시간이나 할애했다. 분명 그의 일정은 빡빡했고 가야 할 데도 있었겠지만, 우리에게 절대 그런 티를 내지 않았다. 내가 마크에 대해 가장 좋아하고 또 존경하는 것은 그의 자신감이다. "우리 모두는 때때로 자신에 대해 회의감을 갖습니다." 큐반이 내게 한 말이다. "그런데 저는 그런 회의감을 자신감으로 헤쳐 나갑니다. 그간 살아오면서 해온 모든 프레젠테이션에 도움이 됐던 것 역시 자신감입니다."

큐반은 자신감의 위력을 보여주는 살아 숨 쉬는 사례다. 그는 자수성가한 사람으로, 의지의 힘을 통해 아주 강한 사람이 되었다. 총명하

자기 인식
+ 열정
+ 훈련
+ 코칭·피드백 수용력

자신감

고, 혁신적이며, 두려움이 없고, 아주 특이한 이단아다. 그의 자신감은 스스로 쟁취한 것이다.

티셔츠에 운동복 바지를 걸친 큐반은 나와 이야기를 나누면서 두 무릎을 세우고 두 발은 바닥에 댄 채 편히 앉아 있었는데, 나는 그의 진실성에 깊은 감명을 받았다. 우리는 에너지 음료 레드불을 마시면서, 마치 함께 맥주를 마시며 스포츠 중계를 지켜보는 친구 사이처럼 아주 편하게 말을 이어나갔다. 억만장자 같지도, 어떤 아이콘 같지도 않았다. 그는 말을 하면서 어떤 계산도 하지 않았다. 물론 자신이 수없이 광고해온 유명 상표 이야기 같은 것은 일체 입 밖으로 내지 않았다. 마크 큐반은 정말 진실된 사람이었다.

그간 스포츠와 대중 매체, 비즈니스 분야에서 성공한 사람을 많이 만나봤지만, 이런 경우는 정말 드물었다. 큐반은 자신이 누구이며 무엇을 원하는지 잘 알고 있으며, 어떻게 할지에 대해 그리 큰 걱정을 하지 않는다. 늘 의견이 확고하며, 그 의견을 나누는 데 두려움이 없다. 그게 바로 마크 큐반이다. 그는 자신감은 단순한 결과가 아니라 원인 이기도 하다는 걸 잘 알고 있다. 일종의 자기 회생 과정인 것이다.

마크의 첫 번째 기업은 첫 거래에 500달러를 벌 정도로 초라하게 시작했다. 그러나 오늘날 그의 사업체들은 그 가치가 30억 달러가 넘 으며, 지금도 계속 성장하고 있다. 그가 댈러스 매버릭스를 인수했을 때, 그 팀은 NBA 소속 팀 가운데 최악이었다. 실제로 그 팀은 1990년 대 최악의 프로 스포츠 팀으로 선정되기도 했다. 큐반이 팀의 구단주 가 되어 처음 한 일은 선수들의 로커룸과 숙박 시설을 개선하는 것이 었다. 왜? 아마 대부분의 경영자 눈에는 허구한 날 지고 있는 팀에게 해줄 일로 보이지 않을 것이다. 그래 봐야 선수들이 더 편안하게 느껴 현실에 더 안주하게 될 뿐이라고 생각할 테니 말이다. 그러나 큐반은 그런 부류에 속한 사람이 아니었다. 그는 선수들이 스스로 가치 있다 고 느끼면, 서로를 그리고 자신들의 경기를 더 가치 있게 볼 거라는 사 실을 알고 있었다.

큐반은 로커룸 문의 반대편에서 직접 실무에 뛰어들기도 했다. 매표 소 바닥에 자신의 책상을 갖다 놓고, 거기에서 에이전트들과 함께 고 객에게 전화를 하는 일을 시작한 것이다. 큐반은 텅 빈 경기장에서 내 내 지기만 하는 팀을 와서 지원해달라고 직접 댈러스의 사람들을 설 득했다. 그리고 그런 일이 먹히기 시작했다.

큐반은 장애물 때문에 방해받지 않는다. 아니 오히려 장애물을 넘으면서 앞으로 나간다. 그는 NBA 내 최악의 팀을 인수한 게 오히려 동기부여가 됐다고 했다. "두려움은 장애물로도 쓰일 수 있고, 반대로 동기부여책으로도 쓰일 수 있다."[18] 그가 자신의 책에서 한 말이다. 그의 삶과 경력은 계속해서 그가 한 선택들의 결과였다.

내가 성공을 뭐라고 정의 내리겠냐고 물었을 때, 큐반은 곧 바로 이런 답을 했다. "오늘 하루도 멋진 하루로 만들 거라는 걸 알고, 매일 아침 얼굴에 미소 지으며 일어나는 거요." 내가 이 말에 얼마나 심오한 뜻이 숨어 있는지 깨달은 것은 나중에 이 인터뷰 녹음을 다시 들었을 때다. 매일매일이 멋진 하루가 되는 게 아니라, 매일매일 멋진 하루를 만들 거라는 것. 이게 핵심이다. 결국 모든 것은 그의 손에 달려 있다. 바로 이런 것이 자신감의 힘이요 영향력이다.

"나는 경쟁하는 걸 좋아합니다. 지금보다 젊었을 때는 모든 사람에게 내 나이가 얼마든 상관없다는 걸 입증해 보이는 걸 좋아했죠." 그가 내게 한 말이다. "스물 둘, 스물 셋의 나이에 사업을 시작했어요. 어떤 경우든 난 상대를 꺾을 겁니다. 이제 나도 나이가 들었지만, 열여덟 살이든 열두 살이든 아니면 쉰 살이든 상대를 꺾을 겁니다. 상대도 열심히 노력하겠죠. 하지만 난 더 열심히 해 상대를 꺾을 거고, 그러기 위해 필요한 일은 모두 다 할 겁니다."

큐반은 언제나 자신이 어떤 방에 앉아 있을 때, 그 방에서 가장 준비가 잘 되어 있고, 또 가장 아는 것이 많은 사람이 되는 일이 목표였다고 말한다. 그는 자신이 하는 일에 대해 더욱 잘 알고 있어야 한다는 복음을 전파한다. "내가 누구보다 더 열심히 하고, 누구보다 더 많이 읽는다는 걸 알기에, 자신감이 있습니다. 내 자신이 경쟁 우위를 갖는 데 시간을 쏟고 있다는 걸 잘 알기에, 자신감이 생기는 겁니다."

그가 만일 어떤 일에 실패한다면, 그건 결코 지식이 부족하거나 준비가 부족해서가 아닌 것이다. 그는 '보이지 않는 시간들'을 마스터했으며, 그 덕에 성공할 수 있었다. 큐반은 자신감에 대해 오해가 있다고 말한다. 자신감은 공허한 자존심도 아니고, 자신에게 참가 기념 메달을 주는 것도 아니라는 것이다. "자신감은 경험과 지식에서 오는 것입니다."

자신감은 천하무적을 뜻하지 않는다. 무언가를 전혀 두려워하지 않는다는 뜻도 아니다. 사실 그는 내게 이런 말을 했다. "누군가에게 우리 회사의 제품을 사라고 설득하려 할 때면 늘 두렵습니다. 늘 어떤 일이 일어날지 몰라 조심합니다. 하지만 준비와 자신감으로 그 고비를 넘기죠." 나는 천하의 마크 큐반도 중대한 이해관계가 걸린 상황에서는 역시 두려워한다는 사실에 안심했다. 자신감이 있다는 것이 전혀 두려워하지 않는다는 뜻이 아니라, 두려움을 극복하기 위해 충분히 준비하라는 뜻이라는 것을 상기시켜줬기 때문이다.

실패가 우리에게 주는 것들

성공과 실패에 관해 너무도 자주 인용되고 있는 빈스 롬바르디^{Vince} ^{Lombardi}의 격언과는 달리, 성공만이 중요한 게 아니다. 전혀 그렇지 않다. 물론 성공은 기분 좋은 일이고 우리 모두 손에 넣으려 애쓴다. 하지만 사람들이 간과하는 사실은 '성공이 실패의 결과로 얻어진다는 것'이다. 그게 사실이다. 이는 단순히 두려움을 극복하라는 이야기가 아니다. 두려움을 활용해 앞으로 나아가라는 이야기다. 당신은 두려움에서 나오는 에너지나 불안감을 잘 활용해야 한다. 두려움은 때때로 긍정적인 힘으로 변할 수도 있다. 두려움은 우리를 힘차게 앞으로, 심지어 두려워하는 것 속으로 나아가게 해주는 엔진이 되기도 한다.

물론 자신감은 성공에서 비롯된다. 예를 들어 마크 큐반은 자신이 성취한 것들 덕에 현재의 모습을 보여줄 수 있는 것이다. 그러나 자신감은 결국 역경을 뚫고 반대쪽으로 나가, 계속 앞으로 나아가는 데 반드시 필요하다는 사실을 결코 잊어선 안 된다.

자신감을 갖는다는 것은 신념과 확신을 가지고 장애물을 헤쳐 나가며 비통함을 이겨내는 것이다. 또 세상 사람들이 다 외면할 때에도 계속 비전을 고수하는 것이다. 페리 첸^{Perry Chen}이 자신의 첫 아이디어로부터 크라우드 펀딩 기업 킥 스타터를 설립하기까지는 8년이 걸렸다.[19] 또한 에어비앤비는 실리콘 밸리 최대의 벤처 캐피탈 기업 세콰

이아 캐피탈이 투자하기 전까지만 해도 모든 투자자에게 외면당했었다.[20] 얼마나 많은 멋진 아이디어와 똑똑한 기업가가 끝내 돌파구를 못 찾고 스러지는지를 생각해보라. 난관을 뚫고 나아가는 사람들은 비이성적일 정도로 자기 자신을 믿는 사람들이다.

자신감은 승리와 패배 양쪽 모두에서 오며, 그런 자신감을 쌓기 위해서는 수년에 걸친 훈련과 열정이 필요하다. 또 그런 자신감을 쌓으려면 부정적인 내면의 소리를 중단하고, 그런 말을 원하는 것을 얻기 위해 고군분투하게 해주는 말과 믿음들로 대체해야 한다. 생각하는 방식을 바꿔야 행동하는 방식을 바꿀 수 있는 것이다.

비교는 기쁨을 훔쳐가는 도둑이다.

- 테디 루즈벨트

절대 이길 수 없는 게임은 그만하라

스포츠 방송국 ESPN에 근무하는 내 친구 폴 비안카르디Paul Biancardi는 이런 말을 즐겨 한다. "비교 게임에선 늘 지게 돼 있다." 왜 그럴까? 조작되기 때문이다. 비교는 자기회의감을 확대시키는 것 외에 다른 기능이 없다. 나는 지금 이 장을 사우스다코타 행 비행기 안에서 타이핑하고 있다. 이 비행기에 탑승한 250여 명의 승객들 중에 나보다 더 잘 생기고, 더 재미있고, 더 성공했고, 더 키가 크고, 더 근육이 발달했고, 더 똑똑한 사람을 얼마든지 찾아낼 수 있다. 그 어떤 기준에서든 나보다 더 점수가 높은 사람을 찾는 건 일도 아닐 것이다. 만일 내가 그런 사람들을 내 자부심과 가치를 결정짓는 비교치로 사용한다면 나는 늘 질 수밖에 없다.

전통적인 광고의 최우선 목표는 우리가 서로 경쟁 게임을 하게 만드는 것이다. 그러니까 우리로 하여금 늘 무언가 부족하다고 느끼게 하고, 우리를 세뇌해 늘 더 많은 것이 필요하다고 믿게 하고, 또 스스로 자신의 부족함을 과장하게 하는 것이다. 특히 소셜 미디어들이 여러 방식으로 이런 문제를 확대시켜왔다. 그 결과 우리는 다른 사람들이 갖고 있는 것과, 하고 있는 일에 지나치게 신경을 쓰게 되었다. 그래서 자기 자신을 제대로 보지 못하게 된다.

비교는 절대 우리에게 도움을 주지 못한다. 심지어 우리 삶에 가치를 더해주지도 못한다. 오히려 우리에게서 행복과 충만함을 앗아간다. 우리가 스스로를 비교해야 하는 건 단 하나, 과거의 나와 지금 내가 할 수 있는 일뿐이다. 그럴 때 비로소 당신은 성공할 수 있다.

상어에게 물어뜯기지 않으려면

성공한 사람들에게는 자신감을 쌓기 위해 늘 하는 일이 있다. 당신에게 그런 일이 없다면 하나 만들도록 하라. 스포츠계에서 아이디어를 찾는 것도 좋다. 자신의 저서 『마음의 준비Psyched Up』에서 댄 맥긴 Dan McGinn은 수술 전에 마음의 준비를 하기 위해 특별한 과정을 거치는 의사를 가까이에서 지켜보았다고 말했다. 그 의사는 공교롭게도 전직 레슬링 선수로, 자신이 한때 레슬링 경기 시작 전에 썼던 것과 비슷한 준비 기법들을 사용했다.[21]

맥긴은 '가장 큰 히트들'이라고 부르는 자신들이 경기장에서 거둔 성공의 하이라이트를 들으며 경기 준비를 하는 웨스트 포인트 운동선수에 대한 이야기도 적었다. 또 미국의 코미디언인 제리 사인펠트Jerry Seinfeld 같은 연기의 대가들과 공연 직전에 어떤 준비를 하는지에 대해 인터뷰했고, 정신적인 준비를 전문적으로 가르치는 줄리어드음악대학 수업도 참관했다.

줄리어드음악대학 학생들은 학기 내내 음악은 전혀 가르치지 않는 수업을 듣는다. 그 수업의 목적은 단 하나, 무대 위에 올라 청중들 앞에서 연주를 해야 하는 정신적 압박감에 대비할 수 있게 해주는 것이다. 이 수업에 참여하는 교수들은 학생들에게 미용 체조를 시킨 뒤 바로 연주를 하게 해, 연주 중에 몸 안에서 아드레날린이 흐르는 것에 익숙

해지게 하기도 한다.[22]

자신감은 우리가 세상을 향해 내보이는 얼굴이다. 우리는 언제 어디서나 평가받는 환경에 놓여 있기에 최선을 다하지 않을 수 없는 이른바 '샤크 탱크 경제shark tank economy' 속에 살고 있다. 자신감이 없다면, 그 누구도 우리에게 거래처도 고객도 일도 주지 않는다. 또 우리에게 어떤 능력이 있다 해도 아무도 그런 사실을 알지도 믿어주지도 않는다면, 결코 큰 도약을 할 수 없을 것이다.

다음 동작에 집중하라

자신감은 과거에 매몰되지 않는 데서 출발한다. 과거로부터 개선에 필요한 것들만 뽑아내고 앞으로 나아갈 수 있어야 한다. 앞서도 잠시 언급한 바 있는 농구 명문고 디마사가톨릭고등학교의 코치 마크 존스는 경기 도중 적어도 백 번은 '다음 동작!'이라고 외친다. 심판이 휘슬을 불어야 할 때 불어주지 않았다? 그럴 때는 선수들에게 '다음 동작'이라고 외쳤다. 선수가 공을 돌렸다? 그래도 다음 동작! 결정적인 슛을 놓쳤다? 그래도 다음 동작! 선수들에게 통제할 수 없는 것에 대해선 잊고, 다음 동작에 집중하라는 것이다. 성공이나 실패 후에 스스로 자문해볼 수 있는 가장 중요한 질문은 "이 다음은 어쩌지?"이다.

최선을 다할 수 있는 유일한 방법은 현재에 충실한 것이다. 그렇다고 이미 일어난 일들을 무시하라는 소리는 아니다. 과거의 경험으로부터 교훈을 얻어야 한다. 이미 일어난 일 때문에 의기소침해하지 말라는 뜻이다. 과거의 경험으로부터 취할 수 있는 건 취하고, 그걸 다음 경기(당신의 다음 경기가 무엇이 될지는 모르겠지만, 그 무엇이든)에 적용하라.

그 어떤 심각한 육체적 사건도 육체적 사건이 아니며……
그것은 모두 정신적인 사건이다.

– 소설 『더 실렉션The Selection』[23] 시리즈 중

청색 턱시도를 입고 마라톤을 하는 80세 남자

좋다. 그간 이 이야기는 계속 미뤄왔는데, 이제 말할 때가 된 것 같다. 내가 난생처음 참가한 마라톤 대회에서 27킬로미터를 달리고 녹초가 됐던 2002년으로 돌아가보자. 두 다리는 후들거렸고 몸은 거의 작동 중지 상태였다. 살아오면서 그렇게 철저히 부정적인 내면의 소리에 함몰된 적은 없었다. 나는 온통 부정적인 내면의 소리 속에서 허우적대고 있었다. "이건 할 수 없어. 끝낼 수가 없어. 난 끝장이야!"

절대 건강하고 생산적인 소리가 아니라는 것은 나도 느꼈다. 하지만

내면의 소리가 귀청이 터질 듯 컸다. 도무지 막을 방법이 없었다. 젖 먹던 힘까지 다해 다시 달려보려 했지만, 그때마다 두 다리가 천근만근이었다. 제대로 움직이질 않았다. 그리고 내면의 목소리가 다시 악을 써대기 시작했다. '빌어먹을! 넌 할 수 없어! 끝낼 수 없어.'

내가 이런 부정적인 내면의 소리에 함몰되어가고 있을 때, 결코 잊을 수 없는 두 사람이 내 곁을 달리고 있었다. 그 두 사람은 내 기억에 영원히 각인되어 있다.

한 사람은 아주 연한 청색 턱시도를 걸친 여든 살 정도 되어 보이는 노인이었다. 그는 뭘 입고도 달릴 수 있을 만큼 마라톤에 이골이 난 듯했다. 그는 나를 지나쳐 앞으로 나아갔다. 마치 일요일 산책에 나선 사람처럼 여유로워 보였다. 정말이지 난 자존심에 큰 상처를 입었다. 의도적인 것은 아니었겠지만, 그는 그야말로 불난 집에 부채질을 했다.

그러나 그게 다가 아니었다. 더 기막혔던 건 한 중년 여성이 나를 앞질러 가고 있었는데, 농담이 아니라 자기 바지에 똥을 싼 채 달리고 있었다. 그녀의 바지는 뒤쪽이 완전히 누렇게 변해 있었다. 후에 알게 된 사실이지만, 사람이 극도의 육체적 스트레스를 받아 몸의 특정 시스템에 문제가 생기면 자신도 모르는 새에 똥을 싸게 된다고 한다. 그런 경우 스스로도 통제가 안 된다고 하는데, 그런 일이 실제로 내 눈앞에서 일어났다! 어쨌든 그런 상태에서도 그녀는 나를 지나쳐 앞으로 나아갔다. 두 사람이 날린 원투 펀치에 나는 완전히 전의를 상실했고, 이후 결승선까지 내내 걸어갔다.

완주를 하긴 했지만, 계획했던 대로는 아니었다. 나는 속으로 다짐했다. '절대 다시 하지 않을 거야. 이건 정말 일생일대 최악의 경험이었어.'

여러 해가 지났지만 나는 지금도 그때 그 일을 생각한다. 그 기억은 늘 마음속 깊이 자리 잡은 채 나를 괴롭힌다. 실패했기 때문이 아니다. 처음부터 끝까지 계속 달리지 못한 것에 대한 부끄러움은 없다. 그러나 내가 부정적인 내면의 소리에 휘둘렸다는 사실이 부끄럽다.

나는 그 기억을 연료나 동기부여책으로 활용해 다시는 그런 상황에 빠지지 않으려 애쓴다. 그 이후, 나는 내 자신을 테스트하고 두려움을 떨쳐버리기 위해 지구력을 요하는 여러 가지 일에 참여했다. 힘들었냐고? 물론이다. 그러나 힘든 만큼 가치도 있었다. 2,500여 년 전 아테네에서 처음 마라톤을 한 사람은 목적지에 도달한 뒤 바로 죽었지 않은가.

에베레스트 도전에서 배운 일곱 가지

나는 15년 간 그 마라톤에 대한 기억을 안고 살았다. 부정적인 내면의 소리가 나를 집어삼켰던 일, 도무지 자신감이 생기지 않던 일, 그렇게 당혹스러운 상황에 스스로를 몰아넣은 일 등등, 그 당시의 기억은 계속 내 머릿속에서 떠나질 않았다. 2017년에 나는 마라톤보다 훨씬 더 힘겨운 활동에 참여했다. '29029 에베레스트 도전'에 참여한 것이다. 이틀에 걸쳐 버몬트 주의 스트래턴 산Stratton Mountain을 열일곱 번 오르는 도전이었는데, 그렇게 되면 에베레스트 산을 오르는 것과 비슷했다. 산 정상에 오른 뒤 내려올 땐 곤돌라를 탔지만, 그 일은 내가 여태껏 해본 그 어떤 일보다 훨씬 더 힘들었다. 마라톤보다도 훨씬.

도전에 참여한 사람들 중에는 노를 저어 대서양을 건넌 사람, 일곱 개 대륙의 가장 높은 산들을 등반한 세계 기록 보유자, 두 명의 전직 미국 프로 미식축구 선수, NBC 방송 「더 빅이스트 루저The Biggest Loser」의 트레이너, 그리고 7일 연속 일곱 개 대륙에서 열리는 일곱 개 마라톤 대회에 참가할 준비를 하고 있는 한 여성도 포함되어 있었다. 그야말로 경외심을 불러일으키는 사람들이었다. 그들 사이에서 내 자신이 정말 초라하게 느껴졌다.

물론 나는 15년 전 나를 추월해 앞으로 달려 나가던 청색 턱시도를 걸친 노인과 장 통제가 제대로 안 된 중년 여성을 잊지 않고 있었다. 29029 에베레스트 도전 참가를 몇 달 앞두고 나는 체계적이면서도 혹독한 준비를 했다. 근력 훈련 과정에 경사진 러닝머신과 운동 전문 기업 스테어마스터의 운동 프로그램을 추가하는 등, 도전에 앞서 미리 등반 경험을 극대화하려 최선을 다했다. 단순히 몸을 만드는 것만으로는 충분치 못했다. 두 번 다시 같은 실수를 반복해선 안 됐다. 나는 철저한 준비에서 나오는 자신감이 필요했다.

스트래턴 산의 극도로 가파른 경사는 정말 끔찍했다. 성과 향상 전문 코치인 나는 단거리 전력 질주 같은 강도 높은 움직임을 통해 심박수를 올리는 일에 익숙했는데, 산은 그냥 걸어 올라가기만 하는데도 심장이 요동쳤고 두 다리가 후들거렸다. 그날 날씨가 추웠는데도 내 몸은 완전히 땀으로 범벅이 됐다.

육체적으로 힘들기도 했지만, 사실 정신력 테스트에 더 가까웠다. 그러니까 지금 산의 어느 지점에 와 있다는 사실을 '어떻게' 받아들이느냐가 아주 중요했다. '오, 이제 반은 왔네!'하는 마음가짐과 '오 이런! 아직 반을 더 가야 돼!'하는 마음가짐은 커다란 차이가 있다. 결국 컵에 물이 반 있을 때 보이는 반응의 차이와 비슷한 것이다.

산을 낮에 오르는 것과 밤에 오르는 것 사이에도 극명한 차이가 있었다. 낮에는 수백 미터 앞도 보이지만, 밤에는 헤드램프 불빛이 비추는 데까지만 보였다. 같은 산, 같은 도전인데 관점은 전혀 달랐다. 산의 어떤 곳을 오를 때는 완전히 나 혼자였고, 또 어떤 때는 다른 사람들과 함께 올랐다. 혼자 오를 때는 이런저런 생각에 잠겼다. 다른 사람들과 함께 오를 때는 서로 밀어주고 끌어주며 함께했고, 사람들과 연결됨으로써 육체적 고통을 잊을 수 있었다.

결론부터 말하자면, 나는 주어진 시간 안에 열일곱 차례의 등반을 끝낼 수 없었다. 그 사실을 겸허히 인정하자 그야말로 시원섭섭했다. 실망스럽기도 했지만 동시에 나를 짓누르던 압박감도 사라졌다. 그 상태가 되자, 비로소 제대로 웃을 수 있었고 편히 숨을 쉴 수 있었으며 경험을 즐기는 일에 몰두할 수 있었다. 열두 번째 등반이 나의 마지막 등반이 되리라는 것이 느껴졌다. 그러나 그 순간이 단연코 가장 즐거웠다. 매 순간에 충실할 수 있었고, 일부러 몇몇 지점에서 잠시 멈춰 서 경치 구경도 하고 그간의 경험을 되돌아보기도 했다.

비록 도전을 끝까지 마치진 못했지만, 나는 그게 중요한 게 아니란 것을 알았다. 그때처럼 어떤 목표에 도달하지 못하고서도 그렇게 큰 만족감을 느낀 적이 없다. 큰 변화를 경험했고, 내 자신에 대해 많은 것을 배웠으며, 장기간에 걸쳐 매 순간에 충실해지는 법도 배웠다. 중요한 사실은 내 영혼에 도전했고, 육체적·정신적·감정적 한계들을 극복했으며, 아주 비범한 사람들과 연결됐다는 것이다. 나는 그 세 가지 일을 다 했다.

도전 전, 도전 도중, 그리고 도전 후, 매 순간순간의 경험에 대한 내 관점은 15년 전 마라톤을 할 때와는 판이하게 달랐다. 더 이상 힘든 순간에 부정적인 내면의 소리가 나를 지배하게 내버려두지 않았다. 나는 나를 믿었다. 그리고 더 강해졌다. 다리에 통증이 오고 기력이 고갈되어 몸이 말이 아니었지만, 자신감과 낙천적인 생각으로 도전에 맞섰다. 완전히 다른 사람이 된 기분이었다. 아니 나는 실제로 다른 사람이었다.

1. 현실에 안주하는 것은 성장의 적이다. 가능한 한 자주 '크루즈 컨트롤(Cruise control. 운전자가 희망 속도를 정해놓으면 가속 페달을 밟지 않아도 그 속도를 유지하면서 달리는 정속 주행 장치 - 역자 주)'을 끄고 한계를 뛰어넘어야 한다.

2. 육체적으로 불편해지면 정신적 연결이 생겨난다. 안락 지대 밖에서 가장 친한 친구들을 사귀게 될 것이다.

3. 성공한 사람 중 똑똑하고 투지 넘치는 사람은 그런 사람들과 어울린다. 유유상종이다.

4. 삶에서든 사업에서든 당신은 다른 그 누구와 경쟁하는 것이 아니다. 늘 자신과 경쟁하는 것이다.

5. 도전 과제를 잘게 쪼개 관리하라. 그런 다음, 그것을 하나씩 처리하라.

6. 삶을 의무가 아닌 특권의 연속으로 보라. '어쩔 수 없이 해야 하는 것들'을 '스스로 하기로 한 것들'로 바꾸어라. 나는 어쩔 수 없이 산에 오른 것이 아니다. 내가 산에 오르기로 한 것이다.

7. 다른 사람들과 함께 한 등반은 나 혼자 한 등반보다 훨씬 쉽게 느껴졌다. 서로 대화를 나누며 도와주니 아주 편했다. 도전이란 꼭 혼자 해야 하는 것은 아니다.

모든 NBA 선수를 실업자로 만드는 의외의 방법

"만일 NBA 선수들이 전부 다 저처럼 열심히 한다면, 아마 전 실업자가 될 겁니다." NBA 최우수상을 2회 수상한 스티브 내쉬Steve Nash가 자주 하던 말이다.

내쉬는 좋은 의미에서 '과잉 성취자'다. 그는 경기 준비처럼 자신이 할 수 있는 일에 집중했으며, 그의 자신감은 바로 거기서 나왔다. 내가 내쉬를 만났을 때, 그는 30대 중반으로 그의 대단한 선수 경력도 황혼기를 맞고 있었다. "제가 경기에서 어떤 동작을 한다면, 그 자리에서 갑자기 나온 것처럼 보이겠지만, 결코 아닙니다. 제가 경기에서 하는 동작들 중에서 수천 번씩 연습하지 않은 동작은 없거든요."

이는 내쉬가 포인트 가드(Point guard. 팀의 플레이메이커로, 공격 시 경기를 리드하며 적재적소에 공을 공급하는 역할을 하는 선수 – 역자 주)로서 한 말이다. 그는 코트 위에서 문제 해결사가 되어야 했다. 통계상 NBA에서는 패스를 통해서든 드리블을 통해서든 공이 레인(Lane. 같은 팀 선수 두 명이 패스를 할 수 있는 공간 – 역자 주) 안에 들어오면, 그 팀이 점수를 낼 가능성이 더 높다(설사 마지막 슛이 레인 밖으로 나간다 해도). 일단 레인 안에서 공을 잡을 때, 가능한 한 많은 옵션을 찾아내는 것이 내쉬의 임무다.

그는 평소에 그 모든 옵션을 연습했다. 잡은 공을 어느 쪽 손으로든 패스하는 연습, 바운스 패스(Bonce pass. 받을 선수 근처에 공을 튕겨 하는 패스-역자 주)로 키 큰 선수에게 패스하는 연습, 동료 선수가 코너 쓰리 (Corner three. 3점슛을 날릴 수 있는 농구 코트 구석-역자 주)에서 3점슛을 날릴 수 있게 포켓 드리블 패스(Pocket dribble pass. 공을 손바닥에 붙이듯 오래 유지하면서 하는 패스-역자 주)연습을 했다.

내쉬는 체격도 더 크고, 힘도 더 좋고, 운동신경도 더 뛰어난 상대팀 선수들을 상대로 자신 있게 레인 안으로 뛰어들곤 했는데, 그건 그에게 늘 여덟 가지에서 열 가지에 이르는 옵션들이 있었기 때문이다. 결국 경기 전 준비가 그에게 자신감을 준 것이다. 레인 안에서 누구를 만나든 그에겐 이미 늘 해결책이 있었다.

공이 어떤 방향에서 오든,
당신은 늘 그 공을 받을 준비가 돼 있어야 한다.

- 사라 롭 오하간

낙천주의자와 비관주의자의 차이

자신감은 자신의 목표, 영향력을 정확히 인지할 때 생겨난다. 즉 무슨 일인가 일어나게 할 수 있는 능력이 있다는 믿음이 있을 때 자연스레 생긴다는 뜻이다.

밥 로텔라Bob Rotella는 마이클 조던에서 타이거 우즈Tiger Woods에 이르기까지 많은 사람에게 도움을 주어온 스포츠 심리학자이다. 그는 자신의 저서 『챔피언들의 생각법How Champions Think』에서 챔피언들이 갖고 있는 첫 번째 중요한 특징은 '낙천주의'라고 썼다.[24] 자신의 분야에서 최고의 자리에 오른 사람들을 오랫동안 지켜본 밥이 무엇보다도 긍정적인 마음가짐이 챔피언들의 가장 중요한 특징이라고 적은 것이다. "그 누구도 당신의 목표가 말도 안 된다고 생각지 않는다면, 당신은 아마 그리 높은 목표를 갖고 있지 못한 것이다."[25] 다시 한번 말하지만, 공을 뺏기지 않는다면 더 이상 향상되지 않는다.

긍정적인 마음가짐은 퍼져간다. 접근방식이 보다 헌신적으로 변하고, 동기부여도 더 잘 되게 되며, 회복력 또한 강해진다. 이 모든 일이 그림의 떡도 아니요 장밋빛 안경도 아니다. 과학적으로 그 효과가 입증된 것이다. 미국 작가 숀 아처Shawn Achor는 자신의 저서 『행복의 특권 The Happiness Advantage』에서 이렇게 적었다. "낙천주의는 놀랍도록 강력한 성과 예측 변수로 밝혀졌다. 각종 연구 결과에 따르면, 낙천주의자들은 비관주의자들에 비해 더 많은(그리고 더 어려운) 목표들을 세우며, 그 목표들을 달성하기 위해 더 많은 노력을 기울이고, 어려움에 직면해서도 그 목표들에 더 집중하며, 각종 장애물도 더 쉽게 극복한다."[26]

해야 할 일을 하지 않을 경우, 우리는 악순환에 빠지게 된다. 죄책감과 수치심을 느끼게 되고, 그 바람에 자신감마저 상실하는 것이다. 자신감 상실은 곧 에너지와 동기부여 약화로 이어진다. 그리고 에너지와 동기부여가 약화되면, 생산성이 떨어지게 되고 마음가짐도 흐트러진다. 결국 이 모든 악순환이 다시 시작된다.[27]

긍정적인 생각을 할 경우에도 똑같은 순환이 일어난다. 성공과 자신감은 서로가 서로를 낳고, 또 먹여 살린다. 달리 선택의 여지는 없다. 당신이 통제 가능한 것부터 시작하면 된다. 자신감의 힘을 보여주는 가장 좋은 예시 중 하나가 1마일(약 1.6킬로미터)을 4분 이내에 주파하는 경기로, 4분은 모든 전문가가 절대 깰 수 없는 기록이라고 말했던 시간이다. 심지어 과학자들도 인간이 1마일을 4분 내에 주파하는 건 불가능하다고 말했다. 그러나 1954년 그 기록이 로저 배니스터[Roger Bannister]에 의해 깨지자, 그 이후로도 계속해서 깨졌다.*

우리의 마음은 엄청난 힘을 갖고 있다. 그래서 당신이 정한 목표에 따라 확대되기도 하고 축소되기도 한다. 우리가 목표를 어떻게 생각하느냐에 따라, 그 목표를 가까이 끌어당길 수도 있고 멀리 밀어버릴 수도 있다는 말이다.

---

* 참고 노트 ▷ 매년 평균 약 20명의 미국인들이 1마일 4분 이내 주파 벽을 허물고 있다. 물론 다른 나라들, 특히 달리기 강국인 케냐 같은 나라의 사람들까지 합칠 경우 그 수는 훨씬 더 많아진다. 이 장벽을 허무는 데 현대적인 훈련과 요즘 사람들의 영양 상태도 큰 영향을 미쳤지만, 자신감이 한 역할도 과소평가할 수 없다.

2부로 넘어가기 전에 다음 질문에 답해보라.

만일 오늘 해고당했다면…… 당신은 어떻게 내일 다시 취업할 것인가?

무엇을 변화시키고 무엇을 달리할 것인가? 당신의 답이 뭐든 상관없다.

당신은 대체 무엇을 기다리고 있는가?

스스로 쟁취한 자신감은 뛰어난 자기인식과 자신이 하는 일에 관심을 쏟으며 더 나아지기 위해 전력투구한 결과다. 그리고 결국 자신감은 성공을 불러들인다.

기억하라

- 잘못된 자신감보다 큰 피해를 주는 것도 없고, 제대로 된 자신감처럼 강력한 것도 없다.
- 자신감은 전염성이 있는 힘으로, 당신이 하는 일에 빛을 비추고 다른 사람들에게 에너지를 준다.
- 바보 같은 짓은 하지 마라. 그러나 말하는 방식과 일하는 방식에서 자신감이 생겨나도록 하라.
- 스스로 쟁취한 자신감은 자석과 같아, 당신에게 원하는 것을 가져다 준다.

승리하는 리더의 원칙

: 팀원들의 능력을 최대치로 끌어올리는 방법

당신이 만일 코치라면, 진정한 리더가 되기 위해 전력투구해야 한다. 리더라는 호칭은 당신이 코치라고 해서, 또는 아주 높은 연봉을 받거나 최종적인 결정들을 내린다고 해서 그냥 주어지는 것은 아니다.

진정한 리더는 자기 그룹이 나아가고자 하는 방향에 **비전**이 있어야 하고, 모두가 함께 그 방향으로 가기 위해 애쓰는 **문화**를 조성해야 한다. 또한 **인격**을 갖추어야 하고, **섬김**에 전념을 다해야 하며, 모든 팀원들에게 **권한 위임**을 해주어야 한다. 그 모든 것들 위에 자신이 누구와 함께하고 있는지, 또 자신이 무얼 하고 있는지에 대해 신경 써야 한다. 이 모든 게 충족될 때 비로소 진정한 리더라는 말을 듣게 된다.

| **비전** |
남들이 보지 못하는 것을 보는 능력

'어떻게'를 아는 사람은 늘 일자리를 갖게 되지만,

'왜'를 아는 사람은 늘 그의 상사가 된다.

– 존 C. 맥스웰

비전에 대해 이야기해보자. 위대한 선수들은 자기 팀 동료들이 현재 어디에 있는지뿐 아니라, 어디로 향하고 있는지를 본다. 이런 능력이 없는 쿼터백은 제대로 된 패스는 물론, 가로채기조차 못 하는 경우가 많다. 농구도 마찬가지. 코트의 장군인 포인트 가드는 모든 선수들의 위치와 행동 방향까지 예측해야 한다. 자신의 드리블과 상대 팀 수비수 등 가뜩이나 신경 쓸 것도 많은 농구 경기에서 선수들이 서로 뒤엉켜 있을 경우, 포인트 가드는 모든 선수가 어떤 방향으로 움직이는지, 그들이 결국 어디에 가 있게 될지에 집중해야 한다.

진정한 포인트 가드는 현재의 순간을 보는 비전이 있다. 그러니까 누가 골대에 가장 가까이 가 있는지, 어느 팀의 누가 늦게 자리로 돌아오는지, 누구의 공간이 비어 있는지를 볼 수 있는 것이다. 최고의 포인트 가드는 앞으로 5초 후를 보는 비전도 있다. 누가 곧 빈 공간으로 뛰어들게 될지, 누가 자신이 맡은 상대 팀 선수를 놓쳤는지, 누가 백도어 컷을 하게 될지 모든 것을 훤히 내다보게 된다. 그리고 선수들이 예상한 장소에 가 있는 순간, 그야말로 적시에 공을 그쪽으로 보낸다. 결국 포인트 가드는 미래를 볼 수 있어야 한다는 말인데, 그게 바로 비전이다.

농구선수 가운데 코트 안에서 크리스 폴^{Chris Paul}보다 더 뛰어난 비전을 자랑하는 선수는 거의 없다. 나는 10년쯤 전에 처음 크리스를 만나 여러 해 동안 그의 '크리스 폴 엘리트 가드 캠프'에서 일할 기회가 있었다. 크리스는 그 캠프에 이름만 빌려준 게 아니다. 모든 훈련과 식사는 물론 캠프에서 일어나는 모든 일에 직접 참여한다. 그는 모든 것을 행동으로 보여주었고 그 모습을 아이들도 다 보았다. 나는 그런 그를 보며 정말 큰 감동을 받았다.

위대한 선수들은 결코 쉬는 시간이 없다. 크리스 또한 오프시즌임에도 캠프에서 일해야 했고, 그러면서 또 따로 시간을 내 자신의 훈련도 해야 했다. 그는 매일 새벽 5시에 일어나 캠프가 시작되기 전에 자신의 운동을 했다(그것도 체력 단련실과 코트 위에서 강도 높게). 최고가 되겠다는 강한 욕구가 인정사정없이 그를 몰아붙이는 듯했다. 크리스는 내가 아는 가장 경쟁심이 강한 사람들 중 하나다. 카드 게임을 하든, 볼링을 하든, 농구를 하든, 그는 승부욕이 엄청 강했다. 타고난 승부사인 것이다.

놀라운 비전 덕에 크리스는 NBA에서 가장 뛰어난 포인트 가드, 또 지난 20여 년간 가장 뛰어난 포인트 가드 중 한 사람이 되었다.

그는 키가 약 182센티미터로 농구선수치고는 작았다. 그래서 그 약점을 메꾸기 위해서라도 더 뛰어난 비전이 필요했다. 한 기자는 이런 말을 했다. "그는 매사에 기준이 너무 높아요. 심지어 패스할 때 손에 닿는 농구공 표면의 실밥 위치까지도 따질 정도라고요."[1] 이는 크리스 자신이 한 인터뷰에서 확인해준 사실이다. "맞습니다. 전 패스할 때 회전을 주기 위해 공의 실밥 위치까지도 신경을 써요."[2]

크리스같이 위대한 포인트 가드들은 특히 다음과 같은 두 가지 측면에서 뛰어나다.

① 문자 그대로 코트에서의 비전이 뛰어나다. 다시 말해 그들은 늘 코트

전체가 최대한 잘 보이는 위치에 자리를 잡는다. 농구는 날카로운 직선과 각도의 경기이다. 뛰어난 포인트 가드는 그 각도를 이용해 자신의 비전을 향상시킨다.

② 그들은 체스의 대가와 마찬가지로 늘 한두 수 앞을 내다봐야 한다는 점에서 예지력이 뛰어나다. 늘 상대 팀 수비가 어디로 움직일지 또는 자기 팀 동료가 어디로 파고들지를 예측해야 한다.

남들보다 먼저 뛰어난 선수를 스카우트하는 법

운동선수는 코트나 운동장 밖의 것들에 대해서도 비전을 가져야 한다. 위대한 선수는 경쟁 우위에 서는 데 필요한 것들을 배우고 실천하며 늘 앞서 나간다. 10년 전에는 경쟁 우위에 서기 위해 필요한 요소가 힘과 컨디션, 영양 상태 등이었고, 5년 전에는 스포츠 심리학과 요가, 비디오 분석 등이었다. 아마 이제는 이 모든 게 웨어러블(Wearable. 안경, 시계, 옷처럼 몸에 착용 가능한 첨단 기기 – 역자 주) 기술, 가상현실 훈련 장비, 그리고 혈액형에 따른 맞춤형 영양 및 보충제 등으로 바뀔 것이다.

요즘 NBA의 각 팀은 드래프트할 선수를 결정하기 위해 부상 가능성에 대한 신체 분석, 심리 검사, 프로파일링 기법 등을 활용한다. 이제는 뛰어난 선수가 되는 것만으로는 충분치 않으며, 진화하는 경기 방식을 따라잡을 수 있어야 한다. 게다가 NBA에 들어오는 차세대 선수, 즉 미래의 슈퍼스타와도 경쟁해야 한다.

이는 성공을 꿈꾸는 코치와 단장에게도 그대로 적용된다. 자신의 미래를 생각해야 할 뿐 아니라 자신이 속한 분야의 미래에 대한 공부도 해야 한다. 모든 프로 스포츠와 비즈니스 분야는 계속 진화하며, 그 진화 방향을 제일 먼저 파악하고 적응하는 사람이 성공하게 된다. 미국 프로농구 팀 휴스턴 로케츠의 단장 대릴 모레이Daryl Morey는 일찍이 첨단 분석 기법을 도입해 농구 경기 방식은 물론 관전 방식과 연구 방식에도 큰 변화를 주었다. 다른 단장들이 점수와 리바운드 등에 신경 쓰는 동안, 모레이와 그의 코칭 스탭들은 '진짜 슈팅 비율(3점 슛, 일반적인 2점 슛, 자유투의 점수를 합친)'과 다른 첨단 통계 수치들을 만들어낸 것이다.

휴스턴 로케츠가 역사상 3점 슛 시도를 가장 많이 한 팀이 되고, 또 웨스턴 콘퍼런스 정상 팀이 된 것도 다 모레이의 비전 덕이었다. 이제는 NBA의 모든 사람들이 그의 접근 방식을 흉내 낸다. 스포츠 작가 팀 카토Tim Cato는 다음과 같은 멋진 말을 했다. "그는 기존 방식을 허물어 불을 붙인 뒤 그걸 멕시코만으로 쏘아 올렸죠."[3] 모레이의 휴스턴 로케츠 팀은 엄청난 성공을 거두었으며, 2018년에 NBA 결승전에서 우승을 차지하기도 했다. 이런 성공은 다 농구의 진화 방향을 내다본 모레이의 비전과 함께 시작됐다.

이런 점에서 가장 유명한 사람은 2000년대 초에 미국 프로야구 팀

오클랜드 애슬레틱스를 이끈 코치 빌리 빈Billy Beane 으로, 그는 야구의 경기 방식과 코칭 방식에 큰 변화를 일으켰다(마이클 루이스의 책 『머니볼 Money ball 』참조). 모든 스카우트 담당자와 야구 팀 단장이 눈으로 직접 실력을 확인해 선수를 스카우트하는 수준에 머물러 있던 시절의 일이다. 빈이 하버드대학교 출신 조수와 함께 오클랜드 애슬레틱스 팀에 왔을 때, 나이 든 부단장 폴 데포데스타Paul DePodesta는 두 사람이 출루율같이 사소해 보이는 통계 수치에 매달리는 것을 보며 실소를 금치 못했다. 그러나 빈은 그 당시 이미 미래를 내다보고 있었다.

보스턴 레드삭스 팀(그들은 빈을 채용하려 애썼으나 실패했다)은 빈의 시스템을 채택하면서 세 차례나 우승컵을 안았으며, 15년이 지난 지금 모든 메이저리그 팀들은 빈의 접근 방식을 아주 적극적으로 활용하고 있다.

비전은 당신에게 확신과 용기를 갖게 해주기 때문에 중요한 것이다. 그렇기에 다른 사람들이 당신의 실패를 예상하거나, 당신이 실패하는 것을 보고 싶어 하는 상황에서도 꿋꿋이 자신의 비전을 지킬 수 있게 된다. 비전을 가진 사람들이 늘 인정을 받거나 인기가 있는 건 아니지만, 대개 자기 분야에서 정상에 올라 명성을 얻는다.

좋은 선수는 코트에서 자신이 어디에 있는지 안다.

그러나 위대한 선수는 모든 선수들이 코트의 어디에 있는지 안다.

– 돈 메이어

누군가와 무언가

진정한 리더는 자석과 같다. 많은 사람이 이들이 구현하는 비전에 이끌려 이들을 따르고 싶어 한다. 사람들은 무언가를 따르기에 앞서 먼저 누군가를 믿는다.

농구에서 빌 러셀Bill Russell, 마이클 조던, 르브론 제임스같이 위대한 선수들은 성공에 대한 비전이 있기에 성공했다. 그들이 내리는 모든 결정, 그들이 하는 모든 일에는 그 비전이 영향을 미친다. 다른 사람들은 서로 앞다퉈 그들과 함께하려 한다. 누구나 비전을 가진 사람, 즉 자신이 뭘 원하는지를 알며 그것을 손에 넣는 방법을 아는 사람과 함께하고 싶어 하기 때문이다. 결국 그런 리더를 따른다는 것은 '그 비전을 실현하는 데 나도 동참하고 싶다'고 말하는 거나 다름없다.

자신에 대해 생각해보라. 당신에겐 분명한 비전이 있는가? 그 비전을 다른 사람들과 공유하는가? 꾸준히 공유하는가?

미국의 유명한 비즈니스 잡지《Inc.》에서 실시한 한 설문 조사는 리더들이 생각하는 조직의 상태와 실제의 조직 상태 사이에 얼마나 큰 차이가 있는지를 잘 보여주었다. 먼저 회사 경영진을 상대로 직원의 몇 퍼센트가 회사의 최우선 과제 세 가지를 알고 있을 것 같냐고 물었다. 경영진은 64퍼센트로 예상했다. 자기 회사가 커뮤니케이션이 얼마나 잘되고 있는지에 대해 장밋빛(때론 망상에 가까운) 견해를 갖고 있었던 것이다. 그러나 연구 팀이 직원들을 상대로 설문 조사를 해보자, 최우선 과제 세 가지를 알고 있는 직원은 2퍼센트밖에 안 됐다.[4] 직원 100명 중에 2명만이 회사가 무얼 추구하고 있는지를 알았던 것이다. 최우선 과제가 결국 회사의 존재 이유라는 것을 알고 있다면, 2퍼센트라는 수치가 얼마나 어이없는 수치인지도 잘 알 것이다.

당신의 비전을 알고, 그 비전을 전파하라. 능력 있는 코치는 자신이 어디로 가고 있는지, 또 자기 팀이 무얼 성취할 수 있는지에 대해 매우 뚜렷한 비전을 갖고 있다. 또한 꾸준히 그 비전을 전파하며, 함께해야 할 사람들 중에 그 비전에 회의감을 느끼는 사람들이 있다면 그들까지 설득한다. 빙산을 찾아낼 수 있다 한들, 배의 진로를 바꾸지 못한다면 무슨 소용이 있겠는가?

자가 테스트 ━━━━━▶

변화를 맞이하고 있다면, 자신에게 이렇게 질문하라.

- 팀원들은 당신의 비전이 무엇인지 아는가?

- 그들에게 비전을 묻는다면, 대답할 수 있을까? 그것도 바로?

- 왜 모든 사람이 함께 노력해야 하는지를 강조하는가?

- 무엇을 위해 다 함께 노력하고 있는 건지 자주 이야기하는가?

- 그런다면, 얼마나 자주 이야기하는가?

- 그러지 않는다면, 왜인가? 당신도 모르기 때문인가? 아니면 그들이 알 필요가 없다고 생각하기 때문인가, 아니면 그 문제에 대해 아예 생각해본 적이 없기 때문인가?

이 질문들에 답하는 것 자체가 좋은 연습이 될 수 있지만, 뒷걸음질 치지는 마라. 앞으로 나아가라. 그게 가장 중요하다.

미래를 스카우트하라

잠재력만으로 재능 있는 사람을 알아보는 것도 비전이다. 스포츠 분야에서, 코치와 단장과 스카우트 담당자는 눈에 잘 띄지 않는 아주 작은 잠재력만 보고도 어린 선수들의 미래를 내다볼 수 있어야 한다. 정말 재능 있는 스카우트 담당자는 선수의 현재뿐 아니라 미래의 가능성까지 그려볼 수 있다.

NBA 역사상, 대학 선수들에 대한 드래프트 순서와 그 선수들이

NBA에서 성공한 순서와 정확히 일치된 적은 없다. 담당자가 해야 할 일을 제대로 하지 않아서는 아니다. 그보다는 한 선수의 현재 모습이 그대로 미래로 연결되는 것은 아니기 때문이다. 현재와 미래 사이에는 워낙 많은 변수가 놓여 있다. 물론 선견지명이 뛰어난 사람은 변수까지 고려한다.

미국 프로농구 팀 샌안토니오 스퍼스의 팀 던컨^{Tim Duncan}은 대학 농구선수 드래프트 순위 전체 1위였다. 하지만 팀의 네 차례 우승에 결정적인 역할을 한 두 선수 토니 파커^{Tony Parker}와 마누 지노빌리^{Manu Ginobili}는 그 드래프트 순위에서 상위 근처에도 못 갔다. 토니 파커는 전체 순위에서 27위였고, 지노빌리는 맨 밑바닥에 있었다. 그러나 샌안토니오 스퍼스 경영진은 두 선수의 장래성을 보고 그 잠재력에 투자했고, 그 이후는 역사가 되었다.

21세기의 프로 스포츠 세계에서 각 팀은 선수 평가 및 스카우트에 과거보다 훨씬 더 많은 시간과 노력과 돈을 쏟아붓는다. 프로들은 그럴 만한 가치가 있는 일이라는 사실을 잘 알며, 그래서 주먹구구로 선수를 선발해 낭패를 보기보다는 잠재력 있는 선수들을 최대한 철저히 조사한다. 물론 잘못할 경우 재앙에 가까운 계약을 맺어 금전적으로 막대한 손실을 보고 여러 해 동안 팀 성적이 바닥권에 머물 수도 있다. 그렉 오덴^{Greg Oden}을 1순위로(천하의 케빈 듀란트를 제치고), 다코 밀리시치^{Darko Milicic}를 2순위로(카멜로 앤서니, 크리스 보쉬, 드웨인 웨이드를 제치고!)

드래프트했던 팀들이 그 좋은 예이다.

이처럼 팀이 입증되지 않은 한 선수에게 수백만 달러와 미래를 걸 때에는 사전에 그 선수에 대한 철저한 분석이 이루어진다. 그 선수의 삶을 모든 측면에서 낱낱이 조사하고 검토하는 것이다. 그리고 그렇게 취합된 정보를 통해 팀은 선수의 잠재력을 예측하게 된다. 선수의 잠재력을 볼 때는 단순히 선수의 체격, 슛 선택, 풋워크만 보는 것이 아니다. 사람들의 말에 귀 기울이는 능력, 동기부여 정도, 이타심 같은 무형의 특징도 본다.

물론 이 모든 것은 스포츠 이외의 분야에서도 그대로 적용된다. 운동선수가 아니라면 모든 정보들을 수량화하기 힘들겠지만, 최고의 기업들은 그래도 수량화를 한다. 최고의 기업들은 채용에 앞서 해당 직원에 대한 분명한 비전을 가지려 애쓴다. 일단 그 직원이 회사의 혈류 속으로 들어오게 되면, 다른 모든 것에 영향을 주기 때문이다. 에어비앤비의 설립자 브라이언 체스키는 자신의 첫 번째 직원인 한 엔지니어를 채용하기 위해 무려 5개월간 수백 차례의 면접을 봤다. 그는 한 인터뷰에서 "이 첫 번째 채용은 회사의 DNA의 일부가 되는 것과 같기 때문에 신중히 결정한 것"이라고 말했다.[5] 리더는 너무 늦기 전에, 어떤 직원이 조직에 기여를 할지 아니면 방해만 할지를 볼 수 있는 비전이 있어야 한다.

아마존 초창기에 제프 베조스는 이런 말을 자주 했다. "우리가 누군가를 채용하면 그 직원은 다음 채용 기준을 높이기 때문에, 전반적인 인재 역량이 언제나 더욱 좋아졌습니다." 또한 아마존의 초창기 직원인 니콜라스 러브조이Nicholas Lovejoy는 작가 리처드 L. 브랜트Richard L. Brandt에게 이런 말을 했다. "직원들은 이런 생각을 해야 합니다. 난 과거에 채용되어서 정말 다행이야. 지금 같으면 채용되지 못했을 테니까."⁶ 직원의 수준을 늘 높여나간다는 것은 대단한 기준이다. 이는 다른 이유에서도 중요하다. 계속해서 기준이 높아지면, 직원들은 현재 회사에서의 자기 위치에 결코 안주할 수 없기 때문이다. 회사가 계속 앞으로 나아간다는 느낌도 갖게 된다. 그런 회사야말로 모든 사람이 있고 싶어 하는 회사 아니겠는가.

피트 필로Pete Philo는 전직 NBA 스카우트 책임자이자 유명한 농구 인재 평가 기관인 TPG 스포츠 그룹의 소유주 겸 사장이다. TPG 스포츠 그룹은 유명한 TV 쇼 〈샤크 탱크〉의 스포츠 업계 버전인 스포츠 탱크는 물론, NBA 경영진 및 스카우트 전문가와 단장이 되는 데 필요한 원칙과 개념 그리고 수단을 가르치는 프로 스카우트 스쿨도 운영 중이다. 피트는 뚜렷한 비전을 가진 리더의 전형으로, 이런 일들이 보편화되기 전부터 이미 스카우트와 인재 평가의 미래를 내다보았다. 나와 인터뷰를 했을 때, 그는 자신의 멘토 한 사람이 비전에 대해 다음과 같은 강력한 조언을 해주었다고 했다. "주변의 어떤 문제들이 해결 가능한지에 대해 생각해보라. 수많은 아이디어가 머릿속에 떠오르는 걸 깨닫고 놀라게 될 것이다."

장애물을 헤치고 나간다? 물론 그것도 인상적이다. 그런데 장애물을 아예 장애물로 보지 않고 기회로 본다? 그것이 바로 비전이다.

블록버스터를 무너뜨린 작은 회사

비전이 있다는 것은 어떤 일이 일어나기 전에, 그리고 사람들이 그런 일이 일어날 수도 있다는 생각을 하기도 전에 가능성을 보는 것이다. 넷플릭스가 블록버스터를 무너뜨린 것도 바로 그런 비전을 통해서였다. 비전을 통해 규모가 500배 더 큰 비디오 임대 거인 블록버스터를 10년 만에 파산 상태로 몰고 간 것이다.[7] 또한 자포스가 신발 업계 전체에 큰 충격을 던진 것도 비전을 통해서였다. 자포스의 설립자들은 신발을 사고 반품하는 과정이 아주 번거롭지만, 간소화된 절차와 첨단 고객 서비스를 통해 제대로 할 경우 그 모든 과정이 우편 발송으로도 편하게 이루어질 수 있다는 것을 알아냈다.

리더는 늘 큰 그림을 보며, 때론 세상이 자신의 비전을 따라오게 만들려고 노력한다. 그들은 비웃음을 사거나, 무시를 당하거나, 고립되는 걸 두려워하지 않는다. 대세가 불리한 상황에서도 자신의 비전을 굳건히 고수한다면 결국 정상에 오른다. 홀로 외롭게 산 정상에 오르는 것이다.

비전은 또 구글의 이른바 '20퍼센트 시간' 운동처럼 혁신적인 아이디어로 이어지기도 한다. 구글의 모든 직원은 자신이 선택한 업무 외 프로젝트 등에 근무 시간의 20퍼센트를 써야 하는데, 이 운동은 지메일, 애드센스, 구글토크 같은 아이디어로 이어졌다. 직원들로 하여금 근무 시간을 줄이게 한 것이 더 많은 성과로 이어지게 될지 누가 생각이나 했겠는가? 이런 것이 비전이다.

> 돈이 아닌 비전을 좇아라.
>
> – 토니 셰이

안락한 새장을 박살내야 하는 이유

비전을 가지려면 어렵지만 반드시 필요한 '균형 맞추기'를 잘해야 한다. 그러니까 자신의 신념을 굳건히 유지하면서 동시에 적절히 적응도 할 수 있어야 하는 것이다. 비전을 가지려면 자신의 신념을 고수해야 하지만, 그렇다고 해서 완고해져야 한다는 뜻은 아니다. 굳건한 토대 위에 필요에 따라 적절히 상황에 적응해야 하는 것이다.

모든 유명 기업은 비전이 있느냐 없느냐에 그 운명이 갈렸다. 마음만 먹으면 어떤 운동선수와도 광고 계약을 할 수 있었던 최고의 신발 기업 리복이 마이클 조던을 잡지 못한 것은 비전이 없었기 때문이다. 그 이유는 무엇일까? 조던이 NBA에 처음 모습을 드러낸 1984년에 슈퍼스타들은 전부 키가 컸다. 그러니까 리복은 그 틀에서 벗어난 슈팅 가드(Shooting guard. 드리블 실력과 함께 중장거리 숏 능력이 좋은 가드 - 역자 주)를 모델로 세우는 것은 상상도 못 했다. 선수의 미래가 아닌 현재를 보는 데 집착했기 때문이다.

코닥이 1975년에 이미 디지털 사진을 처음 개발했음에도 불구하고 2012년에 파산 신청을 해야 했던 것도 비전이 부족했기 때문이었다. 자신들의 필름 사업에 지장을 줄까 두려워, 디지털 사진에 투자하지 않았던 것이다.[8]

여러 차례 기회가 있었음에도 불구하고 블록버스터가 넷플릭스를 헐값에 매입하지 않은 것도 비전이 부족했기 때문이다. 그들은 다음 단계를 보지 못했다. "관리와 비전은 별개입니다."[9] 전직 블록버스터 임원이 미국의 주간 잡지 『버라이어티』에서 한 말이다. 비교적 적은 금액인 5000만 달러만 주면 넷플릭스가 자신들의 손에 들어올 수도 있었다. 참고로 지금 이 책을 쓰고 있는 지금, 넷플릭스는 TV 및 영화 시청 방식에 일대 혁명을 일으키며 엄청난 성공을 거두어, 현재 그 가치가 무려 1500억 달러(약 182조 250억 원)에 달한다. 1500억 달러라면 디즈니의 기업 가치를 넘어선 것으로, 그 규모는 지금도 계속 불어나고 있다.

비전을 가지려면 블록버스터나 코닥처럼 현재에 안주하지 말고 늘 마음을 열고 새로운 걸 추구하려 해야 한다. 항상 기억하라. **안락 지대는 당신을 가두는 우리이다.** 단순히 선두를 지키려 하는 것으로는 충분치 않다. 통계상 스포츠, 특히 미식축구에서는 점수가 앞섰다고 무작정 시간만 끌어서 성공하는 경우가 드물다. 2017년에 열린 슈퍼볼 결승전에서 애틀랜타 팰컨스 팀은 하프타임에 21대 3으로 앞선 상태에서 라커룸으로 들어갔다. 서드 쿼터(Third quarter. 미식축구 경기 시간은 60분으로 15분씩 4기로 나누어져 있는데, 그중 세 번째 15분간 - 역자 주) 때는 28대 3으로 앞서 있었다. 그런데 어처구니없게도 이후 단 1점도 얻지 못해 결국 34대 28로 패했다. 선두만 지키려 한 전략이 역효과가 났다. 선수들에게 동기부여가 되지 않았기 때문이다. 신나게 몰입할 이유가 전혀 없었다. 뉴 잉글랜드 팀 선수들은 점수를 만회해야 해 동기부여가 됐지만, 그저 시간만 끌려 하던 애틀랜타 팰컨스 팀 선수들은 그렇지 못했다.

변화는 규칙과 전례를 부수는 데서 온다. 오늘날 이루어진 모든 발전, 그러니까 정말 혁신적인 발전은 전례를 토대로 이루어진 것이 아니다.

- 데이빗 포크

기능과 목적을 혼동하지 마라

비전을 가지려면 목적이 무엇인지 파악하고, 또 하는 모든 일이 그 목적에 부합되어야 한다는 것을 제대로 이해해야 한다. 내 친구이자 세계적으로 유명한 고객 서비스 전문가 브라이언 윌리엄스Brian Williams 박사는 종종 이런 말을 한다. "기능을 목적과 혼동하지 마라. 의자의 기능은 사람이 앉을 수 있는 공간을 제공하는 것이다. 그러나 그 목적은 안락함을 제공하는 것이다."

보험을 팔고 금융 문제에 대한 조언을 해주는 일 같은 회사의 기능이 곧 회사의 목적인 것은 아니다. 회사의 목적은 고객이 주택을 구입할 때 도움을 주고, 미래에 대해 안정감을 느끼거나 계획을 짜게 해주는 것이다. 기업은 자신의 비전에 부합되는 목적이 있어야 한다. 목적은 현재의 당신이 있는 곳이며, 비전은 당신이 향하는 곳이다.

자가 테스트

현재 목표가 없다면, 잠시 시간을 내 회사나 조직의 목적에 대해 생각해보라. 당신이 만들고 있거나 제공하고 있는 것에서 한발 물러서서, 고객과 직원들 그리고 심지어 세상 사람들 모두에게 제공하고 있는 제품이나 서비스에 대해 깊이 파고들어라.

한 문장으로 당신 회사의 목적을 설명할 수 있는가? 그 목적이 회사의 기능과 얼마나 다른가?

같은 질문을 2,500번 던지는 이유

전설적인 스포츠 저널리스트이자 동기부여 강연자인 돈 예거Don Yaeger는 비전을 실현하려면 무엇이 필요한지를 잘 알고 있다. 그는 수많은 스포츠 스타와 함께 책을 썼으며, 5년 넘게 110개의 스포츠 팀과 인터뷰를 하면서 팀을 제대로 움직이게 하는지를 깊이 파고들었다. 그의 결론은? 내 팟캐스트에 초대해 인터뷰를 했을 때 그는 이런 말을 했다. "정상에 오른 팀은 자신이 무엇을 위해 애쓰는지를 알았어요. 목적의식이 있었던 거죠."

비전을 갖는 것은 스스로를 연마하는 방법이기도 하다. 비전은 어떤 분야에서 어떤 일을 하든 필히 만나게 되는 구불구불한 길과 꺾어진 길에 대한 지도나 안내서를 제공해준다.

돈은 그 사실을 아주 일찍이 배웠다고 했다. 그가 스포츠 전문 기자로 첫 출근을 하러 집을 나서기 전에, 그의 아버지는 집 앞 차도에서 그를 잠시 세웠다. 그러고는 젊은 돈에게 조언을 해주었다. 스타 운동선수를 비롯해 특별한 사람들을 만날 기회가 많은 스포츠 전문 기자로서, 그들에게 물어볼 한 가지 질문은 미리 생각해두고 있으라고 말했다. 돈은 아버지의 조언을 따라 한 가지 질문을 정했다. "다른 경쟁자들과 차별화된 당신만의 습관은 뭔가요?"

수십 년간 무려 2,500회의 인터뷰를 한 뒤 스포츠 잡지『스포츠 일러스트레이티드』에서 은퇴할 무렵, 돈은 끝없이 물을 퍼낼 수 있는 깊은 우물을 갖게 됐다. 그는 그때 얻은 통찰을 비즈니스계에도 그대로 적용했다. "직원들은 자신이 회사가 아니라 어떤 대의를 위해 일한다고 믿을 때 확연히 달라집니다." 돈이 몇 번이고 반복해서 한 말이다.

그가 내게 가르쳐준 비전과 관련된 또 다른 교훈은(그는 이 교훈을 존 우든에게서 배웠다고 했다) 당신이 바라는 미래에 가까워지는 데 도움을 줄 사람들과 가깝게 지내라는 것이었다. 존 우든은 돈에게 이런 말을 했다고 한다. "당신은 가깝게 지내는 사람들, 즉 이너 서클을 능가하는 사람은 될 수 없을 겁니다. 그러니 이너 서클을 가장 소중한 자산으로 여겨 잘 지켜야 하는 거죠."

앞서 1장에서 언급한 바 있는 NBA 선수 마켈 펄츠는 어린 시절부터 이를 잘 알고 있었고, 그래서 자신이 듣고 싶어 하는 말만 하지 않는 사람들로 이너 서클을 구축했다. 그가 현재 프로로 이름을 날리고 있는 이유이다. 비전은 단순한 키워드가 아니며 사람에 대한 것이기도 하다. 또한 비전이 있다는 것은 미래를 내다볼 수 있다는 것이며, 알고 지내는 사람들 중에 누가 당신이 최고가 되는 데 도움을 줄 것이고, 또 누가 의식적으로든 무의식적으로든 당신을 끌어내리는 데 일조할 것인지를 제대로 아는 일이기도 하다. 개인적으로 또 직업적으로 당신의 잠재력을 최대한 발휘할 수 있도록 도와줄 사람들과 가깝게 지내라.

당신은 어디로 향하고 있는가?

우리는 모두 매일매일 집중해야 할 일이 있어야 하지만, 보다 커다란 그림, 즉 비전이 없다면 우리가 어디로 향하고 있는지 알 길이 없다. 아무 데로도 향하지 못하고 있을 수도 있다. 계속 원을 그리며 달리고 있을 수도 있다. 아무리 전속력으로 달린다 해도, 지향하는 방향이 없다면 아무 성과가 없다. 좌절감 속에 기진맥진해질 수도 있다. 그리고 고개를 들어보면 우리는 이미 패자가 되어 있을 것이다. 아니면 아무것도 성취하지 못했을 수도 있고.

마이클 번게이 스테이너Michael Bungay Stanier는 작가이자 동기부여 강연자이며 모든 종류의 비즈니스에 활용 가능한 유명한 코칭 프로그램 '박스 오브 크래용즈Box of Crayons'의 설립자이기도 하다. 그와는 전문 강연자와 업계 리더를 위한 개인 코칭 행사인 '헤로익 퍼블릭 스피킹 헤드쿼터즈'에서 만났다. 우리는 곧 서로 생각이 비슷하다는 걸 알게 됐다. 그야말로 죽이 잘 맞았다. 그는 이런 말을 했다. "저는 전략을 시각예술로 생각하는 걸 좋아합니다. 목적지를 보고, 거기에 이르는 길들을 보기 시작하죠. 그런데 때론 길에 너무 집착하면 목적지를 잊게 돼요."

마이클은 조직이나 팀의 장기적인 성공은 주 단위 또는 일 단위로 열리는 '미니 코칭 세션'에 의해 결정된다는 사실을 알고 있다. 그는 이 짧은(10분 내외) 상호작용이 성과 증진의 토대이며, 모든 사람들을 비전에 맞춰 행동하게 만드는 한 방법이라고 믿고 있다. 조직 구성원들을 자주, 그리고 꾸준히 체크함으로써 그들이 무엇을 생각하고 있고, 또 어디로 향하고 있는지를 제대로 알 수 있게 된다. 또한 그 결과 조직 구성원들에게 당신의 관심을 보여줄 수도 있는데, 그들로 하여금 계속 앞으로 나아가게 하는 데 꼭 필요한 일이다.

이는 은행 계좌에 매일 적금을 하는 것과 비슷하다. 시간이 지나면서 금액은 점점 불어난다. 이 미니 코칭 세션의 가장 큰 장점은 거의 모든 이야기를 '선수'가 한다는 것이다. 당신은 '코치' 입장에서 그저 선수들에게 일련의 질문을 던지고, 그들이 마음을 열고 어떤 일이 잘 되어가고 어떤 일에서 어려움을 느끼는지, 또 어떤 일에 도움이 필요한지를 털어놓게 하면 된다.

강한 비전은 당신이 짓고 있는 건축물의 청사진 역할을 하며, 동시에 그 건축물을 떠받치는 역할도 한다. 일부 기업가들은 그야말로 맨 땅에서부터 시작해 정상에 올랐다. 1994년 케빈 플랭크Kevin Plank는 메릴랜드대학교 미식축구 팀의 예비 풀백이었다. 셔츠가 땀에 젖으면 무겁게 느껴지고 민첩성을 유지하기 어려워지는 것에 불편함을 느낀 그는 셔츠 소재 개발에 손을 댔다. 플랭크는 운동복에 대해서는 아무

것도 몰랐지만, 그래도 자신에겐 뭔가 믿을 만한 게 있다는 걸 알고 있었다. 비전과 목적이 있었던 것. 마침내 그는 많은 발품을 판 끝에 보다 가벼운 운동복 소재를 개발했다.[10]

그 일은 하나의 사업이 되었고, 사업이 다른 옷으로 확장되면서 입소문을 타기 시작했다. 플랭크는 저축해두었던 돈을 다 썼고, 4만 달러를 대출 받아 자기 할머니의 지하실에 회사를 차렸다. 그리고 회사 이름을 '언더 아머Under Armour'라 했다.

플랭크에게는 자신감도 있었다. 그는 매년 나이키의 최고경영자 필 나이트에게 다음과 같은 내용의 크리스마스 카드를 보냈다. '아직 저희 회사를 모르시겠지만, 곧 알게 되실 겁니다.' 나이트가 플랭크에 대해 진지하게 생각했는지는 모르겠지만, 나이트도 결국 그 메시지의 의미를 알았으리라. 언더 아머는 이제 170억 달러 가치를 지닌 사업체가 되었으며, 일부 분석에 따르면 조만간 스포츠 의류 분야에서 나이키의 왕좌를 위협할 수도 있을 거라고 한다.[11] 2016년『포브스』는 언더 아머를 세계에서 가장 혁신적인 기업 6위로 선정했다.

플랭크는 눈부신 성공을 거두었음에도 불구하고 아직 갈 길이 멀다고 말한다.[12] 언더 아머는 하루아침에 스포츠계의 정상까지 뛰어올랐지만, 비전은 여전하다.

한 단어짜리 비전의 파급력

비전을 갖고 있다는 것은 당신이 자신의 제품이나 서비스가 어떤지에 대해서뿐 아니라 그것이 왜 특별한지에 대해서도 정확히 이해하고 있다는 뜻이다. 이 모든 것을 거르고 걸러 한 가지 아이디어만 남긴다면? 이 질문을 생각해보라.

당신이 하는 모든 일의 공통점은 무엇인가? 단 한 단어로 줄여서 말할 수 있겠는가?

우리 대부분은 애플과 그 제품들에 대해 너무나도 익숙하다. 당신이 애플 제품을 갖고 있지 않다 하더라도, 분명 어디에선가 아이패드와 아이폰을 본 적은 있을 것이다. 초창기 맥 컴퓨터들을 비롯해 그들의 모든 제품을 관통하는 일관된 원칙이 있다. 애플 제품들을 생각해보라. 그 한 단어가 무언지 짐작이 가는가?

애플은 한 단어로 된 원칙, 즉 '단순함Simplicity'에 전력투구해왔다. 애플의 크리에이티브 디렉터인 켄 시걸Ken Segall은 자신의 저서에서 이렇게 썼다. "단순함은 애플이 창조하고 있는 것들을 창조할 수 있게 해주고, 행동하고 있는 것들을 행동할 수 있게 해주는 원동력이다."¹³ 시걸은 또 '아이i'로 시작되는 제품의 이름을 지은 사람이기도 하다. 스티브 잡스는 비전에 광적일 정도로 애착이 심했고, 단순함의 힘에 대해 거의 종교에 가까운 깊은 믿음을 갖고 있었던 걸로 유명하다(시걸은 자신의 책에서 '단순함'을 보다 강조하기 위해 'Simplicity'라고 꼭 대문자로 썼다).[14] 잡스는 또 대중 앞에 나설 때 늘 같은 옷(검은색 터틀넥에 청바지)을 입어, 몸소 단순함을 구현하는 살아 움직이는 모델이 되었다.

스티브 잡스가 세상을 떠난 뒤에도 단순함은 여전히 애플의 원칙으로 통하고 있다. 기술이 복잡해질수록, 단순함은 점점 더 필수불가결한 요소가 되고 있다. 잡스의 비전은 애플과 그 제품들에 계속 반영되고 있다. 아이폰의 경우, 엄청 많은 기능에 비하면 버튼 수는 정말 적다. 간결함은 새로운 제품이 나올 때마다(예를 들어 이어폰 잭을 없애는 등) 계속 강조되고 있어, 회사 설립자의 비전을 입증해주고 있다. 잡스는 기술의 목적이 복잡성을 더하는 것이 아니라 복잡함을 줄이는 데 있다는 사실을 잘 알았고, 그래서 진보라는 개념과 단순함을 합치고 싶어 했다.

다른 많은 세계적인 브랜드 역시 한 사람의 비전으로부터 발전했다. 1980년대에 마케팅 책임자 하워드 슐츠는 시애틀의 한 작은 커피숍에서 일하고 있었다. 그는 이탈리아로 여행을 갔다가 그곳의 커피 문화는 물론 커피숍들이 공공장소 역할을 하는 데 깊은 인상을 받았고, 미국에 되돌아와 이탈리아의 커피숍 문화를 재연할 방법을 찾기 시작했다. 그는 직장과 집 사이에서 사람들이 편히 시간을 보낼 수 있는 '제3의 장소'를 만들고 싶었다. 그는 원두 커피숍 사장들을 상대로 자신의 아이디어를 팔았고, 그렇게 역사는 시작됐다. 스타벅스는 현재 맥

도날드나 코카콜라와 함께 세계 어느 곳에서도 볼 수 있는 브랜드 중 하나가 되었다. 한 사람의 비전이 실현된 결과이다.

차고지와 기숙사 방의 공통점

비전은 대개 한 장소, 한 사람 안에서 시작되지만, 적절한 환경 속에서 모이고 자라고 확대된다. 유기농 식품 기업 홀 푸즈는 존 맥키의 텍사스 차고 안에서, 애플은 스티브 잡스의 노던 캘리포니아 차고 안에서, 아마존은 제프 베조스의 시애틀 차고 안에서 시작됐다. 왜 하필 차고 안일까? 차고는 시간을 갖고 무언가를 만들기 좋은 곳이다. 다시 말해 실패든 실수든 다 허용되는 곳이다. 그래서 많은 사람들이 차고에서 역사를 시작한다.

구글과 페이스북은 둘 다 기숙사 방 안에서 시작됐다. 감각보다는 비전을 가진 젊은 이상주의자들이 기숙사 방 안에서 다른 사람들은 보지 못하는 가능성을 봤다. 기숙사 방은 일종의 인큐베이터이다. 페이스북은 현재 수십억 달러 가치를 지닌 거대 기업이지만, 처음에는 뜻이 맞는 대학 친구들이 뭉쳐 시작됐다. 또래 친구들처럼 스포츠를 보거나 여자친구를 찾거나 술을 마시는 데 시간을 보내는 대신 마크 저커버그^{Mark Zuckerberg}와 그의 룸메이트들은 웹사이트를 만드는 데 시간을 보냈다. 저커버그에게는 비전이 있었고, 그의 룸메이트들은 그를 도와 비전을 실현되게 했다.

비전은 당신 자신과 주변 사람들에 대한 일종의 믿음이다. 당신이 젊고 주변에 뜻이 맞는 사람들이 있다면, 비전을 실현하기가 더 쉽다. 때론 세상 물정 모르는 것이 큰 자산인 경우가 많다. 마음의 문을 열 수 있는 순수함이 있기 때문이다.

에어비앤비는 한 거실 안에서 아이디어와 에어 매트리스만 가지고 시작됐다. 설립자들 중 한 사람이 야드 세일(Yard sale. 개인 중고 물품들을 파는 것 - 역자 주)에서 숙박할 장소가 필요한 한 남자를 만난 것이다. 현재 에어비앤비는 세계 최대의 호텔 체인들보다 더 많은 방을 갖고 있다. "저는 사람은 늘 어린아이처럼 생각하며 살아야 한다고 생각합니다. 그렇지 않으면 어린아이 같은 호기심과 궁금증을 갖고 있든가요." 에어비앤비 공동 설립자 브라이언 체스키가 한 인터뷰에서 한 말이다. "특히 기업가 입장에선 무엇보다 중요한 특성인 것 같습니다."[15] 또 다른 공동 설립자 조 게비아Joe Gebbia는 이렇게 말했다. "위대한 아이디어들은 처음에 양극화 현상을 일으킵니다." 사람들은 당신의 아이디어를 마음에 들어 하거나 아니면 싫어할 것이다. 아이디어가 그만큼 중요하다는 의미이다. 아이디어는 사람의 마음을 움직인다. 아이디어를 내놓는다는 것은 당신이 두려움 때문에 행동하는 것이 아니라는 사실을 보여준다. 열린 마음으로 아이디어를 내놓아라. 삼진 아웃을 당할 수도 있지만, 속수무책으로 그렇게 되진 않을 것이다.

비전을 갖는다는 것은 사람들이 무엇을 사랑하게 될지, 또는 어떤 아이디어가 가장 인기 있는 아이디어가 될지 예견한다는 의미는 아니다. 당신의 말을 제대로 된 아이디어 뒤에 매단다는 의미이다. 한때 운동선수였던 동기부여 강연자 루이스 하웨스Lewis Howes는 사람에게는 기본 설정이 될 만큼 강한 비전이 필요하다고 했다. 그러면 동기부여가 덜 되는 날 아침에도 여전히 큰 그림을 볼 수 있다. 자신의 비전에 플러그를 꽂아 필요한 에너지를 받도록 하라.[16]

비전을 갖는다는 것은 방향을 안내해주는 내장형 GPS나 올바른 방향을 가리키는 나침반을 갖는 것과 같다. 비전이 없을 경우, 리더는 우왕좌왕할 수밖에 없으며, 그렇게 되면 모두가 이를 눈치챈다. 비전은 조직의 모든 사람에게 스며들고 영향을 준다.

각종 연구 결과에 따르면 점점 더 많은 직원들이 직장에서 한눈을 판다. 최근 실시된 한 갤럽 설문조사 결과, 설문에 응한 직원의 무려 3분의 2가 일에 전념하지 않았다. 3분의 2라면 정말 놀라운 수치다. 생각해보라. 직원의 무려 66퍼센트가 자신의 칸막이 책상에 앉아 딴 생각을 하고 있는 것이다. 전 세계적으로도 자신이 하는 일에 전념하는 성인은 전체 성인의 고작 13퍼센트뿐이다.[17] 2015년에 실시된 한 설문조사 결과 역시 무려 70퍼센트의 사람들이 자신의 일을 싫어하고 있는 것으로 나타났다.[18] 모든 사장과 관리자들이 잘 기억해 두어야 할 통계 수치들이다.

코치로서 당신이 갖고 있는 비전은 동참할 것을 찾고 있는 사람들에게 도로 지도뿐 아니라 자동차와 앉을 자리, 그리고 엔진까지 제공한다. 이 모든 것을 제공할 수 있도록 하라. 매일 하는 일들로 인해 더 큰 목적을 잊어서는 안 된다. 만일 사람들이 방향 감각을 잃고 있는 것처럼 느껴진다면, 비전을 되살리게 해줄 방법들을 찾아야 한다. 각종 회의에서, 또는 이메일이나 대화를 통해 비전을 상기시켜라. 사람들로 하여금 동기부여를 해줄 만한 장기 프로젝트에 전념하게 하라. 보다 큰 비전을 성취하기 위해 각자 제 역할을 다 하자고 이야기하라. 비전을 실현시킬 방법에 대한 의견을 구하라. 이 모든 사소한 일들이 목적의식을 심어주고 큰 그림을 이해할 수 있게 해주며, 조직의 비전과 목적을 실현하는 데 도움이 된다. 또한 사람들로 하여금 계속해서 보다 큰 목표에 연결될 수 있게 해준다.

흩어진 퍼즐 조각들이 어디 있는지는 알 바 아니다.
중요한 것은 당신의 다음 동작뿐이다.

– 스티브 잡스

결과보다는 가능성을 팔라

나는 소위 말하는 '백만 달러짜리 아이디어'는 없다고 믿는다. 이 말은 아이디어만 하나 잘 생각해내면 돈이 절로 쏟아져 들어와 달리 할 일이 없다는 소리처럼 들릴 수 있다. 그러나 세상일은 절대 그런 식으로 돌아가지 않는다. 비전은 어떤 아이디어를 생각해낸다고 해서 멈추는 것이 아니다. 만일 그렇다면, 아마 가만히 앉아서 아이디어를 생각해내려 애쓰는 억만장자들이 지금보다 훨씬 더 많아질 것이다. 결국 비전을 갖는다는 것은 어떤 아이디어를 실천에 옮기는 것이며, 실천에 옮기려면 다른 사람들의 도움이 필요하다. 당신, 또는 당신의 비전을 강력히 지지하는 헌신적이고 친밀한 사람을 상대로 비전을 팔아야 한다. 진정한 리더는 비전에 살고 죽으며, 다른 사람들 또한 그렇게 되게 만든다. 그래서 반드시 적극적인 커뮤니케이션을 통해 사람들에게 비전을 전해야 한다. 카네기 기술 연구소에 따르면, 금전적 성공의 86퍼센트는 자신의 성격, 커뮤니케이션 능력, 협상력, 지도력 덕이라고 한다. 그리고 나머지 14퍼센트가 기술적 지식 덕이라고.[19]

또한 비전은 크고 작은 목표들, 현재와 미래, 무형의 개념과 유형의 조치와 관련이 있다. 기자 찰스 두히그Charles Duhigg는 자신의 저서 『1등의 습관Smarter Faster Better』에서 이렇게 적었다. "생산적인 사람들은 스스로 원대한 목표를 세우며, 그런 다음 그 목표를 관리 가능한 부분들

로 쪼개는 시스템을 갖고 있다."²⁰

당신이 궁극적으로 성취하고자 하는 일과 조직에 바라는 일 간에 관련성을 이끌어낸 뒤, 목표를 달성하기 위해 그 모든 것을 관리 가능한 조치들로 쪼개라.

"아무리 원대한 비전도 그걸 실현하는 데 필요한 조치들을 취하지 않는다면 헛된 공상으로 끝나게 된다. 위대한 사람이 평범한 사람과 다른 점은 비전이 원대할 뿐 아니라 그걸 실현하는 능력 또한 뛰어나다는 것이다."²¹ 모리 클라인Maury Klein이 지난 150년간 가장 위대했던 기업가들에 대해 쓴 저서 『혁신가들The Change Makers』에서 한 말이다. 비즈니스에서 '비전'이라는 말은 대개 미래를 예측하는 일과 관련이 있지만, 그 말 자체의 의미는 그보다 훨씬 더 간단하다. 그 누구도 당신이 볼 수 있는 것을 정확히 볼 수 없다. 그러니 늘 눈을 크게 떠라.

비전을 갖는다는 것은 당신이 속한 분야의 미래와 팀의 목적을 제대로 이해하고, 궁극적인 목표에 맞춰 모든 노력을 기울인다는 의미이다.

기억하라

- 리더는 늘 큰 그림을 생각하며, 오늘이 과거나 미래와 어떻게 연결되어 있는지를 잘 안다.
- 리더는 매일매일 심사숙고와 연결, 헌신을 통해 조직 전체를 생각한다.
- 리더는 인기 있는 아이디어를 좇지 않으며, 올바른 아이디어를 만들어낸다.
- 당신의 비전을 파는 일이 얼마나 중요한지를 잊지 마라. 그리고 다른 사람들을 설득해 그 비전을 실현하는 일에 헌신적으로 동참하게 하라.

| 문화 |
성공할 수 있는 환경을 만들라

리더의 역할은 위대한 아이디어를 생각해 내는 데 있지 않다.
위대한 아이디어가 나올 수 있는 환경을 조성해주는 데 있다.

– 사이먼 시넥

만일 마음속에 비전이 생겨난다면, 그 토대에서 문화가 시작된다. 문화란 어떤 팀, 그룹 또는 조직의 가치와 믿음, 행동, 환경의 집합체이다. 긍정적인 문화는 모든 사람이 격려받고, 안정감을 느끼며, 인정받는 환경에서 자라난다. 성공하는 문화에 속한 사람은 자신의 기여와 역할이 중요하다고 느낀다. 또한 각자가 발전할 수 있도록 동기부여되고, 내일 갑작스럽게 해고되지 않을 거라는 믿음이 있다. 만일 당신이 코치 입장에서 그런 환경을 조성해준다면, 직원들이 자신들의 가장 나은 모습을 키워 나갈 비옥한 토양을 제공해주는 것이다.

보스턴 셀틱스가 단 1승 때문에 결승전을 놓쳤을 때

유명한 기업의 경우도 문화는 그냥 생겨나는 것이 아니며 자동적으로 재생되는 것도 아니다. 누군가가 앞장서 문화를 조성하고 유지하기 위해 헌신적인 노력을 기울여야 하는 것이다. 내가 보기에 브래드 스티븐스^{Brad Stevens}야말로 바로 그런 사람이었다.

스티븐스는 디비전 I(미국에서 가장 규모가 큰 대학들을 포함하는 토너먼트-역자 주) 소속의 작은 대학인 버틀러대학교에서 남자농구팀 코치를 맡아 2회 연속 전국 챔피언전에 진출한 뒤 스포츠 사상 가장 유명한 역할 중 하나를 맡게 됐다. NBA 역사상 가장 많은 우승 기록을 세운 전설적인 팀 보스턴 셀틱스의 수석 코치가 된 것이다. 당시 그의 나이는 서른여섯이었다.

스티븐스의 이야기가 여기서 끝났다 해도 충분히 성공 스토리였을 것이다. 그런데 스티븐스는 모든 사람이 선망하는 보스턴 셀틱스의 수석 코치가 됐을 뿐 아니라, 이후에도 엄청난 성공을 거둔다. 스티븐스의 지휘 아래서 보스턴 셀틱스는 주기적으로 동부 컨퍼런스 정상에 오르는 팀이 되었고, 또 너무도 당연하다는 듯 수시로 NBA 결승전에 올랐다. 각종 역경과 부상 그리고 끊임없는 변화도 그의 앞길을 막지 못했다.

2017-2018 시즌에 보스턴 셀틱스의 경우 기존의 선수들 가운데 남은 선수가 네 명밖에 안 됐다. 엎친 데 덮친 격으로, 개막 첫날 밤 촉망받던 신인 고든 헤이워드Gordon Hayward마저 잃었다. 그 시즌에 보스턴 셀틱스는 부상 선수가 너무 많아 신인 선수 7명을 포함한 총 12명의 선수만으로 경기를 치러야 했다.[22] 그러나 그들은 여전히 동부 컨퍼런스 최고의 기록을 놓고 경쟁을 벌였다. 플레이오프가 시작되기 전에 가장 뛰어난 선수인 카이리 어빙Kyrie Irving마저 부상으로 쓰러졌지만, 보스턴 셀틱스는 1승만 더 올리면 그해의 결승전에 오르게 되어 있었다. 스타 선수의 도움을 받지 못하는 상태에서, 몇 안 되는 선수들이 그렇게 힘을 합쳐 놀라운 성적을 올린 것은 스티븐스가 평소 팀의 환경을 얼마나 잘 조성해놓았는지를 단적으로 보여주는 예이다.

스티븐스가 부임했을 때 보스턴 셀틱스는 힘든 시기를 지나고 있었다. 그러나 그는 팀이 맞닥뜨린 역경에 겁을 먹지 않았고, 그 유명한 보스턴 셀틱스 팀이 늘 해온 방식에 주눅 들지도 않았다. 비교적 작은 대학교의 코치가 NBA 최고 명문 팀 코치로 오는 드문 기회를 잡으려면 얼마나 많은 투지와 용기가 필요할지 생각해보라. 믿기 힘든 일이지만, 어쨌든 그는 프로 스포츠 사상 가장 유명한 한 팀의 열쇠를 물려받았다. 수석 코치로 부임한 뒤, 그는 팀 내에 굳게 뿌리내린 각종 관례와 방식에 무릎 꿇지 않았다. 매사에 정면으로 부딪혔으며, 모든 것을 바꿨다. 그는 팀 문화를 바꾸려면 제일 먼저 무엇을 해야 하는지를 파악했다.

유명한 경기장도 있고, NBA 사상 최다 우승을 거둔 자랑스러운 역사가 있으며, 수많은 선수의 이름을 명예의 전당에 올린 보스턴 셀틱스 같은 조직에서 새로운 문화를 만드는 일은 결코 쉬운 일이 아니다. 문화는 살아 움직인다. 사람들의 마음속에 각인되어야 하며, 사람들이 변화를 받아들여주어야 한다.

신입사원들에게 나누어주는 모든 책자들과 회의 시간에 배포되었다가 죄다 쓰레기통으로 들어가는 모든 서류들을 생각해보라. 서류를 작성하고 나누어준 사람은 문화를 전파했다고 느낄지 모르나, 문화란 그런 식으로 전파되지 않는다. 문화는 일방적인 게 아니다. 누군가가 종이에 적힌 걸 읽는다고 해서 생겨나는 것이 아니다. 단순히 큰 소리로 외친다고 해서 계속 존재할 거라고 기대해서도 안 된다. 문화는 사람들을 거치면서 생명력을 얻어야 한다.

스티븐스는 동기부여에 대해 제대로 알고 있었고, 무엇이 효과가 있고 또 무엇이 효과가 없는지도 잘 알았다. 언젠가 그의 강연을 들은 적이 있는데, 그때 그는 자신감의 열쇠가 단순히 더 나아지는 것이 아니라 더 나아졌다는 것을 아는 데 있다고 말했다. 리더는 커뮤니케이션, 피드백, 보상 등을 통해 자기 선수들에게 그들이 더 나아지고 있다는 사실을 알려줄 수 있어야 한다. 모든 것에 많은 신경을 써야 하며, 문화를 조성해야 하고, 사람들한테 주기 위해 노력해야 한다.

스티븐스는 자신은 지적이고, 창의적이고, 부지런하고, 겸손한 조수들을 찾는다고 했다. 그는 조수 한 사람 한 사람이 팀 문화와 화합에 좋은 쪽으로든 나쁜 쪽으로든 영향을 준다는 사실을 알고 있다. "직원 한 명 정도는 팀워크에 영향을 주지 않을 거라고 생각한다면 정말 어리석은 겁니다." 그의 말이다. 당신이 새로 영입하거나 내보내려 하는 사람들에 대해 생각해보라. 개인의 선택이 팀워크를 강화시킬 수도 있고 약화시킬 수도 있다. 채용과 해고는 단순히 고용주와 직원 간의 문제가 아니다. 조직이나 회사 전체에 영향을 주는 것이다.

진정한 리더는 자신이 하는 모든 결정이 그룹이나 회사 전체에 어떤 영향을 주는지에 대해 상당히 신경을 쓴다. 스티븐스는 자신의 결정이 팀의 역동성과 목표에 잘 맞는지 수시로 점검하며 자신이 변화시키려는 팀의 문화에 집중했다.

나는 스티븐스에게 물었다. 대학 코치 시절에 각자 개성이 뚜렷한 젊은 선수들을 데리고 어떻게 이런 팀 문화를 정착시켰느냐고. 물론 그는 NBA에 와서도 다시 각자의 대학에서 가장 뛰어났던 선수들을

PART 2 | 승리하는 리더의 원칙

210

이끌고 같은 일을 하고 있었다. 그는 이렇게 답했다. "선수들은 각기 대단한 장점을 갖고 있습니다. 그 장점을 극대화하는 게 바로 우리 코치들이 해야 하는 일이죠." 내 주변에 훌륭한 팀의 코치였던 사람들이 많았고 그들과 이야기해볼 기회도 많았다. 자아가 강하고 꽤 많은 연봉을 받고 있는 열두 명의 젊은이들을 데리고 통일된 문화를 유지한다는 것은 지극히 힘든 일이다.

스티븐스는 나이에 비해 무척 지혜로우며 다양한 역할을 맡고 있는 자기 팀 선수 하나하나와 공감대를 형성하는 능력도 뛰어나다. 또 벤치를 지키는 선수들이 힘들어한다는 것도 알고 있다. "저는 선수들에게 경기에 출전하지 못해도 나름대로 큰 발전을 할 수 있고 큰 가치를 더할 수도 있다는 걸 이해시키려 애씁니다. 팀의 입장에서 승리보다 중요한 건 없죠. 모두가 그 승리에 가치를 보태는 것 결국 그게 우리가 하려고 애쓰는 일입니다."

평생 뭔가를 배우려 애쓰는 스티븐스. 그는 비즈니스 리더나 다른 업계의 사람들과 가깝게 지내는데, 그 이유는 비즈니스 세계와 스포츠 세계에는 서로 공유하는 보편적 가치가 많기 때문이라며 이런 말을 했다. "주변에 올바른 사람들이 있고 리더에게 권한을 주려 애쓴다면, 과정에 집중할 수 있게 됩니다." 스티븐스가 정착시킨 문화 덕에 보스턴 셀틱스는 앞으로도 한동안 계속 챔피언 자리를 넘보게 될 것이다. 늘 그렇듯 선수들은 계속 바뀌겠지만 문화는 그대로니까.

자동차를 달리게 하는 법

보스가 없을 때에도 그대로 존재하는 문화가 제대로 된 문화이다. 육아의 경우도 마찬가지. 아이가 당신 앞에서 하는 행동은 당신의 육아가 어떤지를 제대로 보여주지 못한다. 당신이 없을 때 아이가 어떻게 하는가? 그걸 보는 게 훨씬 더 정확하다.

골든스테이트 워리어스 팀의 수석 코치인 스티브 커Steve Kerr가 심한 허리 부상으로 2017년도 플레이오프 때 벤치를 지키지 못했을 때에도 그 팀은 또다시 NBA 우승컵을 가져왔다. 이는 커가 있으나마나라는 사실을 보여주는 걸까? 실은 그 반대다. 커가 선수들의 기초를 워낙 단단히 닦아놓았기 때문에, 그가 곁에 없어도 아무 문제가 없었다. 워낙 단단한 문화를 조성해놓은 덕분에, 그가 없어도 그가 만든 문화는 그대로 유지됐던 것이다.

골든스테이트 워리어스의 선수들은 재능이 아주 뛰어나지만, 농구를 아는 사람이라면 혼자서는 아무것도 할 수 없다는 걸 잘 안다. 커가 맡은 역할은 그 어떤 스타 선수보다 중요했다. 『스포츠 일러스트레이티드』의 크리스 발라드Chris Ballard는 이렇게 썼다. "워리어스 팀이 꼭 자율주행 자동차 같다고 생각할지 모르지만, 그래도 누군가가 그 자동차를 디자인하고 유지해야 한다."[23] 잊으면 안 된다. 워리어스의 선수들은 마크 잭슨Mark Jackson 코치 시절에도 뛰어났지만, 그 시절에는 재능을 제대로 발휘하지 못했다는 사실을.

커는 아주 겸손하다. 그래서 무심코 볼 경우에는 그의 중요성이 눈에 잘 띄지 않을 수도 있다. 그는 코치인 자신을 부각시키려 하지 않는다. 그래서 매사에 전면에 나서지 않는 것 같다는 착각을 주기도 한다. 하지만 실제로 그는 팀의 토대 그 자체이다.

커가 골든스테이트 워리어스에 조성한 문화 중 하나는 '선수가 중심'이라는 것이다. 그는 당연히 자신에게 돌아와야 할 공도 제대로 챙기지 못하는 것처럼 보이는데, 그런 일에 별 신경을 쓰지 않기 때문이다. 그가 신경 쓰는 것은 오직 선수들이 팀에 대해 어떻게 느끼는가 하는 것이다. 자신의 공을 인정받는 데 지나치게 신경 쓰는 코치는 실제로 그런 공을 세우지 못한다. 선수들도 그런 코치에게는 반감을 느끼고, 결국 팀의 성적에 안 좋은 영향을 주게 된다.

골든스테이트 워리어스의 올스타 포워드 드레이먼드 그린Draymond Green에 따르면, 커는 팀에 '권한 위임의 문화'[24]를 정착시켰는데, 이 문화에서는 모든 일을 선수들이 스스로 해나가는 것처럼 보일 수도 있다. 예를 들어 2018년 시즌 때 커는 선수들에게 타임아웃을 요청할 수 있는 권한을 위임해주었다. 선수들이 자신이 정착시킨 문화 안에서 움직이고 있기에, 선수에 대한 믿음이 있었던 것이다. 일단 어떤 비전을 세웠을 경우, 그 비전을 배양하여 열매를 맺기 위해 조성하는 것이 바로 문화이다. 말하자면 그런 식으로 자동차를 계속 달리게 하는 것이다.

연결의 문화

수십 년간 나름대로의 문화를 꾸준히 유지해온 듀크대학교 농구팀에서 마이크 시셰프스키 코치는 매년 첫 미팅 때, 각 선수의 행동들을 보다 큰 조직에 연결 짓는 데 시간을 쓴다. 그러니까 각 선수의 행동 하나하나가 듀크대학교 농구팀과 대학 전체에 영향을 준다는 걸 상기하는 것이다. 그는 선수들에게 이렇게 했다. "너희 개개인에게 일어나는 일이 결국 우리 모두의 일이 된다는 걸 잊지 마라."[25] 그는 메시지를 긍정적인 의미(우리는 한 가족이다)로도 썼고, 또 부정적인 의미(바보 같은 짓 하지 마라)로도 썼다. 결국 그가 조성한 문화는 모든 사람을 하나로 묶는 것이다.

한 인터뷰에서 제이 윌리엄스(전 듀크대학교 농구팀 선수. 시카고 불스를 거쳐 스포츠 해설가가 됨 – 역자 주)는 열여섯 살 때 시셰프스키 코치와의 흥미로운 대화를 들려주었다. 시셰프스키 코치는 그를 '미스터 윌리엄스'라고 불렀는데, 그게 어린 윌리엄스에겐 엄청난 영향을 주었다. 자신이 어른이 된 듯한 느낌이 들었던 것이다.[26] 시셰프스키 코치는 그에게 누구나 탐내는 신인 선수 자리, 경기 출전 시간, NBA 진출, 스타가 될 수 있는 기회, 그 어떤 것도 약속해주지 않았다. 다만 이런 말은 했다. "자네가 여길 떠날 때쯤이면 삶을 제대로 살아갈 준비가 되어 있을 거라는 건 약속하네."

이 간단한 메시지가 어린 유망주에겐 삶의 일대 전환점이 되었다. 윌리엄스는 자신의 회고록에 이렇게 썼다. "그건 먼저 인간이 되라는 소리였고…… 한 인간으로서 자신의 미래에 대해 생각하라는 이야기였어요."[27] 시셰프스키 코치가 선수에게 바라는 것은 농구 그 자체보다 훨씬 더 깊고 완전한 것이다. 그가 선수들과 함께 그렇게 오랫 동안 성공을 누릴 수 있었던 결정적인 비결들 중 하나이다.

영향력 있는 사람을 끌어들이는 기술

'받아들임buying-in'이란 조직에 속한 사람들이 리더가 만들려고 애쓰는 문화를 자발적으로 수용하고 공유하고 유지한다는 뜻이다. 문화는 리더가 일방적으로 선포한다고 해서 생겨나는 것이 아니다. 조직의 나머지 사람들 사이에서 받아들여지고 강화되면서 비로소 생겨난다. 문화는 이처럼 받아들임을 필요로 한다.

저서 『나는 왜 이 일을 하는가Start with Why』에서 사이먼 사이넥은 기업이 '받아들임' 문화를 구축해야 한다는 사실을 지지하고 있다. 받아들임 문화는 목적을 뚜렷이 하고, 조직에 대한 충성심을 만들어내며, 모든 사람이 기쁜 마음으로 전체를 위해 일하게 만든다. 그는 강요에 의해서가 아니라 스스로 원해서 리더를 따르게 하는 것이야말로 진정한 리더십이라고 말한다.

똑똑한 리더가 구사하는 한 가지 기술은 영향력 있는 사람을 내 편으로 만드는 것이다. 그가 촉매제 역할을 하기 때문에, 조직 내 나머지 사람들 사이에 받아들임의 물결이 일게 될 것이다. 어떤 그룹에 속한 사람 전부를 설득하고 싶다면, 누구누구를 내 편으로 끌어들일 건지를 먼저 생각해보라. 사람들을 움직일 수 있겠는가?

이런 기술을 볼 수 있는 아주 좋은 예가 내가 아주 좋아하는 고전 영화인 『후지어Hoosiers』이다. 농구 코치 노먼 데일Norman Dale은 외부 사람들에게 배타적인 인디애나주의 작은 도시에 부임해 고등학교 농구팀을 맡으면서 힘든 시간을 보낸다. 그는 자신에게 주어진 시간이 제한되어 있다는 걸 알고 있었고, 그래서 심드렁한 농구 천재 지미 칫우드Jimmy Chitwood를 억지로 팀에 끌어들이려 애쓰는 대신 가만히 내버려둔 채 생각할 시간을 주면서 이런저런 이야기로 공감대를 형성하려 한다. 그는 칫우드와 농구에 대한 애정을 이야기하면서도, 절대 팀에 들어오라고 압력을 가하지 않았고 강요하지도 않았다. 마을 사람들이 하나같이 자신에게 제대로 된 팀을 이끌려면 칫우드를 끌어들이는 수밖에 없다고 말하는데도 그랬다. 그리고 결국 그의 전략은 먹혀든다. 다시 팀으로 들어와 뛰겠다고 약속하던 날 칫우드는 그 이유는 순전히 데일 코치를 위해서라고 말한다. 이후 팀과 도시 전체는 전열을 가다듬게 되며, 연이어 승전보를 올리기 시작한다. 칫우드는 일종의 압점(손가락으로 눌러 출혈을 막을 수 있는 지점 – 역자 주)이었고, 데일 코치는 거기를 어떻게 눌러야 하는지 정확히 알고 있었던 것이다.

리더십이란 어떤 방향으로 가라고 내모는 것이 아니라, 사람들이 따라올 것을 믿으며 자신이 직접 앞으로 나아가는 것이다. 긍정적인 문화 안에서 생활하고 있다면 사람들은 분명 따라올 것이다. 제대로 따라오고 있는지 수시로 확인할 필요도 없다. 가장 좋은 아이디어가 채택되는 환경, 그리고 모든 사람이 동참할 수 있으며 개인보다는 전체가 중시되는 환경을 조성하라.

사려 깊은 실패에 보상을 해줘라.

– 구글의 격언

실패하는 사람에게 보너스를 주는 구글의 특별한 규칙

구글이 안전을 추구하며 5000억 달러 규모의 거대 기업이 된 것은 아니다. 구글의 문화는 늘 직원들에게 많은 시행착오를 권장하는 문화, 그러니까 일단 벽에 집어던지고 무엇이 들러붙나 보는 문화였다. 그 결과 승자(지메일, 에드센스 등)도 만들어냈고 패자(구글 글래스)도 만들어냈다. '무엇이든 크게 휘두르는 것' 그게 구글의 문화다. '시도조차 하지 않는 슛은 100퍼센트 노골이나 다름없다'는 옛 속담의 구현이기도 하다.

전직 구글 수석 부사장 라즐로 복Laszlo Bock은 이런 말을 했다. "만일 모든 목표를 달성한다면, 제대로 공격적인 목표를 세우지 않은 것입니다."[28] 공을 뺏기지 않는다면 더 이상 향상되지 못한다. 그야말로 말도 안 되는 프로젝트를 실험하고 시도하는 구글의 자회사인 구글 X에서는 진행하던 프로젝트를 중도 포기하기로 결정한 팀에게 보너스와 휴가도 준다.[29] 맞다. 제대로 읽었다. 중도 포기한 대가로 보너스에 휴가까지 받는다.

그 이유는? 가능성도 없는 일인데 그 사실을 아무도 인정하고 싶지 않다는 이유로 너무도 많은 인력과 돈이 투입된다는 것을 잘 알고 있기 때문이다. 즉 구글 X의 전략은 직원들에게 쓸데없는 자존심 때문에 불필요한 시간과 돈을 낭비하느니 차라리 실수를 인정하라고 권하는 것이다. 이런 전략은 구글 문화의 일부로, 건전한 실패를 권한다고 말로만 떠드는 게 아니라 직접 행동으로 보여주고 있다.

직원들에게 크게 보고 다르게 생각하라며 동기부여를 해주는 것 외에 구글에는 '평등 문화'도 있다. 구글의 고위 임원들은 신입 사원들과 똑같은 수당과 지원을 받는다. 임원이나 여성이라 해서 별도의 주차구역이 있는 게 아니며, 임원용 화장실과 식당도 없다.[30] 구글의 리더였던 라즐로 복은 이런 말을 했다. "사회적 신분의 상징들을 포기한다

는 것은, 구글이 개개인보다는 조직과 팀을 중시한다는 걸 보여주는 가장 강력한 메시지입니다."³¹

만일 당신 회사가 고위 임원들에게 이런저런 특혜를 주고 있다면, 그 이유가 뭔지 생각해보라. 전하려는 메시지는 뭘까? 동기부여를 하려는 걸까? 사회적 신분의 상징인가? 왜 특정 직책의 사람들은 별도의 화장실과 주차 공간까지 제공받고 다른 사람들은 그러지 못하는 걸까?

강력한 문화는 특히 힘든 시기에 조직을 제대로 굴러가게 해주며, 직원으로 하여금 언제나 보다 큰 그림을 볼 수 있게 해준다. 제대로 된 문화는 효율성과 능률과 생산성을 높여준다. 반대로 잘못된 문화는 직원의 사기를 저하시키고, 이직률을 높이며, 모든 면에서 팀 결집력을 떨어뜨린다. 만일 외부인이 근무 시간에 사무실에 들어와 15분만 관찰한다면, 당신 조직의 정체성이 명확히 드러날까? 각종 기준은? 그리고 회사 문화는?

잊지 마라. 사람이 가장 중요한 수단이며 가장 중요한 경쟁력이다. 제품은 모방할 수 있다. 서비스도 모방할 수 있다. 기술도 모방할 수 있다. 그러나 문화를 모방하는 건 아주 어렵다. 그리고 문화는 사람에 의해 뒷받침되고 전파된다. 당신이 리더의 자리에 있다면, 문화에서 가장 중요한 것은 사람을 어떻게 다루는가 하는 것이라는 걸 명심해라. 스스로 가치가 있다고 느낄 경우, 팀원은 팀이나 조직의 성공에 도움을 주게 된다. 그러나 그렇지 못할 경우, 팀원은 굳이 그럴 필요성을 못 느끼며 그저 자기 생각만 하게 된다.

갤럽에서 실시한 한 설문조사에 따르면, 직원들의 이직 원인 1위(65 퍼센트)는 잘못된 관리와 리더십이었다. 『포춘』에서 매년 선정하는 '일하기 좋은 100대 직장'의 창안자인 로버트 레버링Robert Levering과 밀튼 모스코비츠Milton Moskowitz는 이런 말을 했다. "좋은 직장을 만드는 열쇠는 상명하복이나 각종 직원 복지와 프로그램, 관행이 아닙니다. 바로 직장 내의 바람직한 인간관계 구축입니다."**32** 직원을 상대로 스스로 연마하고 서로 연결되고 동기부여가 되게 해주는 가장 효율적인 방법은 의미 있는 인간관계 구축인 것이다. 그것이 바로 성공하는 문화의 토대이다.

자가 테스트 ━━━━━━

다음은 직원들이 업무 만족도 및 문화 개선을 위해 매주 확인해야 하는 직원 체크리스트다.* 인쇄해서 직원들에게 나눠주는 것도 생각해보라.

지난주에 내가 내 장점을 써먹은 때는?

지난주에 내가 팀에 가치를 더한 때는?

지난주에 내가 좋아하는 일을 한 때는?

◆ 참고 노트 ▷ 이 체크 리스트는 브라이언 윌리엄스 박사가 내게 보여준 것들이다.

지난주에 내가 가치 있는 사람으로 잘 쓰였다고 느낀 때는?

다음 주에 내 최우선 과제는?

다음 주에 내가 도움을 필요로 하는 일은?

리더에게 : 이렇게 매주 직원을 체크하는 것을 추가 업무로 생각하지 마라. 원래 리더인 당신이 해야 할 일이다.

나쁜 놈 배제 원칙

문화가 처음 도입되어 정착될 때는 여러 가지 문제가 발생할 수 있다. 강력한 한 사람이 문화에 구멍을 내거나 아예 문화를 허물어버릴 수도 있다. 한 회사의 문화 속에는 그런 사람이 회사에 들어왔을 때 그 문화를 어떻게 처리하는가 하는 것도 포함된다. 스탠퍼드대학교 경영 과학 교수 로버트 I. 서튼Robert I. Sutton은 이른바 '나쁜 놈 배제 원칙No Asshole Rule'이란 것을 고안한 것으로 유명하다. 이는 그와 그의 동료 교수들이 누군가와 함께 일할 건지 말 건지를 결정할 때 사용하는 원칙이다. 그들은 간단히 이런 질문을 한다. "이 사람을 채용하면 나쁜 놈 배제 원칙에 위배되지 않나?"**33**

나는 이 원칙이 아주 마음에 든다. 직접적이고 단순하면서도 더없이 효과적이기 때문이다. 부정적인 사람들은 바이러스와 같아서, 그들의 태도와 마음가짐은 직장 내 모든 이에게 퍼져 나가고 스며든다. 서튼은 이런 말을 했다. "그들은 부정적인 생각을 퍼뜨리고 꿈을 죽입니다."[34] 부정적인 사람들은 일이 제대로 풀리게 할 방법을 찾는 것이 아니라 일이 제대로 풀리지 않는 이유만 찾아낸다.

서튼은 자신의 책 『또라이 제로 조직The No Asshole Rule』에서 한발 더 나아간다. 그는 입증되지도 않은 경험 증거를 사용하지는 않는다. 꾸준한 연구 결과를 통해 입증된 증거를 토대로 조직에 악영향을 주는 '나쁜 놈'을 찾는 것이다. "나쁜 놈들이 조직에 있으면 이직률과 결근율이 늘고, 일에 대한 집중력이 떨어지고 분위기가 산만해지는 등 여러 가지 악영향이 나타나며, 정신적 학대나 집단 따돌림 등이 발생해 업무 성과가 줄기도 한다."[35] 서튼의 말이다.

자기중심적인 사람 하나는 조직 전체를 망가뜨릴 정도의 힘을 갖고 있다. 이런 종류의 사람은 교사가 학생들에게 미칠 수 있는 힘과 맞먹을 정도로 아주 강력한 힘과 영향력이 있다. 프로 스포츠 사상 그 어떤 팀보다 큰 성공을 거둔 뉴질랜드 럭비팀 올 블랙스에도 '나쁜 놈 배제 원칙'과 비슷한 원칙이 있는데, '멍청한 놈 배재 원칙No Dickheads Rule'[36]이라 불린다. 이들은 아주 저돌적인 선수들로 걸핏하면 몸싸움을 벌인다. 그렇다고 해서 그들이 성공하는 데 도움이 될 문화가 필요하지 않다는 뜻은 아니며 '나쁜 놈'과 같이 경기를 하고 싶어 한다는 뜻도 아니다.

이기심, 부정적인 태도, 나쁜 마음가짐은 조직에서 없어져야 한다. 잘못해서 이미 조직에 스며들었다면 어떻게든 제거해야 한다. 이런 것들이 그대로 남아 있으면 문화의 일부가 되어버린다. 리더가 어떤 행동을 받아들일 경우 그 행동을 용인하고 부추기는 거나 다름없다. 아주 간단한 일이다. 잊지 마라. 리더십은 당신이 말하는 것에서 나오는 것이 아니라 당신이 받아들이는 것에서 나온다.

당신은 무엇을 팔고 있습니까?

『좋은 리더가 되고 싶습니까?The Coaching Habit』의 저자 마이클 번게이 스태니어Michael Bungay Stanier는 승리하는 문화를 만들려면 어떻게 해야 하는지를 연구하는 비즈니스 리더십의 전문가이다. 나와의 인터뷰에서 그는 이런 말을 했다. "문화는 조직에서 일하는 사람의 습관들, 그러니까 깊이 생각하지 않고 매일매일 하지만 실은 아주 관심이 많은 그런 일입니다. 그래서 문화를 바꾸려면 습관을 바꿔야 하는 거죠."

문화는 계속 발전하고 퍼져 나간다. 처음에는 통제 가능하지만, 어느 시기가 지나면 통제를 벗어나 스스로 발전해간다. '문화'라는 말을 할 때 화학 시간에 실험실 접시에서 자라나는 무언가를 떠올리게 되는 것도 바로 그 때문이다. 환경은 우리가 조성하지만, 그 이후부터 문화는 주어진 여건하에서 자연스레 성장해간다.

앞서 말했던 UCLA 브루인스 팀의 코치 존 우든은 선수들에게 승리에 대한 이야기는 전혀 하지 않았다. 승리라는 단어는 아예 입에 올리지도 않았다. 지난 30년간 화려한 코치 생활을 해오면서 승리를 목표로 이야기해본 적이 한 번도 없다고 한다. 성공에 대한 그의 기준은 다른 대부분의 코치들과는 달랐다. 그리고 자신의 라커룸 안에서 승리를 과대평가하지 않는 문화를 원했다. "뛰어난 리더는 뛰어난 세일즈맨과 같습니다." 우든의 말이다. "당신은 무엇을 팔고 있습니까? 당신의 철학은 무엇입니까, 성공이란 무엇입니까?"[37]

당신의 팀은 성공을 어떻게 정의하고 있는가?

당신의 조직 문화는 돈에 기초한 것인가? 아니면 직책에 기초한 것인가?

만일 회사나 팀의 문화가 비생산적이거나 유해할 경우, 그것을 바꾸기 위해 당신은 오늘 어떤 조치들을 취하겠는가?

3,000만 달러를 날린 직원이 해고되지 않은 이유

문화의 또 다른 중요한 면은 '개방성'이다. 아무도 자신의 생각을 공유하지 않으면, 두려움과 의심과 실패의 문화가 된다. 상사에게 현재 상황을 있는 그대로 말하기가 힘든 환경에서는 각종 문제가 생겨난다.

내 친구 제이 빌라스는 이런 말을 했다. "만일 신뢰의 문화를 구축하고 싶다면, 신뢰의 문화를 만들고 키워나가야 한다."[38] 문화는 기업마다 다 다르겠지만, 정직과 신뢰는 모든 조직의 기반이 되는 개념이다.

모든 직원이 마음 놓고 이야기할 수 있는 환경을 조성하는 것은 리더의 일이다. 언젠가 한 투자 회사의 말단 사원과 관련된 월가의 이야기를 들은 적이 있다. 편의상 그 말단 사원을 마크라고 하자. 그는 3000만 달러를 잘못 넣었다. 그렇다. 잘못 넣었다. 금융 회사 방식대로 말하자면, 돈을 당장 찾지 못할 뿐이지 잃어버린 것은 아니었다. 그러나 그 돈을 찾는 데 며칠이 걸렸다.

마크는 허구한 날 고함을 질러대는 상사 밑에서 일하고 있었다. 그 상사는 직원을 혼낼 때 모두가 보는 앞에서 망신을 주며 본보기로 삼길 좋아했다. 마크는 잔뜩 겁을 먹었고, 그래서 돈을 찾을 때까지 시간을 벌기 위해 계속 이리저리 은폐하고 얼버무렸다. 이틀 정도 지나 마침내 돈을 찾았고 모든 일이 해결됐다.

그런데 고위 임원이 마크와 마크의 상사를 자기 사무실로 불렀다. 마크의 실수가 탄로나 모든 걸 자백해야 했다. 고위 임원은 마크의 이야기를 귀담아들었고, 진짜 큰 문제는 마크의 실수가 아니라 그렇게 은폐할 수밖에 없었던 사무실 문화라는 걸 알게 됐다. 이후 고위 임원은 결정을 내렸다. 마크의 상사를 해고해버린 것이다. 임원은 정작 큰 문제는 마크가 한 실수가 아니라 그 상사가 만들어놓은 사무실 문화라고 판단했다.

자포스 본사에 잘린 넥타이가 걸려 있는 사연

온라인 신발 쇼핑 기업 자포스의 문화 역시 깊은 인상을 남겼다. 언젠가 나는 라스베이거스 여행 중에 '자포스 투어'에 참여한 적이 있다. 자포스의 본사를 구경하고, 역사를 배우며 그들의 독특한 문화를 직접 볼 수 있는 좋은 기회였다. 자포스의 최고경영자 토니 셰이는 자포스를 '수익과 열정과 목적을 결합시킨 기업[39]이라고 표현했다. 그 회사의 운영 센터들을 방문해 보니 셰이의 말이 결코 빈말이 아니라는 사실을 알 수 있었다. 수익과 열정, 목적은 자포스가 직접 실천하고 있는 개념들이었다.

자포스는 현재 수십억 달러 가치를 지닌 거대 기업이지만, 본사를 둘러보면 전혀 그런 느낌이 들지 않는다. 로비의 벽은 밝은 색의 모자이크들과 수많은 자포스 제품들, 그리고 기념품들로 장식되어 있다. 고루한 기업의 느낌보다는 다채롭고 매력적인 기업의 느낌이다. 편한 옷차림을 한 안내원들은 하나같이 얼굴에 환한 미소를 띠고 있었고, 에너지가 차고 넘쳐 전염이 될 정도였다. 안내 데스크 뒤쪽 벽에는 싹둑 잘린 넥타이들이 한데 모여 있었다.

"저것들은 뭐죠?" 내가 한 안내원에게 물었다.

"누군가가 취업 면접에 넥타이를 매고 나타나면, 바로 가위를 꺼내 그 자리에서 잘라버립니다. 우리 회사는 정장에 넥타이를 매는 그런 회사가 아니거든요." 안내원의 답이었다.

투어를 통해 나는 자포스 본사가 기능과 재미, 모두를 위해 디자인됐다는 사실을 알 수 있었다. 널따랗게 비어 있는 공간에는 책상들이 놓여 있어 공동체 느낌을 줄 뿐 아니라 솔직한 커뮤니케이션 욕구도 자극했다. 직원들은 자신이 일하는 공간을 마음대로 꾸밀 수 있게 되어 있었다. 그 덕분에 집단이라는 틀 안에서도 따뜻함과 개성이 살아났다. 또한 실내와 실외에 편히 쉬면서 간식도 즐길 수 있는 구역이 많았다. 콜 센터는 생일 파티장처럼 장식되어 있었다. 화이트보드에는 두꺼운 매직펜으로 쓴 목표가 나열되어 있었고, 또 고객에게 받은 감사 카드도 눈에 띄었다. 모든 것은 개방되어 있었고 흥미진진했다. 솔직히 회사가 아니라 무슨 거대한 가족처럼 느껴졌다.

이 모든 것은 투어를 위해 전시된 것이 아니다. 자포스의 진짜 모습이다. 회사의 모든 직원은 열 개의 핵심 가치를 외워야 한다. 이를테면 아래와 같은 식이다.

3번: 재미와 약간의 기묘함을 만들어내라.

7번: 긍정적인 팀과 가족같은 화합의 정신을 구축하라.

또한 직원들이 아침에 자신의 컴퓨터에 로그인하면 아무 직원의 얼굴이나 띄워놓고 누군지 알겠느냐고 묻는다. 그러고는 그 직원의 간단한 약력을 보여준다.

자포스의 상사들은 직원들에게 관심이 많으며, 그 사실을 보여주기 위해 아주 큰 노력을 기울인다. 임원들은 목적과 행복, 그리고 직장 공동체에 대한 설문조사들을 통해 직원들의 사기를 점검한다. 자포스는 매년 '자포스 문화 북Zappos Culture Book'을 만드는데, 이 책에는 자포스에 근무하면서 직원들이 느끼는 생각이 그대로 담긴다(편집 없이). 또한 '무엇이든 물어보세요Ask Anything'라는 월간 소식지도 발간하는데, 모든 글이 익명으로 되어 있으며 실제로 읽을 만하다. 만일 당신이 회사에도 속마음을 부담 없이 털어놓을 수 있는 창구가 있다면, 당신은 회사에 대해 어떤 것을 말하고 듣고 배울 수 있을지 생각해보라.

자포스의 이 모든 문화는 승리하는 스포츠 팀의 경우와 같다. 승리하는 스포츠 팀은 자신들의 정체성과 각종 기준들 그리고 문화를 구축해놓고, 거기에 맞는 최고의 인재를 영입한다. 그들은 어떻게든 팀과 어울리는 사람들을 확보하려 한다. 최고의 사람과 적합한 사람 사이에는 차이가 없다. 둘은 같은 것이다. 그래서 자포스는 회사에 적합한 사람을 찾기 위해 90일이 걸리기도 하고 일곱 차례의 인터뷰를 거치기도 한다.[40]

자포스의 자연적인 직원 감소율은 2퍼센트도 안 된다. 그야말로 전례 없이 낮은 비율로, 이직률이 0에 가깝단 뜻이다. 자포스는 적합한 신입사원을 뽑는 일에 워낙 심혈을 기울이기 때문에 말도 안 되는 안전장치를 마련했다. 3주간의 신입 사원 교육이 끝난 신입 사원들에게 입사를 포기할 경우 이유도 묻지 않고 그냥 4000달러를 지불하는 제도를 마련한 것이다. 신입 사원이 쉽게 버는 돈에 마음이 흔들리는지를 보는 것이다.[41] 그러니까 해당 신입 사원이 회사 일을 하는 걸 쉽게 돈 버는 것보다 더 가치 있는 일로 여기는지 알고 싶은 것인데, 이 방법이야말로 그 사람과 인간관계를 맺기 전에 그걸 알아낼 수 있는 더없이 좋은 방법이었던 것이다.

자포스의 최고경영자 토니 셰이는 자신의 첫 회사 링크익스체인지를 마이크로소프트에 2억 5000만 달러에 팔았다. 그가 회사를 판 이유는 아마 당신 짐작과는 다를 것이다. 기업 문화가 너무 나빠져서였다. 그가 한 인터뷰에서 이렇게 인정했을 정도였다. "아침에 침대에서 빠져 나오기가 두려울 정도였어요."[42]

셰이가 허풍을 떤다고 생각할지 몰라서 하는 말인데, 그는 심지어 회사를 매각한 뒤 받을 돈을 다 받지도 않고 일찍 자리를 떴다. 그만큼 비참했던 것이다. 자포스에 와서 셰이는 마음먹었다. 다시는 절대 회사를 팔지 않을 거라고. 그때부터 그는 기업 문화를 무엇보다 중시하기 시작했다.[43] 그는 이렇게 자포스를 위대한 신발 왕국으로 키우게 된다. 자포스의 문화는 자포스의 DNA가 되었다. 단순히 말로 그치는 것이 아니라, 모든 직원이 직접 실천하고 있다.

누군가로 하여금 무언가를 하게 만드는 방법은 딱 하나이다.

그 사람으로 하여금 그 무언가를 하고 싶게 만드는 것.

– 데일 카네기

소유의 힘

돈이나 그 어떤 보답도 주어지지 않는 상황에서의 동기부여는 보다 근본적인 것일 수밖에 없는데, 뛰어난 코치들은 이를 어떻게 활용해야 하는지를 잘 알고 있다.

내가 몬트로즈 크리스찬 고등학교 농구팀에서 성과 향상 코치 일을 할 때 스투 베터Stu Vetter 코치는 틈나는 대로 선수들에게 임대와 소유는 마음가짐부터가 다르다는 이야기를 했었다. 집이나 자동차 같은 것을 임대할 경우, 우리는 그것들을 임시적으로 보게 된다. 자신의 것이 아니기 때문에 그리 가치 있게 생각하지 않고, 제대로 관리하지도 않는다. 우리는 보통 조심성이 없는 젊은 시절에 임대를 많이 하고는 한다. 그리고 좀 더 나이가 들면 임대하지 않고 구입한다.

구입할 경우에는 소유권을 갖게 된다. 이제 그 집이나 자동차는 당신의 연장선에 있다. 직장을 단순히 출세의 한 과정이나 급여 수표 정도로 여기는 사람들은 직장 문화의 걸림돌이다. 그들은 직장을 임대하고 있는 것이며, 어떤 형태로든 드러난다. 당신이 리더라면, 모든 사람이 회사를 자기 자신의 회사로 보는 문화를 만들고 유지해야 한다. 그러면 그들을 온전히 내 사람으로 만들 수 있다. 회사가 자신의 일부이기 때문에, 회사를 위해서라면 불 속이라도 뛰어들 수 있게 되는 것이다. 그것이 바로 문화의 힘이다.

문화는 리더가 자기 사람들에게 동기를 부여하고, 헌신하게 하고, 안정감을 주기 위해 조성하는 환경(물리적이고 심리적인)이다. 그리고 그 문화는 다른 모든 사람들에 의해 퍼져 나가고 유지된다.

기억하라

- 팀원의 잠재력을 극대화하고, 그들의 생산성을 극대화해줄 토양을 준비하는 것이 리더의 일이다.

- 리더십은 저절로 생겨나는 것이 아니다. 리더십을 만들어내고 발전시키려면 그만한 노력이 따라야 한다.

- 강력한 문화를 만들어내는 리더는 잘 안다. 문화라는 것은 사람들로 하여금 억지로 따라오게 만드는 것이 아니라, 스스로 원해서 따라오게 하는 것이라는 사실을.

- 기업 문화는 저마다 다르겠지만, 리더는 모든 사람이 그 안에서 번성하게 해줄 존중의 문화를 만들어야 한다.

- 한 집단의 문화는 리더가 자리에 없을 때 그 구성원들이 어떻게 행동하는지를 보면 가장 잘 알 수 있다.

| 섬김 |
팀원의 마음을 여는 리더가 되고 싶다면

당신이 다른 사람에게 귀 기울일 줄 안다면,

영향력 있는 사람이 될 것이다.

– 스티븐 코비

'무엇이 진정한 리더를 만드는가'를 좀 더 깊이 살펴보기 위해, 우리
는 한 가지를 분명히 해둘 필요가 있다. 당신이 최고경영자든, 관리자
든 코치든, 아니면 훌륭한 옛날식 상사든, 당신의 사람들을 위해 일해

야 한다. 그들이 당신을 위해 일하는 것이 아니다.

잠깐! 다시 읽어보라.

믿어지는가? 당신이 그들을 위해 일해야 한다는 것이?

아마 책임자가 된다는 것은 무엇이든 마음대로 할 수 있으며, 아무도 당신의 말에 토를 달지 못하는 것이라 생각할 수도 있다. 또한 책임자는 급여를 주고 채용과 해고는 물론 승진과 강등을 통해 사람을 관리한다고 생각할 것이다. 틀렸다. 그런 것들이 사람을 움직이는 동기부여 방법의 전부라면, 당신은 절대 그들이 최선을 다하게 만들 수 없다. 평생 일부 사람들만 내 편으로 만들 수밖에 없을 것이다.

그러나 초점을 다른 사람들 쪽으로 옮긴다면 모든 것이 급변한다. 잊지 마라. 사람들은 일에 충성하는 것이 아니다. 기업에 충성하는 것도 아니다. 그들은 다른 사람들에게 충성한다. 유능한 리더는 강한 충성심을 만들어낸다.

또한 충성심은 헌신을 만들어낸다.

헌신은 문화를 강화시킨다.

마지막 장에서 말했듯, 문화는 결과를 만들어낸다.

자, 이제 사람을 어떻게 섬길 것인지 또 그게 왜 중요한지를 살펴보도록 하자.

저를 다른 팀 선수와 바꿔주세요

섬길 줄 아는 리더는 자신의 사람들에게 가장 좋은 것이 무엇인지를 이해하고, 모든 일을 그들의 관점에서 보며, 필요한 것을 주려고 노력한다. 이를 실천하기 위한 방법 중 하나는 사람들이 직접 자신에 일에 영향을 줄 수 있도록 참여시키는 것이다. 그러면 그들은 당신이 만들고 싶은 문화까지 받아들이게 된다.

2017년 여름, 샌안토니오 스퍼스의 포워드 라마커스 앨드리지 LaMarcus Aldridge가 수석 코치 그렉 포포비치에게 다가가 트레이드를 시켜달라고 요청해 포포비치를 놀라게 했다. 훗날 포포비치는 다섯 차례 팀의 우승을 이끌며 20년 넘게 코치 생활을 해오면서, 선수에게 트레이드 요청을 받은 일은 그때가 처음이었다고 털어놓았다. 당시 포포비치가 보인 반응을 보면 그가 왜 시대를 초월한 위대한 명코치로 불리는지를 알 수 있다. 그리고 결국 앨드리지는 마음을 바꾸게 된다.

그럼 자기 팀에서 가장 뛰어난 선수 중 하나가 트레이드 요청을 했을 때 포포비치는 대체 어떤 반응을 보였을까? 그는 모든 책임을 자신에게 돌렸다.[44] 앨드리지에게 그간 자신이 잘못했다는 사실을 인정하며 기회를 한 번 더 달라고 간청했다. 그는 결국 남기로 결정한 앨드리지와 함께 더 잘해보려 애썼으며, 그 이후 앨드리지는 샌안토니오 스퍼스와 함께 큰 발전을 이루었다. 포포비치는 거기서 한 걸음 더 나아갔다. ESPN과의 인터뷰에서 다음과 같은 말로 모든 것은 자신의 책임이라는 사실을 만천하에 알린 것이다. "모든 것은 다 제 책임입니다. 코치 권한을 너무 과하게 행사한 거죠."⁴⁵ 그의 겸손한 모습도 인상적이었지만, 나를 정말 놀라게 한 것은 포포비치가 선수들을 섬기기 위해 코치 일을 하고 있다는 것을 스스로 알고 있다는 사실이었다.

단순히 공을 골대 안에 넣는 방법을 가르치는 일이 농구 코치의 전부는 아니다. 그것은 메커니즘에 불과하고, 실은 훨씬 큰 무언가가 있다. 전설적인 코치 P. J. 칼레시모P. J. Carlesimo는 내 팟캐스트에 출연하여 자신이 들은 조언 중에 가장 멋진 조언을 들려주었다. "코칭 기술이나 지식보다 더 중요한 것은 선수들과의 관계이다."

개인적인 토대가 없다면, 아무리 똑똑한 플레이나 뛰어난 아이디어도 소용이 없다. 선수와 코치가 보다 높은 차원에서 서로 연결되지 못한다면, 그 무엇 하나 제대로 될 수 없다는 뜻이다.

자가 테스트

솔직히 대답해보라.

1. 당신의 팀원들에 대해 생각해보라. 그들에게 익명으로 당신을 가장 잘 나타내주는 특징 세 가지를 쓰게 한다면, 어떤 특징들을 쓸 것 같은가?

② 그 세 가지 특징이 어떤 것들이라면 좋겠는가?

코치 래브의 선한 영향력

그간 운이 좋게도 시대를 초월할 만큼 뛰어난 코치들을 몇명 만날 수 있었는데, 그들의 공통점은 절대 자신만 생각하는 사람이 아니라는 것이다. 그들은 연결시켜주고 공유하는 사람이다. 그리고 자기 선수들을 섬긴다.

전직 대학 농구팀 코치이자 나이키 인터내셔널 베스킷볼의 책임자인 조지 래블링George Raveling은 스포츠 세계의 살아 있는 전설이다. 그의 경력을 보면, 아이오와대학교와 워싱턴대학교 농구팀에서 수석 코치, 메릴랜드대학교와 빌라노바대학교 농구팀에서 보조 코치로 일했으며, 1984년 올림픽에서는 미국 남자 농구팀 보조 코치(이 당시에 그는 젊은 마이클 조던과 패트릭 유잉을 코치했다) 일을 했고, 프로 농구 및 대학 농구 양쪽 명예의 전당에 이름을 올렸다.* 래블링은 선구자, 혁신가, 개척자로 불리고 있지만, 거의 모든 사람들이 그를 '코치 래브Coach Rav'라 부른다.

---

* 참고 노트 ▷ 젊은 시절 래블링은 마틴 루터 킹 주니어가 1963년에 그 유명한 '내겐 꿈이 있어요' 연설을 할 때 옆에서 경호를 했다. 연설이 끝난 뒤 래블링은 킹에게 연설 원고를 줄 수 있겠느냐고 물었고 킹은 그걸 그에게 주었다. 그는 지금도 원고를 갖고 있다.

코치 래브는 농구 역사상 가장 존경받는 멘토 중 한 사람이다. 그를 멘토로 여기는 코치 중에 뛰어난 활약을 보인 유명 코치들의 명단만 봐도 타의 추종을 불허할 정도이다. 나는 농구 관련 팟캐스트 〈하우드 허슬〉과 〈퓨어 스웨트 베스킷볼 쇼〉의 진행자로 농구 코치들과 무려 100회 이상의 인터뷰를 했다. 그리고 인터뷰 때마다 거의 늘 이런 질문을 던졌다. "누가 당신의 코치 경력에 가장 지대한 영향을 끼쳤나요?"

농담이 아니라, 인터뷰에 응한 코치들 가운데 무려 75퍼센트의 입에서 조지 래블링이라는 이름이 나왔다. 그는 그만큼 엄청난 영향력을 갖고 있다. 나는 몇 년간 코치 래브를 수십 차례 만났으며, 늘 그가 인터뷰에 응해주고 진지한 대화를 해준 것에 고마움을 느낀다. 그는 좋은 사람이다. 독서광으로도 유명해, 누군가를 만날 때 선물로 책을 들고 오는 경우가 많다. 또한 인터뷰 때마다 코트에서는 접할 수 없는 코칭의 중요한 측면에 대해 이런저런 이야기를 들려주곤 했다.

인터뷰에서 생각보다 널리 알려지지 않은 섬기는 리더십에 대해 물어본 적이 있는데, 그는 이런 말을 했다. "제대로 섬기는 리더라면 기본적으로 자기를 따르는 사람들이 필요로 하는 것들을 늘 충족시켜주어야 합니다. 섬기는 리더십은 우리 안에 내재되어 있는 겁니다."

나는 이미 여러 분야에서 정상에 올랐고 80세가 다 된 래블링이 아직도 섬김에 대한 말을 하고 있다는 사실에 놀라지 않을 수 없었다. 그는 이런 말도 했다. "모든 인간은 다른 이들이 원하는 걸 충족시켜주기 위해 이 땅에 태어났습니다. 저에게는 최우선 순위의 일입니다. 그리고 그 덕에 친절, 겸손, 용기, 회생, 감사, 동기부여, 사회화, 배려 등을 꾸준히 행할 수 있는 귀한 기회를 갖고 있습니다." 이 말 하나만으로도 왜 그 많은 코치와 선수들이 그를 존경하는지 알 수 있다. 그가 자신들을 존경하니 그를 존경하지 않을 수 없는 것이다.

당신은 어떤 언어로 말하고 있는가?

또 하나, 위대한 코치의 행동을 지켜보면 그들이 팀과 팀 전체의 과제를 얼마나 중요시하는지 알 수 있다. 몇 년 전, 켄터키대학교의 그 해 첫 훈련 장면과 그들의 '자정의 광란Midnight Madness 파티'를 지켜볼 기회가 있었다. 이 파티는 대학 농구 시즌의 시작을 알리는 행사로, 성대한 단합 대회와 팀의 첫 훈련이 시작된다. 워낙 규모가 큰 행사여서 ESPN에 의해 TV 생중계되며, 학생들은 표를 사기 위해 경기장 밖에서 야영을 하기도 한다.

그해는 미래의 슈퍼스타 앤써니 데이비스Anthony Davis가 대학 신입생이 된 해였으며, 나는 그 축제를 직접 보게 되어 흥분해 있었다. 그러나 예상과는 달랐다. 자정의 광란 파티가 보여주기 위한 행사였다면, 연습은 전혀 아니었다. 존 칼리파리 코치는 자기 선수들을 상대로 혹독한 코치를 했다. 그는 워낙 요구하는 것이 많았지만 강압적이지는 않았고, 선수들 스스로 자신이 하는 모든 행동에 책임을 지게 했다. 그는 훈련 강도를 절대 낮추지 않았다.

칼리파리 코치는 선수들에게 자신이 그들을 그렇게 심하게 몰아붙이고 훈련 기준을 높이 잡는 것은 모두 그들을 위해서라고 설명했다. 선수들을 도와 단기적인 꿈(전국 우승을 하는 것)이든 장기적인 꿈(NBA에 드래프트되고 더 나은 사람이 되는 것)이든 꿈을 이룰 수 있게 해주고 싶었던 것이다. 칼리파리 코치는 강도 높은 훈련으로 녹초가 된 선수들에게, 스스로 책임질 수 있는 사람이 되도록 뒷받침해주는 사람들이 있는 사실에 감사해야 한다는 것을 강조했다.

선수를 섬기는 것은 존 칼리파리가 코치로서 하고 있는 모든 일의 중심이다. 그가 쓴 책 제목까지 『선수가 먼저다^{Players First}』일 정도. 켄터키대학교 농구팀에서 그는 모든 문화를 선수 중심으로, 선수가 우선시 될 수 있도록 만들었다. 책에서 그는 모든 조직이 사람을 섬겨야지 그 반대가 되어선 안 된다고 썼다.[46] 그의 말에 적극 찬성이다. 조직이나 기업은 규모와 영향력에 신경을 쓰는 탓에, 그 중심에 사람이 있다는 걸 잊는 경우가 많다. 중요한 것은 사람이며, 기업은 사람 때문에 살기도 하고 죽기도 한다.

대학 스포츠라는 수십억 달러 규모의 시장 한복판에서, 그리고 그 시장에서 가장 뛰어난 팀 중 하나의 리더로서, 칼리파리는 자신의 철학을 절대 굽히지 않고 있다. 그는 무엇보다 선수의 관심사에 신경을 많이 쓴다. 자신이 하는 모든 일에서 각 선수가 멋진 선수로, 또 훌륭한 인간으로 성장하는 것을 가장 중요시한다. 섬기는 리더의 이상을 몸소 실현하고 있는 것이다.

나는 오랜 세월 칼리파리 코치의 오른팔 역할을 해온 켄터키대학교 농구팀 보조 코치 조엘 저스터스^{Joel Justus}와 친한 사이이다. 팟캐스트에 초대해 인터뷰했을 때 조엘은 이런 말을 했다. "가장 재능 있는 선수들의 코치 일은 인간관계에서 시작됩니다. 우리 선수들은 그 점을 100퍼센트 알고 있습니다. 만일 젊은 선수들이 당신이 자기들 편이라는 걸 안다면 아직 기회가 있습니다. 칼리파리 코치가 늘 우리에게 강조하는 게 바로 그겁니다. 우리가 그들이 잘 되길 바라며, 무언가를 강요할 수 없다는 것을 선수들이 알게 하는 일이요."

당신은 모든 사람이 하는 말에 귀 기울여야 한다. 어떤 사람들은 착실히 귀를 기울이기도 한다. 그러나 연결하는 사람은 별로 없다. 연결하는 사람이 되어라.

선수를 뽑을 때 칼리파리는 그 선수와 선수의 가족들, 그리고 꿈에 대해 이야기한다. "그들은 우리가 자신에게 관심이 많다는 것을 느낍니다." 저스터스가 한 말이다. 그 결과 훗날 코치가 선수들에게 뭔가를 요청할 때 선수들은 이렇게 말한다. "이 사람이 지금 내게 이걸 하라고 하는 것도 나를 위해서야." 리더는 일찍이 이런 토대를 마련해놓아야 한다. 그리고 가끔 그 토대로 돌아올 수 있어야 한다. "내가 여기 있는 이유는 너희를 섬기기 위해서야. 그러니 무엇을 필요로 하는지, 또 목표가 무엇인지 말해줘. 그러면 원하는 걸 가질 수 있도록 도와줄게."

칼리파리 코치한테서 배운 것 가운데, 가장 큰 가르침이 무엇인지 말해달라고 했을 때, 저스터스는 이렇게 답했다. "이런 일, 그러니까 사람들에 대한 일이요. 젊은 사람을 뒷바라지해주는 일, 그들에게 '나는 네 편'이라는 걸 알려주는 일 말입니다. 젊은 사람들의 경우 내가 어떤 상황에서도 자기 편이라는 걸 알면 그야말로 못 할 일이 없거든요."

이는 조직의 상사나 관리자 또는 최고경영자도 마찬가지이다. 만일 직원들이 당신이 자신의 편이며, 자신의 관심사에 신경을 쓰고 있고, 또 자신을 섬기려 한다는 것을 굳게 믿는다면, 그들로 하여금 조직에 헌신 또는 노력을 쏟게 하는 데 전혀 어려움이 없을 것이다.

개리 채프먼Gary Chapman이 쓴 책 『5가지 사랑의 언어The 5 Love Languages』는 내가 읽은 책 가운데 가장 영향력 있고 인상적인 책 중 하나이다.

우리는 저마다 사랑을 달리 느끼고, 달리 처리하고, 달리 해석한다. 내가 사랑을 받아들이는 것과 당신이 사랑을 받아들이는 것은 서로 다르다. 당신은 소중한 시간을 같이 보내기를 원하는 데 반해, 나는 확신을 주는 말들을 듣고 싶어 할 수 있다. 또 누군가는 섬김의 행동들, 육체적인 접촉 또는 현실적인 선물을 원할 수 있다. 사랑의 언어는 이렇게 다 다르기 때문에, 당신이 상대방이 쓰는 사랑의 언어로 말하지 않을 경우, 상대는 당신이 자신을 사랑한다는 것을 느끼지 못할 수도 있다. 당신은 지금 영어를 쓰는 상대에게 북경어로 말하고 있는 거나 다름없는 것이다.

이는 아주 큰 교훈으로, 직장에서의 인간관계를 비롯해 다른 인간관계들에도 적용될 수 있다. 이 경우 '사랑'이란 말을 '감사'로 바꾸는 게 이해하기 더 쉬울 것이다. 직장 내에서 쓰는 당신의 감사 언어에 대해 생각해보라. 직원들이 제일 좋아하는 감사 언어를 제대로 알고 있는가? 당신은 어떤 언어로 말하고 있는가?

어떤 직원이 일을 잘했을 경우 그 보상으로 스타벅스 상품권을 주는가? 정작 그 직원은 오후 휴가를 더 원하는데? 아니면 팀원들 앞에서 칭찬을 받고 싶어 하는데, 오후 휴가를 주는 건 아닌가? 상대가 원하는 건 눈에 보이는 유형의 보상인데, 쑥스럽게 팀원들 앞에서 칭찬을 해주는 건 아닌가?

당신은 리더로서 어떻게 해야 사람들에게 동기부여를 해줄 수 있는지, 그들의 목적이 무엇이며 각자의 장점은 무엇인지, 또 어떻게 해주어야 가장 인정받았다고 느끼는지 등을 알아야 한다.

갤럽 설문조사에 따르면 직장에서의 동기부여책 1위는 인정과 감사라고 한다.[47] 그러니 만일 팀원의 실적과 사기를 올리고 싶다면, 각자의 감사 언어로 말하는 법을 배워라.

스스로 종이 되겠다고 말하는 케빈 듀란트

남을 섬긴다는 것은 자선이나 희생 행위가 아니다. 자신을 포기해야 한다거나, 자신의 욕구를 억제해야 한다거나, 남들이 자신을 함부로 대하게 내버려둔다는 뜻도 아니다. 남을 섬긴다는 것은 함께 일하는 사람들을 뒷받침해주어 보다 높은 곳으로 함께 나아간다는 뜻이다.

몇 년 전 케빈 듀란트가 NBA 정상에 올랐을 때 야구계와 미디어는 그에게 애칭을 지어주려 했다. 모든 위대한 스타들은 애칭이 있다.*

누군가가 듀란트에게 어떤 애칭을 원하느냐고 물었을 때, 그는 "The Servant(하인 또는 종)"로 불리고 싶다고 해, 많은 사람들을 놀라게 했다. 사람들은 어리둥절해하며 뭔가를 잘 이해하지 못할 때 흔히 그러듯 웃음을 터뜨렸다. 조롱하고 모욕했다. "챔피언 자리를 넘보는 알파 독이 왜 스스로 종이라 불리려고 할까? 대체 이 친구 무슨 말을 하고 있는 거야?"

그러나 나는 듀란트를 잘 안다. 그야말로 그다운 말을 한 것이다. 진정한 리더는 종처럼 남을 섬긴다. 임무 또는 사명을 섬긴다. 섬기는 리더는 다른 사람이 원하는 것을 자신이 원하는 것보다 중요시한다. 그

---

* **참고 노트** MJ(마이클 조던), Magic(어빙 존슨), Larry Legend(래리 버드), Sir Charles(찰스 바클리), the King(르브론 제임스), the Answer(앨런 아이버슨), the Splash Brothers(골든 스테이트 워리어스의 스테판 커리와 클레이 탐슨 듀오) 등등이 그 좋은 예이다.

리고 자신이 가까이하는 모든 사람에 가치를 더한다.

　2016년 여름 듀란트가 재능 있는 선수들이 즐비한 골든스테이트 워리어스에 합류하기로 결정했을 때, 의견을 묻는다며 카메라를 들이댄 사람들과 소셜 미디어의 말 많은 사람들은 그가 쉬운 길로 가려 한다고 생각했다. 그들은 듀란트가 팔려가는 것이며 리더십도 없다고 평가했다. 그러나 내 생각은 전혀 달랐다. 나는 그가 보다 큰 목표를 위해 자신의 명성을 희생했다고 믿는다. 모든 선수들이 저마다 자기 것을 지키려 하고, 사람들의 지지나 스타로서의 위치, 가장 좋은 계약 조건만을 좇는 NBA 세계에서 듀란트의 움직임은 그야말로 섬기는 행동의 결정판이었다. 덕분에 그는 지금까지 리더로서의 역할을 맡을 수 있었다. 코치와 팀 동료 모두가 그에게 리더 자격이 있다는 걸 인정한다. 이미 스스로 입증해 보였으니까.

　섬김의 개념은 리더십과 긴밀히 연결되어 있다. 리더는 자신이 원하는 것과 팀이 원하는 것을 한데 묶어 공통의 목적을 만들어낸다. 물론 조직원 사이에 공감이 존재하는 팀에서만 가능하다. 기업도 마찬가지다. 자신이 원하는 것과 직원들이 원하는 것을 한데 묶어야 한다. 그들을 섬겨라. 그러면 그들이 당신을 섬긴다. 일단 서로 간에 굳은 약속이 이루어지면, 당신은 고객을 섬기는 일에 전력투구할 수 있다.

　당신이 리더로서 어떤 언어를 사용하고 있는지 생각해보라. 당신의 생각에 대해 정말 많은 걸 보여줄 것이다. 당신이 평소에 '우리는' 또는

'우리에게', '우리를' 보다 '나는' 또는 '나에게', '나를'이란 말을 더 많이 한다면, 당신과 팀 사이에 간극을 만들고 있는 것이다. 그 간극은 점점 자라 걸림돌이 될 것이고, 시간이 지나면 없애거나 줄이거나 넘을 수 없는 아주 큰 장애물이 될 것이다.

'나' 중심이 아니라 '우리' 중심을 전파하라, 그러면 다른 사람들도 그에 화답할 것이다. 직원에게 바라는 일에 집중하지 마라. 당신이 직원을 위해 해주고 싶은 일에 집중하라.

내 친구 베이브 크와스니악^{Babe Kwasniak}은 뛰어난 고등학교 농구 코치이자 전직 기업체 리더이며 퇴역 군인이기도 하다. 그는 이런 말을 했다. "나는 군대에서 리더십이 가장 중요하다는 걸 배웠네. 군인들은 아마 위험한 바그다드에 있어도 자신이 존경하고 늘 자신의 편이 되어주는 상사 밑에 있을 수 있다면, 세상 편한 하와이에서 그렇지 못한 상사 밑에 있는 것보다 더 좋아할 걸세." 현실도 베이브의 이 말을 뒷받침해준다. 한 설문조사에 따르면, 직장 생활 중인 미국인들 가운데 65퍼센트가 급여 인상보다는 새로운 상사를 원한다고 한다.[48]

생각해보라. 급여보다 인간관계에 관심이 있는 사람들이 더 많다니 흥미롭지 않은가. 그러니 잊지 마라. 상사와 직원의 관계는 계약 관계가 아니라 인간관계이다. 뛰어난 상사는 이를 잘 알며, 그래서 좋은 인간관계를 구축하려 애쓴다.

직원을 섬기는 방법 중 하나는 그들의 발전과 목표를 위해 헌신적으로 노력하는 것이다. 가시적인 행동을 취하라. 예를 들어 리더는 자기 사람들이 성취감을 느끼는지, 생산적인지, 그리고 효율성이 높은지를 수시로 체크해야 한다. 다음과 같은 질문들을 던져보라.

1 이번 주에 한 일 가운데 더 하고 싶은 일은 무엇인가?

2 이번 주에 한 일 가운데 그만하고 싶은 일은 무엇인가?

3 오늘 당신의 장점을 어떻게 활용했나?

직원들이 돈보다 열광하는 것

섬긴다는 것은 바른 길로 안내하거나, 바른 길을 알려준다는 의미이기도 하다. 누군가가 어떤 실수나 잘못된 판단을 했을 때는 신중하게 접근하라. 잘못된 것을 알려주는 일은 미래 지향적인 일로 비난하는 것보다는 늘 더 효과가 있다. 잘못된 점을 알려주는 것은 이미 일어난 일이 아닌, 앞으로 일어날 일에 집중하는 것이다. 사람들은 자신이 뭔가를 할 수 있는 일에 더 반응을 보인다는 사실을 잊지 마라. 스스로 발전하길 원한다면 잘못에 대한 지적을 가슴 깊이 새길 것이다. 그러나 자신의 잘못에 대해 비난의 말만 들었다고 느낀다면 그냥 무시하려 할 것이다.

진정한 리더는 누군가의 잘못을 지적할 때, 그 사람의 성격이 아니라 잘못된 행동에 대해서만 이야기해야 한다. 만일 그 사람 자체가 문제라고 느낀다면, 그는 문제를 해결하려 하지도 않을 것이다. 왜? 타고난 문제여서 해결될 수가 없다고 느낄 테니까. 개인적인 비난은 자신감을 무너뜨리는 일이며, 따라서 문제 해결에 도움이 안 되는 아주 비효율적인 접근방식이다.

사람을 섬기는 일에서 가장 중요한 것이 '자신감을 길러주는 일'이라는 걸 잊지 마라. 뛰어난 코치들은 이 점을 잘 알고 있다. 애지중지하라는 것이 아니라 열정을 불러일으키라는 것이다. "자주 인정해주고 용기를 북돋아주어라." 작가 숀 어쿼Shawn Achor가 자신의 저서 『행복의 특권』에서 한 말이다. 그러니까 생산성으로 해석될 수도 있을 것이다. 어쿼는 이런 말도 했다. "한 연구에 따르면, 보다 구체적으로, 그리고 신중하게 인정을 해줄 경우, 돈보다 훨씬 더 좋은 동기부여책이 될 수 있다."[49] **인정과 칭찬은 돈보다 더 좋은 동기부여가 된다.** 무슨 말인지 잠시 생각해보라. 그런 다음 이 말을 직장에서 활용해보라.

고객이 먼저가 아니다. 직원이 먼저다.

- 리처드 브랜슨

사람에게 투자하라

위대한 리더는 회사나 이익, 스프레드시트, 미팅 이런 것보다 사람이 우선이라는 것을 잘 안다. 그 외에 것은 모두 회사를 구상하고 있는 사람들(거기서 한 걸음 더 나아가자면 고객들)의 하위 개념에 지나지 않는다. 스타벅스는 미국에서 시간제 직원들에게까지 의료 보험 및 스톡옵션 혜택을 준 최초의 기업이다.[50] 설립자이자 최고경영자인 하워드 슐츠는 직원을 제대로 섬기는 것이 지속 가능한 사업을 위한 최선의 방법이며, 그런 섬김의 자세는 결국 직원에게서 고객으로 전해진다고 믿는다. 자동차 보험회사나 의료업체, 전기회사 같은 곳에 전화를 하다 보면, 고객 서비스 센터 직원의 음성에 불만이 꽉 차 있다고 느껴질 때가 있다. 그럴 때면 나는 그 부서 책임자가 대체 어떤 사람일까 하는 생각을 한다. 그 사람은 과연 자기 회사 고객에게 어떤 느낌이 전달되고 있는지 알까? 이런 사실을 알기나 할까?

최근 스타벅스는 한 걸음 더 나아가, 직원들이 대학에 갈 때 등록금 전액을 지원하겠다는 계획을 발표했다. "이것은 결코 특전이 아닙니다. 우리 회사는 사람들에 대한 투자 덕에 성장하고 있습니다." 슐츠의 말이다. 2008년, 스타벅스가 재정적으로 힘든 시기를 보낼 때도 그는 자신의 약속을 저버리지 않고 고수했다.[51]

여기서 잊지 말아야 할 것은 슐츠가 자선 사업을 하는 것이 아니라는 사실이다. 그는 회사의 성장, 이익, 시장 점유율 등에 많은 신경을 쓴다. 단지 회사를 발전시키기 위한 최선의 방법이 직원을 돌봐주는 것이라는 사실을 잘 알고 있을 뿐이다. "사랑과 인간적인 모습 그리고 겸손을 중시하고, 성과 위주의 철학은 피하는 것은 얼핏 보면 모순된 일처럼 보이죠." 슐츠가 한 말이다. "그러나 저는 이런 종류의 리더십을 통해 성과가 눈에 띄게 좋아진다고 믿습니다."[52] 그는 이런 생각을 말로만 하는 것이 아니라 행동으로 직접 보여주고 있다.

크게 성공한 기업들은 무엇보다 직원을 챙기는 일을 중요시하고 있다. 콘티넨털항공의 경우 모든 직원을 동등하게 대함으로써 그들의 충성심을 이끌어냈다. 제시간에 도착하는 비행기의 퍼센티지가 목표치에 도달할 경우, 수하물 처리 직원부터 티켓 판매 직원에 이르는 모든 직원들에게 보너스를 지급한 것이다.[53] 그 효과를 수량화하기는 어렵겠지만, 나는 그런 대우에 대한 콘티넨털항공 직원의 기분과 고마움이 그대로 고객에게 전해지리라 확신한다. 이와 관련해 사이먼 사이넥은 모든 기업들이 귀 기울여 들을 만한 지혜를 들려준다. "직원들이 먼저 사랑하지 않는 회사는 고객들도 절대 사랑하지 않는다."[54]

온라인 백과사전 위키피디아의 최고경영자 지미 웨일즈Jimmy Wales 는 직원을 자원봉사자들 대하듯 대해야 한다고 믿는다. 위키피디아 사업 모델의 특성상, 웨일즈는 실제 많은 자원봉사자들을 대해야 했고, 여러 해에 걸친 그들과의 교류를 통해 동기부여 및 관리와 관련해 소중한 교훈을 배웠다. 그는 『포춘』과의 인터뷰에서 이런 말을 했다. "자원봉사자에게 이래라저래라 할 수는 없습니다. 뛰어난 관리자는 직원의 경우도 마찬가지라는 사실을 잘 압니다. 당신이 만일 제대로 된 관리자라면 모든 걸 제대로 처리할 것이고, 그래서 굳이 사람들에게 이래라저래라 할 게 많지 않습니다."[55] 직원이 자원봉사자라면, 당신은 어떻게 그들에게 동기부여를 해주고 회사의 목표에 참여하고 연결되게 하겠는가?

군림하는 리더는 죽었다

위협과 두려움, 잔인한 힘을 통해 관리하던 시대는 오래전에 끝났다. 다행히도 그런 시대는 다시 돌아오지 않을 것이다. 트위터와 드롭박스의 최고경영자 자문으로 일해 왔으며, 한때 애플과 구글 등 여러 기업에서 일했던 킴 스콧Kim Scott은 이런 말을 했다. "권위주의적인 상사는 특히 사람들을 설득하는 데 약한 경우가 많습니다. 자신의 결정이나 논리에 대해 굳이 설명할 필요를 느끼지도 않죠. 순전히 자신이 상사라는 이유로 남들이 자신의 말대로 따를 것을 기대하기 때문에 신뢰를 얻지 못합니다."[56] 권위주의적인 상사가 발붙일 곳이 점점 줄어드는 것은 정치적 정당성이나 조직의 분위기 때문은 아니다. '효율성' 때문인 것이다.

구글은 직장을 최대한 일할 맛 나는 장소로 만듦으로써 직원을 섬기고 있다. 낮잠용 침대와 운동 시설을 마련해주고, 회사 곳곳에 있는 주방에서 간식을 제공하며, 열한 군데의 식당에서 무료 식사를 제공한다. 직원을 위해 많은 투자를 하고 있는 것이다.[57] '그야 뭐 그럴 만한 여유가 있는 회사니까.' 이렇게 생각하기 쉬운데, 중요한 것은 이 회사가 설립 첫날부터 이런 일을 해왔다는 것이다. 손익 계산을 해보면 이 모든 복지는 분명 손실이겠지만, 장기적으로는 이처럼 직원들을 섬기는 일이 이익이 됐다. 그리고 믿기 어려운 사실이지만, 구글이 생겨난 지 16년이 지난 2015년에 초창기 직원 100명 가운데 무려 3분의 1은 여전히 근무 중이다.[58] 놀라운 수치이다. 리더가 헌신적으로 직원을 섬기지 않았다면 구글의 역사는 시작되지 못했을 것이다. 구글의 모회사인 알파벳은 직원이 7만 2,000명이나 되지만, 여전히 그 모든 직원들에게 스톡옵션을 제공하고 있다.[59]

당신이 만일 회사를 경영하고 있고 이 모든 행동이 너무 과하다고 느껴진다면, 다른 방법을 생각해봐도 좋다. 직원에게 당신이 그들을 섬기려 하고 있다는 것을 보여줄 다른 방법들을 떠올려보라. 아무리 작은 행동이라도 진정성이 있다면 도움이 될 것이다.

비행기에 갇혀 열한 시간을 보낸 남자의 분노

남을 섬긴다는 것은 그의 말에 귀 기울이고, 그와 교감하고, 그를 이해한다는 뜻이다. 조직 내 다양한 성격들에 접근하는 방법을 택한다는 뜻이기도 하다. 내가 아이들에게 가끔 하는 말이기도 하지만, 평등하다는 것은 똑같다는 뜻이 아니다. 사실 모든 사람을 똑같이 대한다면 모욕일 것이다. 각자의 성격 내지 개성을 고려하지 않는 것이기 때문이다. 그들은 속으로 이럴 것이다. '당신은 날 몰라.' 그리고 아마 그들의 말이 옳을 것이다.

섬기는 리더가 되려면 직원들이 어떤 사람들인지, 어떻게 동기부여가 되는지, 또 무엇을 원하는지를 제대로 알아야 한다. 이런 것들을 알지 못하면서 어떻게 그들을 섬길 수 있겠는가? 마이크 스미스Mike Smith는 자신의 저서 『라커룸 리더십』에서 이런 말을 했다. "더없이 중요한 결정을 자기 사무실에 앉아서 해선 안 된다. 리더라면 건물 안 곳곳에 당신의 발자국을 남겨라."[60] 미국의 큰 기업들을 가까이서 연구한 리더십 전문가 톰 피터스Tom Peters는 이런 리더십을 '걸어 다니는 리더십'이라고 부른다.[61] 이는 다시 리더가 되려면 모든 사람의 감사 언어를 알아야 한다는 이야기와 연결이 된다.

리더는 자신의 커뮤니케이션 스타일을 함께 일하는 각 개인의 스타일에 맞추어야 한다. 잊지 마라. 모든 사람을 똑같이 대하려 한다면 그들 중 아무와도 연결되지 않는다는 사실을. 스포크(Spork. 끝이 갈라진 포크 겸용 스푼 – 역자 주)는 포크도 아니고 스푼도 아니다. 어느 쪽도 아닌 것이다.

공감과 이해는 섬김에 꼭 필요한 요소이다. 진정한 리더는 직접 나서서 직원과 고객의 입장에서 생각해볼 필요가 있다. 제트블루항공의 공동 설립자인 데이빗 닐리먼David Neeleman은 일주일에 한 번씩 자기 회사의 비행기 뒷좌석에 앉아 여행을 하고는 했다. 제트블루항공은 일등석 객실이 없으며, 오랫동안 초과 예약을 절대 받지 않는 정책을 시행해오고 있다.

닐리먼은 비행기 통로를 따라 왔다 갔다 하며 승객들에게 간식도 내주고, 각종 의견도 듣고 직원들과 이야기도 나누고, 비행기 청소를 돕고, 심지어 짐을 내리기도 했다.[62] 그런데 2007년 2월 14일, 최악의 악천후로 인해 제트블루 500여 편의 당일 항공기 가운데 250편 이상이 취소되었으나 어느 누구도 사전에 연락을 받지 못했다. 모든 안내전화는 불통이었다. 한 승객은 갑갑한 비행기에서 열한 시간을 대기해야 했다. 그야말로 악몽 같은 사건이었다. 닐리먼은 곧바로 개인 블로그와 유튜브에 '고객들에 대한 우리의 약속Our promise to you'이라는 제목의 동영상을 올렸다. 또한 유사 사례 발생 시 세부 보상 기준을 포함한 '고객 권리장전Customer Bill of Rights'을 제정했음을 알렸다. 기상 악화로 인한 불가피한 상황에도, 그는 일체의 변명을 하지 않았다. 그는 이렇게 인정했다. "저희는 여러분을 실망시켜드렸습니다."[63] 그는 섬김의 철학을 실천했고, 책임을 인정했으며, 다시는 그런 일이 일어나지 않게 하겠다고 약속했다.

십인십색: 모든 팀원을 다르게 대하라

나는 아주 둔감한 편이다. 선수 시절에 코치들이 내 면전에서 고함을 지르고 욕을 해대도 그냥 그런가보다 했다. 그리 기분 나쁘지도 않았다. 사실 그런 일은 오히려 자극이 되고 동기부여가 됐다. 그러나 몇몇 동료들은 달랐다. 코치가 혼을 내면 기가 죽어 거북이처럼 껍데기 안으로 숨어들었다. 질책 앞에서 그냥 무너져내렸던 것이다.

섬기는 리더가 되려면 사람들이 저마다 다르다는 사실을 알아야 하며, 그에 맞춰 서로 다르게 대해야 한다. 저마다 무엇이 필요한지, 무엇을 원하는지 알아내고 리더 입장에서 능력이 닿는 만큼 최대한 섬겨라. 자신을 잘 이해해준다는 것을 알면, 사람들은 그런 당신에게 신뢰와 충성심을 보여줄 것이다. 장담컨대 사람들은 자신들이 섬김을 받고 있다고 느낄 때 감사한 반응을 보일 것이고, 자신이 팀의 일부라고 느낄 때 긍정적인 반응을 보이기 마련이다. 이때 당신은 비로소 이끌 만한 가치가 있는 조직의 리더가 된다.

사람들이 리더를 섬기는 것이 아니라, 리더가 사람들을 섬기는 것이다. 사람들이 필요로 하는 것과 원하는 것, 그리고 그들에게 동기부여를 해주는 것들을 알아내, 가장 도움이 되는 일을 하도록 하라.

기억하라

- 진정한 리더는 자신이 다른 사람들을 위해 일한다는 사실을 안다.
- 이기적이면서 유능한 리더가 되는 일은 불가능하다.
- 리더는 자신이 만나는 모든 사람들에게 가치를 더해주려 애쓴다.
- 당신이 원하는 방식으로 사람들을 대하지 말라. 그 사람들이 원하는 방식으로 그들을 대해야 한다.
- 당신의 사람들에 대해 알도록 하라. 그리고 그 결과를 보라.

| 인격 |
사람이 따르는 특별한 사람들이 있다

명성은 사람들이 보는 당신의 모습이지만,

인격은 당신의 실제 모습이다.

－존 우든

앞 장에서는 '당신은 어떤 일을 하는가?' 하는 것의 중요성에 대해 이야기했는데, 인격은 그보다 훨씬 높은 차원인 '당신은 어떤 사람인가'와 관련된 것이다. 인격은 유능한 리더가 되는 데 필요한 원료 같은 것이다. 말과 행동이 다른 코치는 결국 신뢰를 모두 잃게 된다. 반대로 인격은 언젠가 그 보상을 받는다. 인격을 갖춘 사람은 대가를 기대하지 않는다. 늘 일관적으로 행동할 뿐이며, 그러면서 자연스레 세상을 신뢰한다. 나의 오랜 친구이자 멘토인 전직 NBA 보조 코치 케빈 이스트먼Kevin Eastman은 '명성은 반복된 행동을 통해 얻게 된다'는 말을 즐겨 한다. 본보기를 보이면 사람들은 당신을 존경하기 마련이다. 리더의 인격은 다른 이들로부터 존경을 받는 데 필수적인 요소로, 존경하지 않는다면 사람들은 절대 그 리더를 따르지 않는다.

내가 이 책을 쓰고 있는 지금, 전미 대학체육협회NCAA는 불미스런 스캔들로 흔들리고 있다. 일부 에이전트가 대학 선수들에게 막대한 돈을 불법 제공했다는 이야기들이 떠돌고 있다. 코치들을 비롯한 여러 관계자가 부정행위에 연루되어 있으며, 그 바람에 몇몇 사람들과 체육 프로그램들이 큰 위기를 맞고 있다. 이런 이야기들을 접하면서 나는 인격이 중요하다는 교훈을 잊지 않으려 애쓴다. 당신이 어떤 사람인지, 또 사람들이 당신을 어떤 사람이라고 생각하는지가 중요하다. 당신에게 일어나는 모든 일들과 직접적인 관련이 있기 때문이다.

스포츠 세계에서 워싱턴 정가에 이르기까지, 실리콘 밸리에서 할리우드와 월스트리트에 이르기까지 모든 곳에서 하루가 멀다 하고 부도덕하고 노골적인 범죄 이야기들이 들려오는 시대에, 우리는 인격과 윤리 그리고 적절한 행동이 전부 위로부터 내려온다는 사실을 잊어서는 안 된다. 리더는 어떤 종류의 행동을 함으로써 롤 모델이 되기도 하고, 사람들에게 그런 행동을 권장하기도 한다. 또는 어떤 행동이 용인된다는 메시지를 전파하기도 한다. 잊지 마라. 사람들은 조언이 아니라 본보기를 따른다.

당신은 인격을 통해 팀원들에게 당신이 신뢰할 만한 사람이라는 사실을 알려주게 되는데, 신뢰는 아마 리더가 보여줄 수 있는 가장 중요한 특징일 것이다. 제이 빌라스는 이렇게 했다. "일단 자기 선수들로부터 신뢰를 받게 된 코치는 선수들을 정신적·육체적으로 새로운 차원으로, 그러니까 신뢰받지 못하는 코치들은 꿈도 꾸기 힘든 차원까지 밀어 올릴 수 있다."[1]

인격이란 아무도 지켜보는 이 없는 상황에서 당신이 어떻게 행동하느냐 하는 것이다. 당신이 정말 팀원들로부터 존경과 헌신을 이끌어내고 싶다면, 그들에게 당신이 그럴 만한 가치가 있는 사람이라는 것을 보여주라. 늘 일관성 있게 행동하여 인격을 입증해 보여라.

자신에게 아무 도움도 안 되는 사람을 대하는 행동을 보면
그 사람의 인격을 쉽게 판단할 수 있다.

– 말콤 포브스

코치 K의 우편함

　당신이 우상처럼 여기는 사람을 만나는 일보다 더 감동스러운 것은, 그 사람을 직접 만났는데 당신 기대에 전혀 어긋남이 없다는 사실을 알게 되는 경우이다. 듀크대학교 농구팀 코치 마이크 시셰프스키는 늘 내 우상이었다. 한때 코치 K와 함께했던 선수들은 대체로 그의 예찬론자들이다. 단순히 팀을 이끌고 우승했다거나, 전국적인 관심을 끌게 됐다거나, NBA와의 계약을 성사시켜주었다거나 하는 것들 때문은 아니다. "그는 늘 선수의 능력을 최대 한도로 끌어올리는 데 자신의 모든 걸 다 바칩니다." 과거 듀크대학교 농구팀에서 올아메리칸에 선정됐던 제이 윌리엄Jay Williams의 말이다. "그 선수가 더 이상 함께 뛰지 않아도 마찬가지입니다. 선수가 자신을 필요로 한다면, 굳이 요청하기도 전에 달려와주거든요."[2]

　내가 몬트로즈 크리스찬 고등학교 농구팀 스태프로 일할 때, 우리 선수 중 하나를 영입하게 된 코치 K가 선수들의 훈련 모습을 보러 왔었다. 전에 병원에서 지나치며 그를 만난 적은 있었지만, 이번에는 그가 우리 선수들을 보러 체육관에 와 있었다. 나는 그런 기회가 다시는 없을 거라 생각했기에, 그와 함께 앉아 이야기를 나눴다.

　코치 K는 듀크대학교 농구팀 일로 온 거지만, 나와 이야기를 나누는 일을 즐거워했다. 함께 대화를 나누는 동안 그는 나로 하여금 내가 이

체육관 안에서 가장 중요한 사람이라는 느낌이 들게 해주었다. 시선 맞춤과 각종 질문들, 목소리 톤, 몸짓 언어 등을 통해 그는 자신이 나와의 대화에 전념하고 있다는 것을 분명히 보여주었다. 내 어깨 너머를 쳐다본다거나 체육관을 둘러보는 일도 없었다. 그는 완전히 그 순간에 충실했다.

나는 무척 큰 감동을 받았다. 그 순간에 충실하지 못한 것은 오히려 나였다. 그 당시 나눴던 대화 내용을 세세히 기억하지 못하고 있는 걸로 보아, 확실히 그날 나는 평소의 나답지 않게 그 순간에 충실하지 못했던 것 같다. 농구팀에서 진행 중인 프로그램과 팀에서의 내 역할에 대해 물어보는 등, 그가 이것저것 많은 질문을 한 일은 기억난다. 대화가 자신이 영입하려는 선수 이야기로 들어가자, 그는 그 선수의 성격과 직업윤리, 태도, 인성, 헌신도 등에 물었고, 코칭을 잘 받아들이는지도 물었다. 다만 그 선수의 실력과 코트에서의 기술 등에 대해서는 전혀 묻지 않았다. 우리는 훈련 철학에 대한 대화도 나누었는데, 그러다가 자신의 체력 단련 코치인 윌리엄 스티븐스Williams Stephens가 듀크대학교 농구팀 선수들에게 어떤 것을 가르치는지에 대한 이야기도 들려주었다.

나는 구시대 사람이라, 다음 날 아침 그에게 감사 편지를 썼다(맞다, 직접 손으로 종이에 편지를 썼다). "당신께는 별일이 아니었는지 모르지만, 일부러 시간을 내 대화를 나눌 기회를 주시다니 정말 믿기 힘들었습니다. 당신은 제가 여러 해 동안 존경하던 분이라 그만큼 더 감사했습니다. 고맙습니다."

편지를 봉투에 넣고 겉면에 우표를 붙인 뒤 듀크대학교로 보냈다. 이 일은 그대로 끝이라고 생각했다. 답장이 올 거라고는 전혀 기대하지 않았다. 그저 마땅히 해야 할 일을 한 기분이었다.

그런데 놀랍게도 3주 후에 손으로 쓴 답장을 받았다.

친애하는 앨런

편지를 감사히 받아 봤습니다. 몬트로즈에서의 대화는 정말 즐거웠습니다. 당신은 그곳에서 정말 대단한 일을 해왔고, 그에 걸맞게 전국적으로 대단한 명성을 쌓으셨더군요. 당신 덕에 행복합니다.

그럼 이만,

코치 K

편지를 받고 얼마나 큰 감동을 받았는지 말로 다 표현할 수 없다. 코치 K는 미국 대학 농구의 상징 같은 인물인데, 그런 그가 일부러 시간을 내 감사의 표현을 취한 것이다. 그 작은 행동이 나에게 엄청난 감동을 주었고, 사소한 것이 큰 차이를 만들 수 있다는 커다란 교훈을 주었다. 코치 K에게는 개인 비서가 있으니, 여러 번거로운 일들을 대신해 줄 수 있었을 것이다. 손편지 대신 이메일이나 미리 인쇄된 감사장 같은 걸 보낼 수도 있었을 것이고, 사람을 시켜 듀크대학교 티셔츠를 한 장 보내줄 수도 있었을 것이다. 그러나 그는 그러지 않았다. 나는 그의 따뜻한 마음에 깊은 감명을 받았다. 그러다 문득 '아, 그는 모든 사람한테 이렇게 하겠구나'라는 생각이 들면서, 그야말로 놀라 할 말을 잃었다. 이게 바로 그의 진면모이다. 나는 감사 편지로 차고 넘치는 코치 K의 우편함이 떠올랐다. 그가 그 많은 편지에 일일이 답장을 쓰는 모습이 그려졌다. 이런 게 바로 인격이다.

"리더는 시간을 내는 것으로 사람들에게 존경을 표한다."[3] 코치 K가 자신의 책에서 한 말이다. 그의 성공은 그가 사람을 대하는 법과 아주 밀접한 관련이 있다. 내가 사람들에게 틈나는 대로 고맙다는 말을 하고 있는 것은 코치 K의 영향이다. 내가 모든 이메일과 모든 문자, 모든 음성 메일에 가능한 한 빨리 답하려고 최선을 다하는 것도 그의 영향 때문이다. 대학 농구 역사상 가장 위대한 코치 중 한 사람이 시간을 내 감사 손편지를 쓸 수 있다면, 분명 나도 그렇게 할 수 있다고 생각하는 것이다.

코치 K는 언젠가 한 인터뷰에서 선수 영입 조건 중 인격을 가장 중요한 요소라고 생각한다는 말을 했는데,[4] 실제로 그의 실적이 그 말을 뒷받침한다. 그는 그것을 기준으로 삼았고, 자신의 선수들에게도 인격을 갖추기를 기대한다. "인격은 모든 것을 뒷받침합니다. 인격이 부족하면 추락하게 되고, 인격이 풍부하면 올라가게 됩니다. 인격이 승리의 토대인 셈이죠."**5**

관리는 권위와 관련된 것이고, 리더십은 영향력과 관련된 것이다.

- 조셉 로스트

어린 볼 보이를 존중해 준 단 세 명의 선수

당신이 인격을 갖췄다는 것은 '상대에게서 무엇을 얻어낼 수 있는가' 하는 관점에서 인간관계를 보지 않는다는 뜻이다. 그러니까 사람들을 이익의 수단으로 보는 것이 아니라 '사람'으로 보는 것이다. 골든스테이트 워리어스의 사장인 릭 웰츠Rick Welts는 열여섯 살 때 시애틀 슈퍼소닉스 팀의 볼 보이였다. 마이클 거바이스Michael Gervais의 팟캐스트 〈파인딩 마스터리〉에서, 웰츠는 모두가 자신을 가구처럼 취급할 때 자신에게 따뜻하게 대해준 운동선수가 셋 있었다고 말했다. 너무도 당연한 일이지만, 그 세 사람은 오늘날 진정한 농구 팬이라면 다 알아볼 만한 사람들이 되어 있다. 전설적인 코치가 된 레니 윌킨스Lenny Wilkens, NBA의 임원이 된 로드 손Rod Thorn, 그리고 골든스테이트 워리어스의 영구결번 선수 토마스 메셔리Thomas Meschery**6**가 바로 그 세 사람이다.

어린 볼 보이한테 관심을 주고, 그를 존중해준 세 사람은 원래부터 그런 삶을 살아왔을 것이다. 웰츠는 이런 말도 했다. "힘 좀 있다고 누군가를 제대로 대하지 않는 사람은 반드시 실패합니다. 1년 내는 아니고 5년 내도 아닐 수 있지만, 결국에는 실패하죠."[7]

리더는 따를 만한 가치가 있는 삶을 산다. 말과 행동, 믿음, 가치 등이 서로 부합되는 삶 말이다. 로버트 I. 서튼은 자신의 저서 『또라이 제로 조직』에서 이렇게 말했다. "누군가가 힘 없는 사람을 어떻게 대하는지를 보면 그 사람의 인격을 알 수 있다."[8] 맞는 말이다. 먼 훗날 내 딸의 남자친구를 만나 두 사람을 멋진 레스토랑으로 데려간다면, 나는 그가 웨이터, 코트를 받아주는 사람, 주차 요원 등을 어떻게 대하는지를 주시할 것이다. 물론 그는 나에게 아주 친절하게 대하겠지만, 그런 행동은 별 의미가 없다. 다른 사람들, 특히 낯선 사람들에게 대하는 걸 볼 때에야만 그가 대체 어떤 사람인지에 대해 내가 알아야 할 모든 것을 알게 될 것이다.

인격을 갖춘다는 것은 사람들에게 긍정적인 영향을 주고, 가치를 더해준다는 의미이다. 언젠가 내 친구 베이브 크와스니아크가 이런 말을 한 적이 있다. "중요한 건 '내가 누구를 아느냐'가 아니라 '누가 나를 아느냐'야." 지혜로운 말이다. 사람들은 비즈니스를 위한 만남과 악수, 온라인에서의 '좋아요', '팔로우' 같은 것에 지나칠 정도로 많은 관심을 쏟는다. 그러나 사실 그런 것들은 그리 중요한 것이 아니다. 중요한 것은 당신이 누구를 만나느냐가 아니라, 누가 당신을 만난 것을 기억하고 또 그들이 당신과의 만남에서 무엇을 기억하느냐이다. 당신도 실제 세상에서 별로 중요하지도 않은 얄팍한 인간관계만 쌓고 있는 건 아닌가?

당신은 다른 사람들에게 어떤 영향을 주고 있는가? 많은 사람들이 열정과 카리스마에 끌리는 건 사실이다. 그러나 인격에는 모든 사람들이 끌린다.

> 사람들은 능력으로 인해 어쩌다 하는 실수는 용서한다.
> 그러나 인격적인 면에서 실수하는 사람은 신뢰하지 않는다.
>
> – 존 C. 맥스웰

인격의 비즈니스를 하라

인격은 좋은 비즈니스이기도 하다. 인격을 갖추면 사람들이 자석에 끌리듯 끌리며 또 충성하게 된다. 존경하는 상사와 함께라면 직원들은 좀 더 오래 같이 일하고 싶어 한다. 고객은 자신이 애용하는 기업이 자신에게 특별히 신경을 써주는 것 같으면 좋아한다. 좋은 사례가 있다. 지금은 '렉서스' 하면 프리미엄 고급 승용차의 동의어처럼 생각한다. 그러나 이 자동차는 1989년 토요타에 의해 처음 출시되자마자 전례 없이 큰 위기를 맞았다. 최초의 렉서스 모델을 전량 리콜해야 할 상황이 된 것이다. 커다란 재앙이었다. 그 모델이 시장에서 완전히 퇴출되는 종말이 될 수도 있었다. 애덤 갈린스키와 모리스 슈바이처가 자신들의 공저에서 렉서스는 악몽 같은 재난을 브랜드 가치를 높이는 절호의 기회로 바꾸었다며 당시의 일을 이렇게 회상했다.

렉서스는 단순히 고객에게 통지서를 보내고 발표문을 내놓은 게 아니라, 자동차 소유주 모두에게 전화를 했다. 그렇다. 일일이 전화를 건 것이다. 그런 다음 고객이 최대한 편히 수리를 받을 수 있게 노력했다. 가까운 자동차 대리점이 없을 경우에는 항공편으로 기술자를 고객에게 직접 보내기도 했다. 모든 자동차들을 세차해주었고 연료 탱크에 기름을 가득 채워주었다. 3주도 채 되지 않아 렉서스는 보다 품질이 개선된 브랜드가 되어 위기를 벗어났다. 렉서스는 이제 더 이상 단순히 품질이 좋은 자동차가 아니었다. 감동을 주는 고객 서비스로도 유명해진 것이다.[9]

하마터면 토요타를 무너뜨릴 수도 있었던 렉서스는 훨씬 더 나아진 모습으로 위기의 터널을 빠져나왔다. 그리고 오늘날 렉서스는 세계에서 가장 사랑받는 자동차 브랜드 중 하나이며, 그 고객들은 충성심이 높기로 유명하다. 이 모든 것은 한 가지 결정, 즉 대재앙이 될 수도 있었던 일을 인격적으로 진실되게 처리하기로 한 결정에서 시작됐다.

업계에 파란을 불러일으킨 한 신생 기업을 보고 인격이 여전히 중요하다는 사실을 확인해보자. 2011년 에어비앤비가 고객들 간의 문제로 처음 악몽 같은 경험을 하게 됐을 때(어떤 사람들은 불가피한 일이라고 했지만), 최고경영자 브라이언 체스키는 문제를 회피하려 하지 않았다. 신중한 입장을 취하라는 사람들의 조언을 무시했고, "수많은 사람들이 서로의 낯선 집에 살다 보면 당연히 여러 가지 문제가 생기기 마련입니다." 식의 발표를 하자는 조언도 무시했다. 하루 정도 시간이 지나면 별 문제 없이 일이 해결될 수도 있을 듯했다. 사고가 하나 터졌다고 그 회사 전체를 평가하진 않을 테니 말이다. 그러나 체스키는 멀리 내다보고 움직였다.

그는 기업체 특유의 용어들을 사용하거나 빙빙 둘러말하지 않았다. 곧바로 "우리는 정말 큰 실수를 했습니다"라고 말하며 공개 사과를 했다. 그러면서 사고에 대해 필요한 모든 책임을 지겠다고 했다. 체스키는 곧 사고 처리에 착수했다. 곧바로 피해자에게 보상을 실시했고, 그때까지는 문제가 생길 경우 투숙객들에게 5,000달러의 보험금을 지급하기로 했으나 앞으로는 거기에 0을 하나 더 붙여 50,000달러를 지불하기로 했다.[10] 고객들은 물론 미래의 고객들까지 이 조치를 눈여겨봤다. 회사가 스스로를 변호하는 일에 집중할 수도 있었던 상황에서, 최고경영자가 나서서 자기 회사는 신뢰할 만하다는 사실을 입증해 보인 것이다.

인격적으로 행동하면 사람들이 신뢰할 수 있는 사람이 된다. 신뢰는 다른 모든 인센티브보다 효과가 오래가는 강력한 접착제와 같다. 1988년 마이클 조던이 두 번째 계약을 체결했을 때, 그의 에이전트 데이빗 포크David Falk는 그때까지 받던 마케팅 수수료를 받지 않겠다고 제안했다. 그의 파트너가 미친 짓이라고 생각할 만한 제안이었다. 당시 조던은 지구상에서 마케팅 가치가 가장 높은 선수로 발돋움하고 있었다. 그런데 왜 대체 그 막대한 마케팅 수수료를 포기하겠다고 했을까? 포크는 자신이 무슨 일을 하고 있는지 잘 알고 있었다. 마이클 조던에게 자신이 눈앞의 이익에 급급한 사람이 아니라는 사실을 보여주기로 한 것이다. 그는 멀리 내다보고 움직였다. 결국 조던 측에서 그 제안을 사양했지만, 포크가 그런 제안을 했다는 사실은 조던에게 지워지지 않을 깊은 인상을 남겼다.

포크의 그 제안 덕에 그와 조던의 관계는 완전히 바뀌었다. 조던이 완전히 포크를 신뢰하게 된 것이다.[11] 조던은 포크가 인격을 갖춘 사람이라는 사실을 알게 됐고, 그래서 모든 일을 포크에게 맡기게 되었다. 서로가 윈-윈하는 관계가 된 것이다. 이후 조던은 포크와의 끈끈한 관계를 계속 이어갔다. 그는 포크의 인격이 드러났던 순간을 기억하고 있었고, 그것이 두 사람을 하나로 묶어주었다.

'원래 그랬어'는 집어치워라

스포츠계에는 '원래 늘 그렇게 해왔어'라는 식의 관행이 있다. 아마 다른 업계도 모두 마찬가지일 것이다. 궂은일은 당연히 신입생이나 신인 선수들이 해야 한다는 관행이 대표적이다. 신입생이나 신인 선수들은 각종 장비를 나르고 팀원들이 먹을 도넛을 사와야 하며, 비행기를 탈 때도 통로 쪽 좌석은 포기해야 한다. 말하자면 기본적으로 고참 선수들을 '섬겨야' 하는 것이다. 나는 이 모든 것들이 말도 못 하게 후진적인 관행이라고 본다. 오히려 그 반대가 되어야 한다. 리더십은 다른 사람들 위에 군림하는 것이 아니다. 사실 궂은일은 주장이나 고참 선수가 해야 한다. 본보기를 보이면서 팀을 이끌어야 하기 때문이다. 새로 들어온 선수가 팀을 위해 무엇을 해야 하는지 몸소 보여주면서 말이다. 고참 선수들이야말로 섬겨야 할 사람들인 것이다.

NBA의 샌안토니오 스퍼스는 스포츠계에서 가장 '팀 중심적인 문화'를 가진 팀 중 하나로 알려져 있는데, 이 팀과 관련된 유명한 이야기가 하나 있다. 우연의 일치는 아니겠지만, 샌안토니오 스퍼스는 미국의 4대 팀 스포츠(미식축구, 야구, 농구, 아이스하키 - 역자 주)를 통틀어 역사상 가장 승률이 높은 팀이기도 하다.[12]

장거리 여행 중 훈련 시간에 맞춰, 팀에서는 호텔에서 경기장까지 두 대의 버스를 운영했다. 한 대가 먼저 떠나고 다른 한 대는 나중에 떠났다. 먼저 떠나는 버스에는 이런저런 허드렛일을 해야 할 신인 선수들과 비교적 어린 선수들이 타고, 나중에 떠나는 버스에는 고참 선수들이 탔다. 그러나 당시 팀의 스타이자 리더였던(그리고 훗날 명예의 전당에 이름을 올릴) 팀 던컨은 늘 먼저 떠나는 버스에 탔다. 자신이 남들보다 일찍 연습을 해야 할 필요를 느낀다면 나머지 선수들도 다 그럴 것이라 생각했다. 그리고 그들은 정말 그랬다. 불평불만도 전혀 없이. 던컨은 늘 말없이 솔선하는 리더 유형이었고, 그런 모습이 라커룸에서 백만 번 떠드는 것보다 더 그를 인격을 갖춘 사람으로 만들어주었다.

미국 전역에서 가장 먼저 농구 관련 프로그램들을 개발해낸 농구 명문 디마사가톨릭고등학교에서 마이크 존스 코치는 지금도 늘 훈련 전에 바닥 청소를 한다. 물론 그는 그렇게 하지 않아도 된다. 그러나 그는 자신이 어떤 일을 하면 안 될 정도로 거물이거나 중요한 인물이 아니라는 사실을 스스로에게 상기하고, 또 남들에게 보여주기 위해 그렇게 한다. 보조 코치들과 선수들이 그를 존경하는 이유이다. 그들은 그의 인격을 알아보고 있는 것이다. 그리고 그 같은 유형의 리더는 다른 모든 사람들에게 영향을 준다.

죽은 코치가 보낸 200달러 수표의 의미

인격을 갖춘다는 것은 승리와 패배보다 더 중요한 것이 있다는 사실을 이해한다는 뜻이다. 직장 및 비즈니스 세계는 제로섬 게임(Zero-sum game. 참가자 각각의 이득과 손실의 합이 제로가 되는 게임 – 역자 주)이 아니다. 승리 이상의 가치가 있을 수 있으며, 각자의 자아가 충돌하는 직장은 필연적으로 생산성이 저하되기 마련이다.

저서 『기브앤테이크^{Give and Take}』에서 애덤 그랜트^{Adam Grant}는 이른바 '주는 사람들'이라 부르는 성공한 사업가들(테레사 수녀 같은 타입이 아니라 완고한 타입의 자본주의자들)을 집중 조명하고 있다. 그는 이렇게 적었다. "주는 사람들은 다른 사람의 문제에 관심을 집중할 경우, 대개 자아 문제나 그 밖의 시시콜콜한 문제에는 별 신경을 안 쓰게 된다. 그들은 늘 큰 그림을 보며, 자신의 관심사보다 다른 사람들의 관심사를 더 중시한다."[13]

이런 이야기를 하다 보면, 지금은 고인이 된 노스캐롤라이나대학교의 수석 코치 딘 스미스^{Din Smith}가 생각난다. 그는 선수들을 붙잡고 대학교 생활 4년을 다 채우라고 설득하는 대신에, 보다 나은 미래를 위해 NBA 드래프트에 응해 대학을 떠나라고 권한 것으로 유명하다. 그러지 않는 편이 코치 생활을 하는 데 훨씬 편할 텐데 말이다. 누군가의 눈에는 스스로 제 발등을 찍는 것으로 보이겠지만, 이를 통해 그가 자기 선수의 미래를 가장 중시한다는 사실이 널리 알려졌고, 그런 이타적인 행동 덕에 가장 뛰어난 선수들이 노스캐롤라이나대학교 농구팀으로 몰려들었다. 선수들은 스미스 감독이 자기 자신이나 심지어 팀

의 승리보다도 각 선수의 미래에 더 신경을 쓴다는 것을 느꼈다.[14]

선수들은 노스캐롤라이나대학교를 떠나고 몇십 년이 지난 지금까지도, 인간 대 인간 입장에서 자신의 모든 것을 쏟아부은 스미스 감독에게 찬사를 보낸다. 리더십에 대한 그의 접근 방식과 인격은 모두 다음과 같은 그의 철학에서 나왔다. "패배에 대해서는 리더가 책임을 지고, 승리에 대해서는 그 공을 선수들에게 돌려야 한다."[15]

딘 스미스 코치와 관련된 가장 감동적인 이야기는 2012년 그가 세상을 떠난 뒤에 나왔다. 유언에 따라 그가 맡았던 팀에서 뛰었던 선수 한 사람 한 사람 모두에게 우편으로 200달러짜리 수표가 발송된 것이다. 서른여섯 시즌에 걸쳐 뛴 무려 180명의 선수 모두가 그 대상이었다. 동봉된 수표는 선수들에게 멋진 식사를 하는 데 쓰라는 것이었다. 옛 코치가 주는 마지막 선물이었다.[16] 그 이야기를 듣고 나는 정말 큰 감동을 받았다. 수표를 받은 선수들이 스미스 코치와 함께한 시절은 수십 년 전까지 거슬러 올라가는데, 그중에는 이름도 잘 알려지지 않은 선수들도 있고 억만장자 마이클 조던도 있다. 게다가 스미스 감독은 이런 일을 세상을 떠난 뒤에 했다. 그러니 절대 뭔가를 목적으로 한 거래일 수는 없고, 감사의 표시와 섬김이라는 말 외에는 달리 설명할 길이 없는 행동인 것이다.

당신의 본질은 무엇인가

인격은 당신 삶에서의 모든 측면의 토대이다. 궁극적으로는 당신의 설정값 또는 기본이 된다. 인격을 갖출 경우, 사람들이 어떻게 생각하든, 누가 어깨 너머로 쳐다보든 개의치 않고 행동할 수 있다. 만일 직원들이 정직하기를 바란다면, 당신이 먼저 정직함을 보여라. 그들의 충성심을 원한다면, 먼저 당신이 그들을 섬기고 있다는 것을 알게 하라. 말과 행동이 다른 것은 스스로 의식하든 의식하지 못하든 일종의 위선이며, 코치 겸 리더인 당신의 능력에 손상을 입힌다. 내가 만난 비즈니스 및 스포츠 분야의 정상에 오른 사람들은 카메라가 있든 없든, 소파 위에서든, 수백만 관중 앞에서든 친구들 사이에서든 늘 한결같다. 그들은 본질적인 면에서 늘 같은 사람이며 그 어떤 가식도 없다.

팀원들에게 당신이 무엇을 중시하는지 알려줘라. 그래야 중시하는 일을 더 자주 할 수 있게 된다. 조직 내에서 누군가가 자신의 이익에 반하는 일을 하면서까지 올바른 행동을 하고 있다면, 그 사실을 크게 부각시켜라. 사람들이 알게 되면 그 행동은 널리 퍼지게 될 것이다. 잊지 마라. **칭찬받는 일은 반복해서 일어나게 되어 있다.** 이게 가장 중요하다. 설사 모든 일에 재능이 있다 해도 도덕성이 낮고 진실성이 부족할 경우, 그 사람은 투자할 가치가 있는 사람이 아니다. 토대가 약하기 때문이다.

내가 어떤 집단이나 팀을 키우려 할 때 제일 먼저 보는 것은 다름 아닌 인격이다. 모든 것은 인격을 토대로 발전할 수 있다. 인격은 당신이 가르칠 수 없는 몇 가지 특징들 중 하나이므로, 인격에서부터 시작하는 게 바람직하다.

냉혹한 비즈니스의 세계에서 살아남는 법

인격을 갖춘다는 것은 당신이 생각하는 중요한 가치에 따라 행동한다는 뜻이다. 누군가는 자신이 인격을 갖추고 있지만, 냉혹한 비즈니스 세계에서는 그것을 감춰야 하며, 인격은 자산이 될 수 없다고 믿을 수도 있다. 아니면 주변 사람들로부터 당신의 본능을 감춰야 한다는 말을 들을 수도 있다. 전부 거짓말이다. 왜냐하면 인격은 일관성이 있어야 하며, 그렇지 않다면 그것은 인격이 아닌 다른 것이라고 봐야 한다.

우리는 늘 끊임없이 인격을 테스트 당하는 상황에 맞닥뜨리게 된다. 인격은 늘 흑백 논리에 따르는 것이 아니며, 단순히 다른 사람의 돈을 훔치지 않는 문제가 아니다. 인격은 내적인 선택이다.

인격을 갖춘다는 것이 성인이 되어야 한다는 의미는 아니다. 대신 잘못된 판단을 인정하고, 실수를 되풀이하지 않는 능력을 갖춘다는 의미이다. 그렇지 못할 경우, 어떤 일이 일어나든 부도덕한 행동을 할 가능성이 더 높아지며, 그 과정에서 당신의 인격은 서서히 손상될 것이다. 리더인 당신은 지금 다른 사람들이 따를 만한 가치 있는 삶을 살고 있는가? 당신을 따르는 사람들은 당신이 중요시하는 게 무언지 알고 있는가?

인격은 당신의 진짜 모습이며, 결국 드러나게 되어 있다. 인격과 진실성이 부족하면 리더의 신뢰도는 떨어지게 된다.

기억하라

- 인격은 사람들이 당신을 따르게 만드는 기초 중에 기초이다.
- 사람들은 인격적인 리더에게 감동을 받으며, 자신이 신뢰하는 사람과 함께라면 불 속에라도 뛰어들 수 있게 된다.
- 팀원들이 늘 당신의 말에 귀 기울이지는 않을지 몰라도, 당신의 행동은 늘 지켜본다.
- 성공한 리더는 인격적으로 진실되게 살아감으로써 사람들을 올바른 길로 끌고 간다.
- 뛰어난 리더는 자신의 가치를 전파하기 위해 다른 사람들의 인격이 드러나는 순간을 부각시키고 칭찬한다.

| 권한 위임 |
인정의 힘

애플은 말 잘 듣는 직원을 채용하는 것이 아니라,

우리에게 무언가를 하라고 말할 사람들을 선택한다.

– 스티브 잡스

수석 코치 스티브 커가 이끄는 골든스테이트 워리어스 팀을 떠올려 보라. 그는 선수들을 믿고 그들에게 권한을 완전히 위임했다. 리더는 목적지를 정해야 하지만, 가는 길까지 리더가 정할 필요는 없다. 리더가 해야 할 가장 중요한 일은 팀원들이 각기 무엇을 잘 하는지 알아내고, 각자의 능력을 팀 전체를 위해 어떻게 활용할 건지 정하는 것이다. 어떤 종류의 코치든 팀원들이 목적지로 가는 최선의 길을 찾아낼 거라 믿고 그들에게 자립심을 주어야 한다.

권한을 위임하는 것은 그들과 연결되고, 자신감을 주며, 그들에 대한 당신의 믿음을 보여줄 수 있는 하나의 방법이다. 그런 느낌은 자연스레 널리 퍼진다. 어떤 분야에서든 사람은 성장하고, 배우고, 개선될 때가 가장 행복하다. 연구 결과에 따르면, 행복은 목적 및 생산성과 깊은 관련이 있다.[17] 유능한 리더는 사람들에게 자신이 유능하다는 느낌을 주고, 중요한 역할을 맡을 수 있는 기회를 준다. 그렇게 모든 사람이 승리자가 되는 것이다.

선수가 코치 역을 맡을 때

스포츠 세계에서 가장 뛰어난 코치는 선수의 숨통을 죄는 사람도 아니고, 시시콜콜한 것 하나하나에 신경 쓰는 관리자도 아니다. 진짜 뛰어난 코치는 골든스테이트 워리어스의 수석 코치 스티브 커와 보스턴 셀틱스의 수석 코치 브래드 스티븐스 같은 사람들로, 그들은 자신들의 시스템, 자신들이 만든 문화, 그리고 자신들이 뽑은 사람들을 신뢰하기 때문에 자신감이 넘친다. 이미 확고히 자리 잡은 그 모든 것들의 자연스러운 결과가 권한 위임이다.

미시건주립대학교 남자 농구팀 코치 톰 이조Tom Izzo가 언젠가 이런 말을 한 적이 있다. "선수가 이끄는 팀은 언제나 코치가 이끄는 팀을 능가합니다." 코치, 특히 젊은이들의 코치가 한 말이니 깊이 생각해봐야 할 것이다. 보통은 코치가 중심이지 않을까? 또 실제로 그래야 하지 않을까? 물론 이조도 다 이유가 있어 한 말이다.

그는 이렇게 말했다. "선수들 스스로 코치 역할까지 하는 팀이라면, 자기 자신들은 물론 팀을 소유하게 되는 셈입니다. 그러니 성공할 가능성이 세 배는 커지게 되죠." 모든 시대를 통틀어 가장 많은 승리를 거둔 코치가 한 말이니 믿지 않을 수도 없다. 그렇다고 해서 그가 코치로서의 자기 일이나 위치를 중시하지 않는다는 건 아니다. 다만 그는 리더가 할 수 있는 가장 강력한 일이 선수들에게 권한을 위임해, 스스로 팀을 이끌어가게 하는 일이라는 사실을 알고 있는 것이다.

이조는 이런 말도 했다. "우리는 상대 팀 선수들에 대해서는 정말 많은 시간을 쏟지만, 우리 자신에 대비해서는 시간을 잘 쓰지 않습니다." 그는 이를 '셀프 스카우팅self-scouting'이라고 했다. 모든 사람들에 대해 아는 것이 그 과정의 일부이다. "선수들이 코치를 신뢰할 수 있게 하는 데도 많은 시간을 쏟아야 합니다." 그는 늘 자신이 예전에 데리고 있던 스타 선수들을 데리고 와 현재의 선수들과 만나게 해주고 있으며, 셀프 스카우팅 개념은 지금도 그대로 지켜지고 있다. '우리 팀의 문화는 우리가 이끈다'는 정신을 이어가고 있는 것이다.

진정한 리더는 '벌거벗은 권력' 즉 동의 없이 휘두르는 권력을 행사하지 않는다. 그보다는 마음을 열고, 자신의 권력을 위임하며, 퍼뜨리고, 공유한다. 또한 진정한 리더는 일방적인 관계를 강요해서는 안 되며, 사람들의 마음을 사야 한다. 그리고 사람들은 스스로 독립감을 느낄 때 마음을 준다.

권위란 마음을 여는 것이고, 권력이란 주먹을 쥐는 것이다.

– 마이클 폴리[18]

과감하게 위임하라

권한 위임은 이 책에서 다룬 리더의 첫 번째 특징인 자기인식과 밀접한 관련이 있다. 당신은 무엇보다 먼저, 리더로서 당신이 할 수 있는 것과 없는 것을 구분할 수 있어야 한다. 그런 다음 성공하는 데 도움이 될 사람들을 채용할 비전이 있어야 하고, 그들을 섬길 인격과 헌신이 있어야 하며, 그들이 번성하고 서로 의지할 수 있는 문화를 만들어주어야 한다. 그리고 이제는 그들로 하여금 모든 걸 스스로 할 수 있게 해주어야 할 때이다. 다른 모든 것을 다 하고 권한 위임을 하지 않는다면, 당신은 결국 모든 권한을 틀어쥐려고 일을 그르치는 것이다.

버진 그룹의 설립자이자 최고경영자인 리처드 브랜슨Richard Branson은 권한 위임의 열렬한 지지자이다. 실제로도 과감한 권한 위임을 통해 업무에서 벗어나 비전에 집중하고 있다. "사업을 하는 사람들은 일찍이 권한 위임을 하고 보다 큰 그림을 생각할 수 있어야 합니다."[19] 그는 사업을 막 시작한 젊은 기업가들을 만나면 이런 조언을 해주고는 한다. "일주일간 당신만큼, 아니 당신보다 더 잘할 수 있는 사람을 찾아보십시오. 그리고 그 사람에게 당신 사업을 하게 해보십시오."

당신이 할 수 없는 일을 하는 사람들을 채용하고, 그들이 당신의 일을 하게 하라. 당신이 모든 일을 직접 할 수 없다면, 할 수 있는 사람을 채용하면 된다.

"직원들에게 일에 대한 통제권과 의사결정 권한이 있다는 느낌만 들게 해주어도, 직원들이 일에 쏟아붓는 에너지와 집중력이 급격히 올라가게 된다." 팀 구축 분야에서 기업 경영진에게 도움을 주고 있는 로버트 브루스 쇼Robert Bruce Shaw의 말이다.[20] 당신이 그동안 해왔던 일을 생각해보라. 가장 좋아했던 일은 무엇이었나. 하고 싶은 일을 맘껏 할 수 있었던 그런 일 아닌가. 그런 자유로 인해 일이 즐겁지 않았었나?

그럴 때 상사가 당신을 신뢰한다는 걸 알 수 있지 않았는가?

그리고 그런 일을 할 때 더 행복하지 않았는가?

일단 먼저 신뢰하라

권한 위임은 모든 코치, 특히 뛰어난 코치조차 애를 쓰는 힘든 일이다. 다른 사람이 특정한 일을 자신만큼 잘해낼 수 있으리라고 믿는 일이 결코 쉽지 않기 때문이다. 그들은 다른 사람에게 무언가를 가르치려면, 또는 다른 사람이 잘못한 일을 바로잡으려면 더 많은 시간이 걸릴 것이라고 확신한다. 이는 발전을 가로막고 팀 문화에 악영향을 줄 수 있는 아주 근시안적인 신념이다. 뛰어난 리더는 다음과 같은 세 가지 측면에서 권한 위임의 힘을 잘 이해한다.

1. 누군가에게 권한 위임을 해주면 당신이 그를 신뢰한다는 걸 말없이 보여주는 것이 된다. 신뢰는 모든 관계, 모든 문화를 하나로 묶어주는 접착제와 같다. 매사에 어깨 너머로 직원들을 감시한다면 이런 메시지를 보내는 꼴이다. "아무래도 난 당신을 신뢰할 수 없어!"

2. 무언가를 배우는 가장 좋은 방법은 직접 해보는 것이다. 권한 위임은 사람들에게 개선하고 성장하는 데 꼭 필요한 것들을 준다. 스스로 해볼 기회를 주지 않는다면, 그들은 결코 자신의 잠재력을 발휘하지 못할 것이다. 그것은 결코 그들의 잘못이 아니다. 당신의 잘못이다.

3. 권한 위임을 하면 시간적 여유가 생겨, 리더만 할 수 있는 일에 전념할 수 있게 된다. 반대로 다른 사람도 충분히 할 수 있는 일에 시간을

뺏기면 뺏길수록, 팀 전체의 발전은 더뎌진다.

그들은 무엇 때문에 좌절하는가

뛰어난 리더십에 대한 제대로 된 평가는, 리더가 하는 일이 아니라 리더가 없을 때 그의 사람들이 하는 일들에서 드러난다. 당신 팀은 당신이 없을 때 어떤가? 당신이 1주일 정도 쉰다면 얼마나 많은 문제가 생길까? 리더가 자기 사람들한테 완전히 권한을 위임하려면 엄청난 자신감과 수많은 안전장치가 있어야 한다.

자신의 저서 『익스트림 팀Extreme Teams』에서 로버트 브루스 쇼는 직원에게 권한 위임을 하는 기업을 면밀히 살펴봤다. 그는 두 달 만에 생산성이 무려 20퍼센트나 오른 한 제조 공장의 사례를 소개했다. 뭔가 획기적인 아이디어가 있었을까? 그 회사는 근무 교대 일정이나 유니폼 교체같이 비교적 사소해 보이는 일들에 대한 결정권을 직원들에게 주었다. 그렇게 자유를 주자 생산성이 높아지고 직원들의 만족도도 더 높아진 것이다. 각종 수치들이 그 사실을 입증해주었다.

큰 성공을 거둔 기업들, 즉 예지력이 있는 기업들은 일찍이 권한 위임의 중요성을 간파했다. 구글 부사장이었던 라즐로 복은 이런 말을 했다. "사람들이 좌절감을 느끼는 부분을 알아내라. 그리고 그들에게 그 문제를 해결하게 하라. 만일 시간이나 금전적인 부분에서 제약이 있다면 솔직히 말해달라고 하라. 또한 모든 것을 투명하게 처리하고, 팀이나 회사를 변화시키려 할 때 사람들로 하여금 각자의 목소리를 낼 수 있게 해주어라. 그러면 그들이 얼마나 놀라운 성과를 이루어내는지 보고 놀라게 될 것이다."[21]

마이크로소프트의 막강한 영향력 아래, 기도 못 펴던 초창기 때에도 구글은 권한 위임을 실현했다. 회사 설립자들은 최고의 엔지니어들을 채용하는 데 갖은 노력을 다 기울였고, 그런 다음 그들에게 권한을 위임해주었다.[22]

시시콜콜한 것까지 다 관리하면 상사 입장에서는 제대로 통제하고 있다는 느낌이 들지 모르나, 최선을 다해보려는 직원들의 의지를 여지없이 꺾게 된다. 그리고 그들은 조만간 다른 직장을, 그러니까 상사가 직원들에게 어느 정도의 재량권을 주는 편안한 직장을 찾아 떠날 것이다. 만일 코치가 단순히 자기 자신만 잘되는 것이 아니라 팀과 함께 잘되기를 바란다면, 사고가 자유로운 사람들이 있어야 한다. 무엇보다 두려워하지 않고 코치의 관점에 이의를 제기할 수 있는 사람들을 찾아야 할 것이다. 이런 격언도 있지 않은가. "만일 팀의 모든 사람들이 같은 생각을 한다면, 누군가는 아무 생각을 하지 않고 있는 것이다."

의견이 다를 수 있다는 사실을 인정하라. 사람들이 마음껏 자기 생각을 이야기할 수 있는 환경을 만들어주어라.

넷플릭스의 최고경영자 리드 헤이스팅스Reed Hatings는 다른 임원들과 함께 꾸준히 직원들에게 마음을 열고 솔직히 말해달라고 했다. 위계질서 따위는 신경 쓰지 말고 아주 자유롭게 말이다. 그런 정책은 아주 큰 도움이 됐다. 지금의 넷플릭스는 미국 내에서 사용되는 인터넷 대역폭의 무려 3분의 1을 차지하고 있다.[23] 예전에 넷플릭스 임원이었던 패티 맥코드Patty McCord는 『포브스』와의 인터뷰에서 넷플릭스의 철학과 관련해 이런 말을 했다. "직원을 채용할 때는 당신이 해결해야 할 문제가 무엇인지부터 시작해야 하며, 누군가가 그 문제를 해결하려고 한다면 어떤 것이 필요한지도 고려해야 합니다."[24]

일단 적절한 직원을 채용하고 나면, 별 도움도 안 되면서 직원들의 잠재력만 잠식시키는 쓸데없는 원칙들로 직원들을 방해하거나 통제하지 마라. 그보다는 그들을 신뢰함으로써 제대로 섬겨라. 오케스트라 지휘자는 모든 악기를 직접 연주해 오케스트라를 이끄는 것이 아니라, 모든 단원들이 자기 역할을 제대로 해줄 거라는 걸 믿음으로 오케스트라를 이끈다.

다른 사람들에게 당신의 뜻을 강요해서는 안 된다.
격려로써 스스로 변화하게 해주어야 한다.

– 필 잭슨

마이클 조던, 코비 브라이언트로도
우승하지 못했던 시카고 불스

필 잭슨은 NBA 코치로 무려 열한 개의 우승 반지를 손에 넣었다. 마이클 조던, 코비 브라이언트, 샤킬 오닐Shaquille O'Neal 같이 쟁쟁한 선수들을 거느리고 있었으니 우승이야 맡아놓은 셈이라고 말하는 사람도 있겠지만, 선수들의 생각은 다르다. 조던은 시카고 불스 팀에 7년간 몸담았는데, 그 시절에 이 팀은 결승에 오르지도 못했다. 필 잭슨이 그 팀의 수석 코치로 일한 기간은 불과 2년밖에 안 된다.

시카고 불스 팀이 첫 우승을 차지하기 바로 직전인 1990년, 필 잭슨은 우승을 위해서는 마이클 조던이 팀원들을 신뢰해야 한다는 것을 알게 된다. 이 사실을 알려주기 위해 질책을 하거나 일장연설을 하는 대신, 조던이 스스로 깨우치게 만들었다. "나는 그를 파트너처럼 대했어요. 그러자 그의 사고방식이 서서히 바뀌기 시작했죠. 스스로 문제를 해결하게 하자, 훨씬 더 좋은 해결책을 찾아내더군요"[25] 바로 이런 것이 권한 위임의 핵심이다. "직접 권한을 행사하려들면 오히려 권한이 줄어들었어요. 내 자아는 뒤로 물리고, 권한을 최대한 널리 분산시켜야 한다는 걸 배웠죠. 단, 코치로서의 결정적인 권한까지 내려놓진 않고 말이죠."[26]

필 잭슨은 통제권을 내놓음으로써 통제권을 쥐었다. 이는 그가 자신의 모든 코칭에 도입한 원칙이다. 예를 들어 상대 팀에게 6대 0으로 밀릴 때 코치는 타임아웃을 부르는 것이 일반적이다. 그러나 잭슨은 그러지 않았다. 그는 자기 팀 선수들이 스스로 문제를 해결해나가기를 원했다. 말하자면 '해낼 수 있다는 정신'을 심어주고 싶었던 것이다.[27] 이는 권한 위임의 극단적인 예로 결국 신뢰와 자신감 그리고 자립정신으로 이어지게 되는데, 사실 이것은 우승팀에게 필요한 모든 것이다. 1999년 LA 레이커스 팀의 수석 코치가 되었을 때 필 잭슨은 똑같은 접근 방식을 팀에 적용했다. 젊고 자신만만한 코비 브라이언트가 팀원들을 신뢰하고 권한을 위임하게 한 것이다.

그가 팀에 도입한 권한 위임은 속속들이 아래로 퍼져 나갔다. 시카고 불스 팀에서 그의 권한은 조던에게 위임됐고, 조던의 권한은 팀원인 스코티 피펜Scottie Pippen, 호레이스 그랜트Horace Grant 등과 나머지 선발 출전 선수들에게, 그리고 다시 벤치를 지키는 모든 선수들에게까지 위임됐다. LA 레이커스 팀에서 잭슨의 권한은 코비 브라이언트에게 위임됐고, 코비의 권한은 샤킬 오닐에게 넘어가 스스로 이런저런 결정을 내리게 했고, 또 나머지 팀원들에게까지 넘어가 각자가 스스로 주어진 역할을 하게 했다. 피라미드 꼭대기에는 코치 필 잭슨이 있었지만, 그는 자신이 피라미드 꼭대기에 있는 것처럼 행동하지 않으려고 무진장 애를 썼다. 모든 사람이 자신이 피라미드 꼭대기에 있는 것처럼 느껴지게 만들었다.

상사가 직원이 하루 종일 무엇을 하는지 안다면,

직원은 일을 제대로 처리하고 있지 못하는 것이며,

그 상사 역시 마찬가지다.

– 휴 에반스

쓸데없고 따분한 회의는 그만하라

"어째서 이 일이 제대로 진행되고 있지 않은지, 결론을 찾을 때까지 회의를 계속하겠습니다." 어디서 들어본 말 같지 않은가? 많은 기업이 회의에 너무 많은 시간을 허비하고 있다. 회의를 위한 회의가 있을 정도이다. 게다가 많은 사람들이 뒤늦게 참여하고, 시간을 오래 끌고, 금방 주제에서 벗어나며, 아무런 가치도 제공하지 못하고, 어떤 목표도 없이 발언한다. 직원에게 권한 위임을 하는 방법 중 하나는 그들의 시간을 중요하게 만드는 것이다. 회의를 최대한 줄이고 참석 인원도 최대한 줄여라.

『하버드 비즈니스 리뷰』에 이런 글이 실렸다. "지난 50년간 회의가 잦아지고 시간도 길어졌다. 회사 임원들은 일주일에 평균 23시간(1960년대에는 평균 10시간 이내)을 회의하는 데 보낼 정도이다. 이 시간은 일정에 잡히지 않는, 수많은 급작스러운 회의들은 포함하지도 않은 것이다."[28] 그 누구든 이런 식으로 시간을 쓰는 건 효율적이지 못하다. 책에는 다양한 업계에서 일하는 182명의 고위 관리자들을 상대로 한 설문조사도 실려 있는데 그 결론은 다음과 같았다.[29]

- 65퍼센트는 회의 때문에 자신이 해야 할 일을 마무리하지 못하고 있다고 했다.
- 71퍼센트는 회의가 비생산적이고 비효율적이라고 했다.
- 64퍼센트는 회의에서는 제대로 깊은 생각을 하지 못한다고 했다.
- 62퍼센트는 회의 때문에 팀이 더 가까워질 수 있는 기회들을 날린다고 했다.

시간이 우리의 가장 소중한 자산이라는 걸 감안하면, 지금 우리는 쓸데없는 회의들에 천문학적인 대가를 지불하고 있는 것이다. 비생산적인 회의에 허비되는 매 순간은, 사실 목적이 있는 일에 투자되어야 할 순간들이다. 너무나도 많은 시간이 회의로 소진되면서, 대부분의 임원과 직원들은 일찍 출근해 늦게까지 일해야 하고, 그것도 모자라 주말까지 일을 해야 한다고 느낀다. 회의로 인해 생산성과 사기가 떨어짐은 물론 사람들 사이에 분노까지 쌓이고 있다.

노련한 농구 코치들이 타임아웃을 잘 활용하듯, 기업체 임원과 관리자들이 회의를 활용할 수 있는 세 가지 팁을 소개한다.

1 정말 꼭 필요할 때만 회의를 소집해라. 대학 농구팀 코치들에게는 경기가 시작될 때마다 타임아웃을 요구할 수 있는 일정한 시간(네 차례의 75초짜리 타임아웃 시간과 두 차례의 30초짜리 타임아웃 시간)이 주어지며, 그들은 타임아웃 시간을 전략적으로 잘 활용해 꼭 필요할 때에만 써먹어야 한다. 진행 상황을 지혜롭게 살펴라. 사사건건 회의를 소집한다면, 팀원들은 그 회의를 우습게 보게 된다. 냉장고의 소음은 어느 순간부터 더 이상 들리지 않는다. 그런 냉장고가 되지 마라.

2 시간을 염두에 두면서, 목적이 있고 직접적인 대화를 하라. 만일 농구의 타임아웃처럼 단 30초에서 75초 사이에 말을 해야 한다면, 목적을 갖고 직접적인 이야기를 할 수밖에 없을 것이다. 달리 선택의 여지가 없으니까. 팀원들에게 성과 향상에 꼭 필요한 정보와 지시를 전달하라. 쓸데없는 말은 하지 마라. 사람들의 시간은 당신의 시간만큼이나 소중하다는 사실을 잊지 마라.

3 회의를 마칠 때는 반드시 모든 사람이 앞으로 나아갈 방향을 알게 하라. 또한 회의를 자신감 넘치고 긍정적이고 낙관적인 분위기로 끝내야 한다. 그래야 사람들이 곧이어 어떤 일을 하든 자신감 넘치고 긍정적이고 낙관적인 마음가짐으로 임할 수 있기 때문이다. 회의를 기분 좋게 끝내면 사람들은 그 기분으로 하던 일을 계속 해나갈 수 있다.

당신은 어떤 리더를 만들고 있는가?

비판은 전혀 하지 않고 오로지 자신의 비위나 맞춰줄 예스맨들을 끌어모으는 것이 '코치'가 할 일은 아니다. 정말 훌륭한 리더는 또 다른 리더들을 만들어내는 일에 관심이 많다. 이는 사람들을 자기 입맛에 맞게 조정하거나 통제한다는 의미가 아니다. 독립적으로 생각하는 사람들, 자유롭게 행동하는 사람들, 그리고 스스로의 역량을 키워 언젠가 리더가 될 사람들을 만들어낸다는 의미이다. 만일 당신 밑에 있는 사람들이 계속해서 승진도 못 하고, 다른 기업으로부터 스카우트 되지도 못한다면, 당신이 제대로 코칭하고 있지 못한 것이다.

이른바 '웨스트 코스트 오펜스West Coast Offense'라는 미식축구 공격 전술(지금도 NFL에서 인기 있는 공격 전술이다)을 개발한 전직 샌프란시스코 포티나이너스 팀의 수석 코치 빌 월시Bill Walsh는 그가 거둔 많은 승리들뿐만이 아니라, 그가 만들어낸 선수들 때문에도 유명하다. 『슈퍼 보스Superbosses』의 저자인 시드니 핑켈스타인Sydney Finkelstein은 이런 말을 했다. "월시는 선수들에게 자신의 리더십 스타일을 전수했으며, 독립적인 생각을 하게 가르침으로써 자신의 권한을 위임했다." 그 결과 이론의 여지가 없고 전례가 없는 일이 벌어졌다. 놀라운 속도로 다른 리더들을 만들어낸 것이다.

프로 스포츠 세계에서 빌 월시의 '가계도'는 타의 추종을 불허한다.

빌 월시와 한때 그 밑에서 일했던 수속 코치들은 36년간(1979년부터 2015년까지) 총 32회의 슈퍼볼(Super Ball. 미국 프로 미식추구 NFC 우승팀과 AFC 우승팀이 맞붙는 챔피언 결정전 – 역자 주)에 올라 열일곱 차례나 우승을 차지했다.[30] 그의 전설은 그가 농구계를 떠난 뒤에도 한동안 계속됐다. 월시가 세상을 떠난 이듬해인 2008년, NFL의 서른두 팀들 가운데 스물여섯 개 팀의 코치가 월시 밑에서 훈련 받은 코치들이었다.[31]

이는 비즈니스 세계든 다른 어디서도 마찬가지다. 21세기의 기업가 집단 가운데 가장 유명한 집단은 우스갯소리 삼아 '페이팔 마피아 PayPal Mafia'라 불린다. 훗날 여러 기업의 설립자와 최고경영자가 될 사람들이 초창기의 페이팔을 거쳐 왔기 때문이다. 유튜브와 옐프 Yelp 등의 설립자들은 물론 일론 머스크 Elon Musk, 피터 틸 Peter Thiel, 리드 호프만 Reid Hoffman 등이 다 페이팔 출신이다. 우연의 일치였을까? 물론 아니다. 그건 빌 월시 군단의 성공이 우연의 일치라고 하는 것과 같다.

페이팔이 독립적인 생각과 권한 위임의 문화를 갖고 있었다는 것은 널리 알려진 이야기로, 덕분에 그 구성원들은 각자 자신의 비전과 아이디어를 계속 고수할 수 있었다. 그 일이 나중에 수십억 달러짜리 사업들로 결실을 맺은 것이다. 회사 내부에 지금까지도 그 영향력이 계속되고 있는 기술 혁명의 씨앗들이 뿌려진 것인데, 순전히 구성원들에게 권한이 위임됐기 때문이다.

기를 쓰고 자식들을 이기려는 아버지의 사연

권한 위임은 스포츠계에서 직장과 개인적인 삶 그리고 가정으로 번진 여러 문화 중 하나이다. 나는 아버지로서 늘 아이들에게 권한 위임을 해야겠다는 생각을 하고 있다. 내 육아 철학은 다음과 같은 오래된 격언에서 온 것이다. "어떤 사람에게 물고기 한 마리를 주면 하루를 먹고 살겠지만, 물고기 잡는 기술을 가르치면 평생을 먹고 살 것이다." 나는 내 아이들에게 기술과 특성을 가르치며 본보기를 보이고, 그런 다음 즉각 권한을 위임해 스스로 행동하게 한다.

나는 아이들이 아주 어릴 때부터 최대한 많은 것들을, 그러니까 무엇을 입고 무엇을 먹을 것인지를 스스로 결정하게 했다. 예들 들어, 가게나 식당에 가서도 아이들에게 권한 위임을 했다. 직접 점원에게 무엇을 찾고 있는지를 말하게 했고, 또 자신이 먹고 싶은 게 무언지를 말하게 했다. 아이들이 절대 피하지 않고 무슨 결정이든 편하게 내릴 수 있게 하는 것이 내 목표이다. 나는 아이들이 늘 '할 수 있어!'라는 마음을 갖길 원한다. 아마 나이가 들어 보다 큰 결정(대학 진학, 직장, 인간관계 등)을 내리다 보면 자연스레 그리 되지 않을까 싶다. 부디 많은 연습을 거치면서 자신에게 적합한 결정을 내릴 수 있게 되기를 바란다.

직접 득점할 수는 없어도 승리를 이어가는 법

'보스' 즉 수석 코치가 직접 코트로 나가 뛸 수는 없기 때문에, 스포츠는 권한 위임을 가르치는 데 아주 그만인 분야이다. 코치는 권한 위임을 하지 않을래야 않을 수가 없는 것이다.

농구 코트에서는 경기 시간 내내 리더인 포인트 가드의 손안에 공이 오래 머물게 된다. 포인트 가드는 다른 네 동료 선수들이 늘 경기에 적극 참여하게 만들어야 한다. 만일 한 선수가 공격 위치에서 점수를 올릴 기회를 잡지 못할 경우, 수비 위치에서도 동기부여가 잘 안 된다. 그런데 뻔한 이야기지만, 공을 보다 많이 만질수록 수비도 더욱 잘 하게 된다.

스포츠 분석 전문 기업인 크로스오버 앤 코트사이드VC의 최고경영자 바수 쿨카르니는 내가 알고 있는 한 가장 유명한 농구선수 출신 기업가들 중 한 사람이다. 그런 그가 이런 말을 했었다. "포인트 가드 시절, 저는 늘 슛을 미뤘습니다. 절대 먼저 점수를 내지 않았죠. 그런데 지금 기업을 경영하면서도 무의식중에 그러는 것 같습니다. 저는 모든 결정은 다른 관리자에게 미루려 합니다. 그래야 그들의 참여도도 높아지고, 더 열심히 생각하고, 더 열심히 일하게 되거든요. 모든 결정권이 자신들에게 있으니까요."

결국 사람들은 권한 위임을 통해 '소유 의식' 같은 것을 갖게 된다.

소유 의식을 갖게 되면 매사에 더욱 열심히 뛰게 된다. 자기 자신의 성공이 그룹 전체의 성공과 밀접한 관련이 있기 때문이다. 리더는 그런 식으로 개개인을 팀으로 만든다.

리더십 검사: 3부로 넘어가기에 앞서 다음 검사를 해보라.

- 당신은 2부에서 살펴본 리더의 다섯 가지 특징들 중 어떤 특징을 가장 개선하고 싶은가?

- 그 특징을 개선하기 위해, 당신이 시작할 수 있는 습관이나 버릴 수 있는 습관을 골라보라.

- 60일 동안 긍정적인 행동을 시작하고 부정적인 행동을 멈추는 데 집중해보라.

- 가까운 세 사람에게 당신이 제대로 하는지 지켜봐달라고 부탁하라.

- 60일이 지났을 때, 당신이 이런 문제를 효과적으로 해결할 수 있는 새로운 습관을 들였는지 확인해보라.

- 또 다른 습관을 들이기 위해 처음부터 다시 시작하라.

성공한 리더는 '자신이 만든 팀'을 신뢰하며, 권한 위임을 통해 팀원들이 팀을 이끌게 만든다.

기억하라

- 진정한 리더는 그가 다른 뛰어난 리더를 키워내는지를 보면 알 수 있다.

- 사람들에게 권한을 위임하면 주인 의식을 갖게 된다. 그 결과 자신의 일을 하는 데 더욱 깊은 관심을 가진다.

- 리더가 권한을 위임하려면 상당한 안전장치와 신뢰, 자신감이 있어야 한다. 하지만 권한 위임은 반드시 필요하다.

- 권한 위임은 시시콜콜한 것까지 관리하는 일과는 정반대이다. 리더는 팀원들이 리더가 되어 성장하고 번영하는 것을 받아들이며 성장한다.

PART 3

승리하는 조직의 원칙

: 언제 어디서나 이기는 팀을 만드는 기술

3부에서 말하는 '팀'이란 공통된 목표를 달성하기 위해 함께 노력해야 하는 그룹, 조직 또는 기업을 뜻한다. 위대한 팀은 지금까지 살펴본 리더의 특징을 가진 코치와 개인으로 이루어져 있다. 다시 한번 정리하자면, 성공한 팀은 자기인식과 열정을 가진 사람, 훈련이 되어 있으며 피드백을 받아들일 만큼 수용력을 가진 사람, 자신감 넘치는 사람으로 이루어져 있으며, 또한 비전이 있고 인격을 갖춘 사람, 섬김과 권한 위임이 제대로 이루어지는 강한 문화를 조성하는 사람이 이끈다.

그러나 이 외에도 제3의 요소, 그러니까 집단을 전체로서 규정짓는 요소의 집합도 필요하다. 앞으로 설명하겠지만, 1 더하기 1을 해서, 2가 아니라 3이 나올 수 있는 여건이 필요한 것이다. 팀이 성공하자면 특정한 요소들을 공유해야 하는데, 그게 이 3부의 주제다.

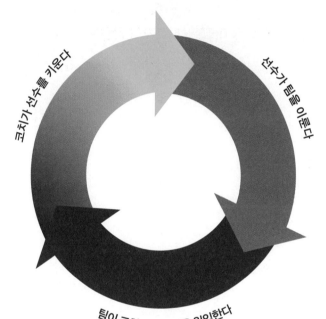

코치가 선수를 키운다

선수가 팀을 이룬다

팀이 코치에게 권한을 위임한다

| 믿음 |
확신을 이끌어내는 가장 간단한 방법

좋은 팀은 합의를 이뤄내고, 위대한 팀은 믿음을 만들어낸다.

– 필 잭슨

언젠가 나는 한 로커룸을 방문했다가 '믿든가 떠나든가^{Believe or Leave}'라는 글씨가 쓰여 있는 포스터를 봤다. 여러 해가 지난 요즘 그 포스터 문구가 내 뇌리에서 떠나질 않는다. 믿든가 떠나든가는 일종의 '양자택일'이기 때문이다. 자신과 팀원들, 코치들, 임무, 문화, 목표 등, 당신의 기준을 믿든가 믿지 않든가 둘 중 하나인 것이다. 믿지 않는다면 떠날 수밖에 없다. 집단적인 믿음은 모든 사람이 걸려 있는 일종의 주문과 비슷해, 단 한 사람으로 인해 깨질 수도 있다.

스포츠에서 선수들은 모두 같은 셔츠를 입는다. 하지만 그것만으로 한 팀이 되는 건 아니다. 셔츠는 한 가지 목표에 대한 헌신과 통합의 상징일 뿐이다. 스포츠계에서 셔츠 앞에 쓰여 있는 이름, 즉 팀 이름은 선수들의 이름보다 더 중요하다.*

팀의 경우, 한 사람의 마음속에 도사린 의심과 불확실성도 큰 문제를 야기할 수 있다. 그 이유는? 의심과 불확실성은 절대 그대로 있는 법이 없기 때문이다. 사람들 사이에 퍼져 나가면서 그룹의 사기를 떨어뜨리고 자신이 하는 일에 대한 믿음을 고갈시킨다. 믿음이 없는 사람은 모든 것을 파괴할 정도로 막강한 힘을 갖고 있다. 에너지 전문가 존 고든Jon Gordon은 그런 사람들을 '에너지 흡혈귀'라 부른다. 다른 사람들의 긍정적인 정신을 빨아들이기 때문이다. 의심이나 부정적인 생각도 심각한 전염성을 갖고 있다. 그러나 다행히도 열정과 믿음 역시 전염성이 엄청 강하다.

---

* 참고 노트 미국 프로 야구팀 뉴욕 양키스는 셔츠에 선수들의 이름을 써 넣지 않는 것으로 유명한데, 이는 그들이 90년간 지켜오고 있는 전통이다. 이런 전통과 미국 팀 스포츠 사상 최고 기록인 27회 월드 시리즈 우승이 관련이 있는지 아닌지는 스스로 판단해보기 바란다.

전국 대회 우승팀의 이상한 의식

우리는 믿음을 통해 목표, 심지어 꿈까지 실현 가능하게 만들 수 있다. 그 모든 것은 먼저 우리 마음속에서 시작된다. 1999-2000년 대학 농구 시즌 첫 훈련이 시작된 날, 미시건주립대학교 남자 농구팀 수석 코치 톰 이조는 대담한 시도를 했다. 그는 사다리를 가져와 농구 골대 아래에 걸쳐놓은 뒤, 선수들에게 가위를 건네며 사다리 위로 올라가 골망을 잘라내라고 했다. 매년 전국 대회 우승팀들이 하는 행사였다. "지난밤에 우리는 한 팀으로 경기를 했다." 그가 말했다. "우리는 다시 함께 해내려 한다. 그러니 여러분 모두 제대로 훈련에 임해주길 바란다. 여러분 모두 올 3월에는 정말 골망을 박살 낼 것이다."

누군가는 선수들에게 잘못된 자신감만 심어줄 거라며 이런 의식을 못마땅하게 여길 수도 있다. 또 어떤 사람은 코치가 장담할 수 없는 약속을 하는 것이 잘못이라고 말할 수도 있다. 하지만 나는 그렇게 생각지 않는다. 톰 이조 코치는 그보다 더 큰 것을 생각하고 있었다.

그러니까 믿음의 순간을 만들고 있었던 것이다.

이조 코치는 어린 선수에게 진짜 우승한 기분을 맛보게 해주는 일을 좋아했다. 물론 사다리를 타고 올라가 가위로 골망을 잘라내는, 우승의 그 짜릿한 기분을 느끼게 함으로써, 그들에게 '본능적인 반응'을 심어주는 게 그의 목표였다. 그는 선수들이 자신을 얼마나 깊이 믿고 있는지 뼛속 깊이 알기를 원했고, 또 그들 스스로 그런 믿음을 갖기를 원했던 것이다.

시즌이 끝났을 때 미시건주립대학교 스파르탄스 팀은 실제로 전국대회 우승을 했다. 선수들은 인디애나폴리스 주 RCA 돔에서 사다리를 타고 올라가 실제 골망을 박살 냈다.

사람들은 돈을 위해 열심히 일한다.

다른 사람을 위해서라면 더 열심히 일한다.

그러나 가장 열심히 일하는 것은 어떤 대의를 위해 전념할 때다.

- 해리 에머슨 포스딕

급여를 받는 일 이상의 의미

매일 아침 일찍 일어나 업무, 과제, 자원봉사 등을 생각해보라. 어떤 일을 할 때 가장 즐거웠는가? 왜 그런가? 장담컨대 아마 자신이 하는 일에 대해 믿음이 있느냐 없느냐에 따라, 그 일에 대한 느낌부터가 확 달라질 것이다.

리더십 컨설턴트 사이먼 시넥은 이런 말을 했다. "동기부여를 필요로 하는 당신의 팀원들에게 뭔가 믿을 만한 것, 그러니까 자신이 하고 있는 일보다 더 큰 무언가를 주지 못한다면 그들은 떠나가버릴 것이다. 스스로 동기부여가 될 다른 일을 찾아가버릴 테니까. 그러면 당신은 남는 사람들과 일할 수밖에 없다."[1] 정신이 번쩍 들게 하는 말이다. 리더가 자기 사람들에게 무언가 믿을 만한 것을 주지 못한다면, 그야말로 아무 믿음도 없는 사람들만 남게 될 것이다. 그러니 팀을 만들 때는 믿음에서부터 시작하도록 하라.

자신의 저서 『원클릭One Click』에서 작가 리처드 L. 브랜트는 세계 최고의 기업 아마존의 성장 과정을 그리고 있다. 아마존의 성공 열쇠는 보다 큰 무언가에 대한 믿음에 사력을 다하는 것이다. 브랜트는 이 기업의 설립자이자 최고경영자인 제프 베조스에 대해 이렇게 말하고 있다. "그의 놀라운 재능 중 하나는, 고위 관리자부터 열 시간 내내 전화에 매달려 있는 말단 고객 서비스 직원들까지 모두에게 믿음을 심어주는 것이다. 아마존에서 근무하는 것은 단순한 일이 아니라 비전을 추구하는 일, 그러니까 자신의 삶에 가장 큰 의미를 부여하는 일이라는 믿음을 말이다."[2] 아마존이 사세를 키워나가면서(최근 들어 금융과 의료 분야로도 진출하려는 움직임이 있다) 그런 철학은 훨씬 더욱 중요해지게 된다. 당신이 하는 일에는 보다 큰 목적이 있고, 당신은 자신보다 더 큰 무언가에 소속되어 있으며, 또 당신이 하는 일은 단순히 급여를 받는 일 이상의 의미가 있다는 믿음. 이런 믿음은 언제든 보다 강력한 동기부여책이 된다. 물론 사람들은 돈과 승진, 직책을 원한다. 그러나 그보다 더 큰 무언가를 원한다면? 그것은 믿음이다.

슈퍼볼 영웅 쿼터백의 충격적인 인터뷰

내가 말하는 믿음은 자신감과는 다른 것이다. 자신감은 저 홀로 생겨난다. 그러나 믿음은 어떤 맥락 속에서 그리고 인간관계 속에서 생겨난다. 여러 사람들 간의 역학 관계에 의해 생겨나는 것이다.

슈퍼 볼 LII(미식축구 2017년 시즌에 있었던 NFC 챔피언 필라델피아 이글스와 AFC 챔피언 뉴잉글랜드 패트리어츠 팀 간의 결승전 – 역자 주)에서 예상을 깨고 뉴잉글랜드 패트리어츠 팀을 격파한 뒤, 필라델피아 이글스의 쿼터백 닉 폴스*는 아주 감동적인 말을 했다. 불가능해 보이는 것을 가능하게 만든 쿼터백으로서, 자신을 회의적으로 본 모든 사람에게 스스로 자신의 가치를 입증해 보인 위대한 선수 닉 폴스. 그의 말이 특히 인상적이었던 것은 자신에 대한 이야기가 거의 없었다는 것이었다.

그는 경기 후에 있었던 기자 회견에서 이렇게 말했다. "경기를 잘할 수 있었던 건, 제가 슈퍼맨이 아니라는 걸 잘 알고 있었기 때문입니다. 제겐 멋진 팀 동료들, 멋진 코치님들이 있습니다. 저는 그저 최선을 다

* 참고노트 　당시 유력한 MVP였던 같은 팀의 쿼터백 카슨 웬츠의 대체 선수로, 그동안 주목 받지 못했으나 웬츠의 부상으로 대신 경기에 나서면서 팀의 승리를 이끌었다

해 제 플레이를 하고, 서로를 위해 플레이를 하고, 그 모든 사람을 위해 플레이를 하면 됐죠."

잠시 시간을 내, 닉 폴슨이 한 말을 다시 읽어보라. 얼핏 보면 선수들이 경기 직후 으레 하는 말처럼 들릴 수도 있으나 그렇지 않다. 유심히 살펴보라. 포인트가 무엇인가? 선수들이 흔히 하는 말과는 다르다. 보통은 자기 팀 동료들이 **어떻게 자신을 믿어주었는지**, 또 자신이 어떻게 이 놀라운 승리를 거둘 수 있었는지에 대해 말한다. 그런데 폴스의 경우는 그 반대이다. 그는 **팀 동료들에 대한** 자신의 믿음에 대해 말하고 있다.

스스로 '종'이 되고 싶다고 했던 케빈 듀란트 이야기로 다시 돌아가 보자. 2015년 시즌이 끝날 때 모든 사람의 눈에서 눈물이 흐르게 한 그 유명한 MVP 수상 소감 연설에서, 그는 팀 동료 한 사람 한 사람에게 고마움을 전했다. 그리고 팀 동료들에 대한 이야기를 하면서 닉 폴스와 비슷한 관점의 말을 했다. 팀 동료들이 자신을 믿어준 이야기가 아니라 자신이 팀 동료들을 믿었던 이야기를 한 것이다. 팀 내 넘버 2 선수인 러셀 웨스트브룩Russell Westbrook 이야기를 할 때는 자신을 위해서라면 '불길을 뚫고 달려와줄 정 많은 친구'라며 고마움을 전했다. 다른 사람들이 당신을 믿어주는 것도 중요하다. 그러나 당신이 그들을 믿는 것이 훨씬 더 중요하다. 그렇게 되면 팀은 접착제로 붙인 것처럼 하나가 되고, 강철보다 더 강해져 천하무적이 된다.

똑똑한 사람들 사이에서 살아남는 법

믿음은 다른 모든 것들 전에, 그러니까 어떤 아이디어가 실현 가능하다는 것이 입증되기도 전에 존재하는 것이다. 믿음은 태양과 같다. 모든 먹이사슬을 촉발시키는 에너지를 제일 먼저 발산하는 힘의 원천 말이다. 소설 『소셜 네트워크The Accidental Billionaires』에도 나오는 이야기지만, 마크 저커버그는 자신이 뭔가 중요하고, 획기적이며, 강력한 것을 개발하고 있다는 믿음을 가진 몇몇 친구와 함께 페이스북을 설립했다.

믿음은 그들이 받은 하버드대학교의 교육, 첨단기술에 대한 지식, 초기에 끌어들인 투자자본보다 더 중요한 것으로, 그 믿음 덕에 페이스북은 이후 비약적인 발전을 이루게 된다. 물론 다른 것도 다 중요하지만, 모든 것은 믿음 위에 쌓아올려지지 않는 경우 별 의미가 없게 된다. 이는 저커버그가 회사를 설립하고 함께 일할 사람들을 찾으면서 깨달은 사실이다. "아주 똑똑하고 당장 써 먹을 수 있는 기술을 가진 사람은 많습니다." 저커버그의 말이다. "하지만 제대로 된 믿음이 없다면, 정말 열심히 일할 수 없습니다."[3]

무언가에 대한 믿음은 입증된 강력한 힘으로, 이를 뒷받침해주는 과학적 연구는 얼마든지 있다. 그중 가장 흥미로운 연구는 알코올 중독자 치료와 관련된 연구이다. 알코올 중독자 치료를 위한 지침에는 중독자가 '보다 큰 힘'을 믿어야 한다는 내용이 있다. 모든 사람이 할 수 있는 일은 아니지만, 통계에 따르면 보다 큰 힘에 자신을 맡기는 알코올 중독자들은 전반적으로 더 치료가 빠르다.

이런 것이 '보다 큰 힘'에 대한 증거가 될까? 물론 아니다. 그러나 믿음이 도움이 되며 그 믿음이 실제로 보다 큰 힘으로 작용할 수 있다는 증거는 된다. 연구 결과에 따르면, 알코올 중독 치료에 확실한 효과를 보여주는 것은 믿음 그 자체였다. 일단 사람이 무언가를 믿기 시작하면, 그 능력이 삶의 다른 부분에까지 영향을 주기 시작하며, 결과적으로 자신이 변할 수 있다는 사실을 믿게 된다. 그리고 한 사람의 믿음은 다른 사람에게까지 번지고 또 공유된다. 한 과학자의 말대로 공동체가 믿음을 만들어내는 것이다.[4]

'공동체는 믿음을 만들어낸다'는 생각은 아주 강력한 힘으로, 워낙 많은 분야에서 적용 가능하다. 우리가 믿음을 가진 사람들에 둘러싸여 있을 때, 우리의 임무와 그 중요성, 성공률 등은 훨씬 더 현실적이 된다.

이조 코치의 미시건주립대학교 농구팀 선수들은 한 사람씩 골망을 자르면서 팀 동료들이 같은 일을 하는 모습을 지켜본다. 『습관의 힘The Power of Habit』에서 한 심리학자가 저자 찰스 두히그에게 이런 말을 한다. "변화는 다른 사람들한테서도 일어납니다. 그리고 다른 사람들의 눈을 통해 변화를 볼 때 더 실감 나죠."[5] 우리는 다른 사람을 보면서 현실을 판단한다. 그래서 주변에 믿음이 있는 사람들이 있으면, 우리는 산을 오를 수 있으며, 때때로 산을 옮길 수도 있다.

최고의 팀은 무엇이 다른가

믿음의 공동체와 소속감은 강력한 수단이다. 그 대표적인 예가 '3월의 광란March Madness'이라고도 불리는 전미 대학 농구 선수권 토너먼트다. 그 경기를 볼 기회가 있다면, 모든 선수가 얼마나 경기에 몰입하는지 보라. 그리고 특히 경기에 출전도 하지 않는 벤치의 선수들이 얼마나 열심히 응원하는지 보라. 최고의 팀은 사명감에 불타며, 스타 선수에서 후보 선수에 이르는 모두가 제 역할을 한다. 모두들 믿음으로 하나가 되는 것이다.

아무리 독립적인 사람이라도, 우리 모두에게는 소속감이 필요하다. 본능이다. 이와 관련해 리더십 컨설턴트 사이먼 시넥은 이렇게 말한다. "인간은 본질적으로 무리 지어 다니는 동물로, 생물학적으로 어떤 그룹에 속한다는 느낌을 받을 때 편안해집니다."[6] 사람들은 소속감에 민감하게 반응하며, 강력한 팀은 우리의 이런 본성을 잘 활용한다. 소속감은 머리로 느끼는 게 아니다. 일종의 화학적 반응이다. 사이먼 시넥은 이렇게 설명한다. "우리의 뇌는 같은 종족과 함께할 때는 옥시토신을 분비하고, 스스로 나약하거나 외롭다고 느낄 때는 불안감을 일으키는 화학물질인 코르티솔을 분비합니다."[7] 그는 이런 말도 덧붙였다. "한 연구에 따르면, 성공한 조직의 문화는 인간의 몸이 작동하는 것과 비슷한 방식으로 작동되고 있다고 합니다. 특정 조건이 충족되면 조직 내의 사람들은 서로 안전하다고 느끼게 되며, 그 결과 서로 힘을 합쳐 혼자서는 그 누구도 성취하지 못했을 일들을 성취합니다."[8] 믿음은 단순히 감정을 결합시켜주는 수단으로만 작동하지 않는다. 그러니까 결국 화학적인 차원에서 있는 그대로의 우리 모습으로까지 이어지는 것이다.

1990년대에 스탠퍼드대학교 경영학 교수 제임스 배런James Baron과 마이클 해넌Michael Hannan은 어떤 비즈니스 문화가 가장 효율적인지 알아내기 위해 여러 비즈니스 문화에 대한 장기 연구에 착수했다. 두 사람은 각 기업을 다섯 개의 다른 그룹으로 나누었으며, 그 결과 이른바 '헌신 문화'를 가진 기업이 모든 면에서 가장 성과가 좋다는 사실을 알아냈다. 그 기업들의 최고경영자는 뛰어난 제품을 만들어내는 것보다 더 중요한 것은 '올바른 문화를 정착시키는 것'이라고 믿었다.[9] 또한 연구 결과를 면밀히 분석해본 결과, '헌신 문화'를 가진 기업들은 가장 뛰어난 인재들을 확보한 기업보다 더 높은 생산성을 보였다.[10] 이처럼 믿음은 워낙 강력해 기술과 지식, 전통보다 더 중요한 경우가 많다.

이기지 못하는 승부는 없고 반드시 이기는 승부도 없다

믿음은 스포츠 세계에서도 그 중요성이 드러난다. 누구도 승리를 예상 못 한 약체 팀이 도저히 불가능해 보이는 승리를 낚아채는 일이 종종 일어난다. 이는 '3월의 광란'이 더없이 흥미진진한 이유 중 하나이기도 하다. 이 토너먼트 경기에서 가끔 순위가 낮은 팀이 승승장구하는 걸 보면서, 우리는 믿음의 힘이 얼마나 강한지를 확인하고는 한다. 내가 이 책을 쓰고 있는 지금, 이름도 생소한 메릴랜드대학교 볼티모어 캠퍼스UMBC 농구팀이 전국 1위에 랭크된 버지니아대학교 농구팀을 격파했다. 역사상 16시드(16-seed. 가장 낮은 순위)의 대학 농구팀이 1시드의 팀을 꺾은 것은 이번이 처음이다. 팬과 일반 시청자들 모두 열광하고 있는데, 그것은 이 경기가 모두의 내면에 도사린 그 무언가를, 즉 믿음을 갖고 싶다는 욕망을 건드렸기 때문이다. 어쨌든 이 경기는 지금 그 무엇도 줄 수 없는 큰 감동을 주고 있다. 역사적인 승리를 한 메릴랜드대학교 볼티모어 캠퍼스 팀의 최다 득점 선수는 마사가톨릭고등학교 출신인 자이루스 라일스Jairus Lyles로, 마이크 존스 코치 밑에서 뛴 선수였다. 존스 코치는 우리 동료 코치들과 자기 선수들에게 가끔 자신이 선수로 뛰던 시절의 이야기를 들려주곤 했는데, 그 이야기 중에는 1995년 자신이 속해 있던 올드 도미니언 팀(14시드의 하위)이 세 번째 오버타임 때 이미 빌라노바 팀(3시드)을 한참 앞섰다는 이야기도 있었다. 하위 시드에 속해 있음에도 불구하고, 존스의 코치 제프 카펠Jeff Capel은 올드 도미니언 팀 선수들에게 주말까지 머물 수 있게 짐을 싸놓으라고 했다. 당장 붙게 될 빌라노바 팀과의 경기는 물론이고, 그 다음 경기 때까지도 떠날 생각을 하지 말라는 뜻이었다. 그 간단한 말 한 마디가 선수들의 마음에 믿음을 심는 데 큰 도움이 됐다. 결국 그들은 빌라노바 팀과의 경기 이후 그다음 팀과의 경기 때까지 떠나지 않았다. **믿든가 떠나든가.**

예상을 깨는 승리를 거두는 작은 대학교 농구팀들은, 운동장도 훨씬 크고 캠퍼스 자체도 훨씬 큰 강팀인 듀크대학교나 켄터키대학교 농구팀의 셔츠를 봐도 주눅들지 않는다. 그들은 어차피 똑같이 0대 0으로 시작하고, 양 팀 다 코트 위에서 다섯 명의 선수가 뛰며, 양 팀 모두 골망 안으로 슛을 해야 한다는 것을 안다. 그들은 또 낮은 시드의 팀이라고 해서 자동적으로 결승을 향해 가는 것이 아니라는 것, 자신이 당당히 승부를 겨룰 이유가 있다는 것도 안다.

믿음은 어떤 집단 사이에서 공유되며 널리 퍼져간다. 팀의 모든 사람은 물론, 그 팀을 지원하는 사람에게까지 퍼져가는 것이다. 그리고 더 많은 사람이 믿음을 공유할수록 그 힘 또한 커진다. 모든 사람이 그 믿음을 유지하고 내보일 책임이 있으며, 늘 사람들 사이에 믿음이 존재해야 한다. 결국 믿음이란 모든 사람을 밀어 올려주는 집단적인 감정인 것이다.

확고부동한 기준의 벽

믿음은 코치와 스타 선수는 물론, 벤치를 지키는 선수들에까지 퍼져 있어야 한다. 1970년대 초에 존 우든 코치가 이끌던 UCLA 브루인스 팀의 스타 빌 월튼^{Bill Walton}과 관련한 유명한 이야기가 있다. 월튼은 머리와 수염을 깎지 않으려 했다. 그래서 여름 내내 길렀다. 그런데 우든 코치는 머리와 수염은 깎아야 한다는 엄격한 방침을 고수하고 있었고, 월튼에게 머리와 수염을 깎지 않을 경우 훈련에 참가할 수 없다는 점을 지적했다. 그러자 월튼은 자신이 미국 내 최우수 선수 중 하나인 올아메리칸 선수라는 둥, 원한다면 머리를 기를 권리가 있다는 둥 일장연설을 늘어놨다. 우든 코치는 그의 말이 다 끝날 때까지 조용히 들었다. 그러고는 자신의 스타 선수를 보며 말했다. "무슨 말인지 잘 알겠네 빌. 잘 가게. 우린 자네가 그리울 거야."

월튼은 바로 달려가 훈련이 시작되기 전까지 수염과 머리를 깎았다.

우든 코치는 자신이 세운 기준을 엄격히 고수했다. 다른 선수들이 스타 선수라고 해서 하고 싶은 대로 하게 내버려두는 것을 보게 된다면, 그야말로 모든 것이 엉망진창이 되어버릴 거라는 사실을 알았기 때문이다. 그리고 그 누구도, 설사 스타 선수라 해도 그런 일이 일어나게 내버려둘 수는 없었다.

스타 선수 빌 월튼이 머리를 깎아야 했던 이유

동료가 잘못된 행동을 하고도 아무 일 없이 넘어가는 모습을 보는 것보다 맥 빠지는 일이 있을까? 이런 생각을 해보라. 시험 중에 부정행위를 하는 학생들이 아무 처벌도 받지 않고 넘어간다, 훈련을 하는데 선수들이 열심히 공을 쫓아다니지 않는다, 직장에서 직원들이 점심시간을 세 시간씩이나 갖는다……. 한 가지 일에 대해 책임을 지지 않는다면, 모든 일에 책임을 지지 않게 된다. 그리고 부정적인 행동은 바이러스처럼 번져나간다.

'책임'은 다른 사람들이 맡은 일을 해줄 것이라는 믿음에서 나온다. 사람들은 리더에 의해서뿐 아니라 서로서로에 의해서도 책임을 진다. 제이 빌라스는 이런 말을 했다. "대부분의 선수들은 책임을 진다는 일이 비난을 감수하는 것이라고 생각한다. 아니다. 책임을 진다는 것은 사람들이 개인적으로, 또 집단적으로 받아들이기로 한 어떤 기준을 지킨다는 것이다."[11] 스타 선수 빌 월튼이 수염과 머리를 깎아야 했던 이유다. 그러지 않으면 시스템 전체가 무너져 내릴 테니까.

누군가에게 책임을 지운다는 것은 그 사람을 위해 무언가를 준다는 이야기지, 그 사람이 무언가를 하게 만든다는 것이 아니다. 비즈니스에서도 마찬가지이다. 넷플릭스 같은 거대 기업들은 매사에 얼마나 쉽게 문제가 생길 수 있는지 잘 안다. 그래서 프로젝트를 책임진 사람을 '결정 소유자들decision owners'이라고 부르며 책임의 중요성을 일깨운다. 미국 유기농 체인 홀 푸즈의 전체 조직은 일련의 팀으로 이루어져 있으며, 각 팀은 수습 기간이 지난 직원을 팀원으로 채용할지 말지에 대해 최종 결정권을 갖고 있다.[12] 이 같은 팀 채용 방식은 구글에서도 채택하고 있으며 점점 더 많은 기업에서 도입 중이다.[13] 잠재적 직원의 팀 동료에게 채용 여부를 판단하게 하는 것이다. 이는 직접적인 이해 당사자에게 결정권을 주는 것으로 매우 합리적인 방식이다. 직접 일을 맡게 될 사람들에게 해당 직원이 자기 팀에 적합한지를 묻는 방식이니까. 적합 여부는 당연히 그들이 가장 잘 알 것이다.

믿음의 문화

노스웨스턴대학교 농구팀 수석 코치로 전설적인 NBA 코치이자 방송인인 더그 콜린스Doug Collins의 아들이기도 한 크리스 콜린스Chris Collins를 인터뷰한 적이 있다. 그때 그는 이런 말을 했다. "믿음은 이른바 '티핑 포인트(Tipping point. 어떤 현상이 서서히 진행되다가 작은 변화로도 갑자기 큰 변화를 일으키는 시점 – 역자 주)'를 넘어선 뒤에 생겨납니다." 그가 자기 팀을 이끌고 그런 티핑 포인트를 넘어서는 데는, 2년 정도가 걸렸다. "승리하는 모든 팀을 보면 한 가지 공통점이 있습니다. 그런 팀은 코트로 나설 때 자신감이 넘칩니다. 자신들이 승리하리라는

사실을 믿죠. 이런 믿음은 특히 불꽃 튀는 접전을 치를 때 더욱 빛을
발합니다. 그리고 마침내 그 어떤 어려움도 극복하고, 결국 승리하게
됩니다."

크리스는 자신이 그런 믿음의 힘을 알게 된 것은, 자기 아버지의 양
육 방식 덕분이라고 했다. 나와 비슷하게 그의 아버지 역시, 언제나 자
기 아들이 자신을 이기지 못하게 했다. 자기 아들로 하여금 자신에게
어떤 결과를 이끌어낼 능력이 있다는 사실을 믿게 해주고 싶었던 것
이다. 그러다 마침내 아버지를 꺾고 나자 그 믿음은 그의 마음속에서
더 공고해졌고, 이후 다른 모든 경기에서 그 힘을 발휘했다. 그는 지금
도 그 교훈을 자기 선수들에게 물려주고 있다.

데이브 로건Dave Logan과 존 킹John King 그리고 헤일리 피셔-라이트
Halee Fischer-Wright는 『부족 리더십Tribal Leadership』에서 효율적인 직장 문
화를 주제로 2만 4,000명에게 10년간 수집한 자신들의 연구에 대해
이야기하고 있다. 승리하는 문화, 이른바 5단계 부족 문화는 '순수한
리더십과 비전과 영감'[14]이 넘치는 문화로, 픽사와 애플 같은 기업의
문화가 그 좋은 예다. 이런 유형의 문화는 극도로 드물어, 그들이 조사
한 기업들 가운데 이런 문화를 가진 기업은 2퍼센트도 안 됐다.[15]

이 연구에서 가장 눈에 띄었던 사실은 5단계 부족에 속하는 조직의
구성원들이 자신의 일에 아주 헌신적이라는 것이었다. 그들은 이렇게
적었다. "5단계 부족에 속하는 사람들이 자신의 일에 대해 이야기할

때는 마치 부모가 자기 아이들의 이야기를 할 때처럼, 큰 경외심과 감사함이 담겨 있는 경우가 많았다."[16] 지금 나는 가정보다 직장 일에 더 신경 써야 한다는 이야기를 하자는 것이 아니다. 다만 이처럼 5단계 부족에 속하는 사람들이 자신의 일에 많은 관심과 긍정적인 에너지를 쏟는 모습을 보면서, 우리는 조직 구성원들 사이에 믿음이 있을 경우 어떤 일이 일어날 수 있는지 알 수 있다는 말이다.

내가 기업체에 나가 강연을 할 때 반복해서 강조하는 이야기가 있다. 기업은 결국 사람으로 이루어져 있다는 것이다. 뻔한 말 같지만, 기본적인 사실을 놓치는 사람들이 많다. 기업이 항상 이 사실을 기억한다면, 어려움을 안겨주는 많은 문제가 보다 쉽게 해결될 수 있을 것이다. 사람들은 욕망, 두려움, 필요, 동기 등에 의해 움직인다. 제대로 돌아가는 팀은 믿음을 잘 활용하는데, 다른 모든 것을 움직이는 엔진이 사람의 감정이라는 사실을 알고 있기 때문이다. 어떤 집단의 긍정적인 마음가짐이나 자신감이 그들의 신뢰와 헌신으로 이어질 때, 믿음은 생겨난다. 그러니까 무언가를 할 수 있다고 생각하며 혼신의 힘을 다해 그 일을 해내게 된다. 믿음은 이렇게 활용하는 것이다.

팀은 각기 다른 사람으로 이루어져 있지만, 어떤 임무나 목표에 대해 같은 믿음을 갖고 함께한다.

기억하라

- 성공은 믿음이 헌신으로 이어질 때 뒤따른다.
- 실현 가능하고 능력에 맞는 목표를 정하라. 믿음이 있다면 어려움을 극복할 수 있다.
- 최고의 리더는 팀 내에 강력한 감정 또는 믿음을 심어 꾸준히 그것을 이용한다.
- 한 사람에게 믿음이 없으면 모든 사람, 모든 것이 와해될 수 있다. 집단의 믿음에 그 어떤 허점이나 흠집도 허용하지 마라.
- 믿음의 문화를 조성하는 데 중요한 점은 사람들에게 책임감을 심어 줘야 한다는 것이다. 어떤 원칙이 한 사람에게 적용되지 않을 경우, 그 누구에게도 적용되지 못하게 된다.

| 이타심 |
불가능한 게임을 뒤엎는 승부수

공을 누구에게 돌릴 것인지에 대해 신경 쓰지만 않는다면,

사람이 할 수 있는 일에는 한계가 없다.

– 샤를 에드워드 몬테규[17]

우리 사회는 대개 인생은 '제로섬 게임'과 같다고, 그러니까 한 사람이 이기려면 다른 사람은 져야 한다고 가르친다. 그런 현상은 운동선수라면 경기 시간을 놓고 같은 팀 선수끼리 경쟁을 벌이면서 나타나

고, 기업체 직원이라면 승진을 놓고 싸우면서 또는 다른 누군가의 성공을 질투하면서 나타난다. 그런 현상은 비즈니스 차원에서, 또 자본주의 그 자체의 특성에서 많이 보게 된다. 또한 남들에게 뒤지지 않기 위해 사회적 지위와 물질적 부를 추구하는 경향에서도 자연스럽게 나타난다.

우리는 모두 태어날 때부터 이기적이다. 아이들의 아버지로서 나는 내 아이들에게 군이 먼저 자신부터 챙기라는 사실을 가르칠 필요가 없다. 그건 타고나는 것이기 때문이다. 말도 배우기 전, 우는 것이 자기 의사를 전달하는 가장 큰 수단이었던 시기에, 아이들이 신경 쓰는 것은 오직 자신의 관심사뿐이었다(먹는 것과 낮잠 자는 것, 기저귀 가는 것 등). 그리고 대부분의 아이가 처음 하는 말도 "싫어!", "내 거야!" 같은 말이다. 이기주의가 아이들의 DNA 속에 녹아들어 있는 셈이다. 그래서 아이 엄마와 나는 서로 나누는 법, 주는 법 등 이타적인 행동을 가르쳐야 했다. 이러한 것은 성인이 되어서도 계속 상기시켜줘야 한다.

뛰어난 농구 코치이자 미국 청소년 농구 컨설턴트인 내 오랜 친구 맷 킹Matt King은 언젠가 이런 말을 했다. "누군가 매일 아침 군이 자신을 잘 챙기라고 상기시켜줄 필요는 없어. 당연히 그렇게 하니까. 우리 모두 그래. 우리가 매일 떠올려야 하는 건 단 하나야. 우리는 모두 자신보다 더 큰 무언가에 소속되어 있고, 중요한 건 우리 자신만이 아니라는 거지."

무언가를 이뤄내기 위해서는, 모두가 각자의 일을 하는 것보다 함께 일하는 것이 더 효율적이고 생산적이다. 농구 명문 디마사가톨릭고등학교나 듀크대학교 농구팀의 벤치 선수들이 다른 학교에 간다면 분명 더 많은 역할을 할 수 있을 것이다. 훨씬 더 많은 경기 출전 시간과 관심을 얻을 것이다. 그런데도 그들은 팀 전체의 성공을 위해 개인적인 영광을 스스로 포기했다. 우리는 이런 선수를 흔히 '팀 플레이어'라 부르는데, 이들은 팀이 함께 나아가는 데 접착제 역할을 한다.

교체 선수의 미학

스웬 나테르Swen Nater는 아주 특이한 선수이다. 그는 프로 농구 역사상 대학 농구 경기에 단 한 번도 주전으로 출전한 적 없이, NBA 드래프트 첫 라운드에서 선발된 유일한 대학 농구 선수다. 그는 또 NBA와 ABA(1967년 기존의 NBA에 맞서 조직된 프로 리그로 1976년에 NBA에 합병됨 - 역자 주) 양쪽 리그에서 리바운딩 부문 선두를 달린 유일한 선수이기도 하다. 우연의 일치였을까? 요행이었을까? 아니다. 중요한 것은 그가 대학 선수 시절 어떤 코치 밑에서, 또 어떤 선수와 함께 뛰었는가 하는 것이다.

1970년대에 UCLA 브루인스 팀의 예비 센터였던 스웬 나테르는 존 우든 코치가 이끈 두 우승팀에서 명예의 전당에 이름을 올린 전설적인 선수 빌 월튼의 교체 선수로 활약했다. 나테르를 이타심을 보여준 전형적인 인물로 여기는 나는 그와 인터뷰를 하면서 약간의 경외심을 느꼈다. UCLA 브루인스 팀에 있는 동안 그는 단 한 번도 경기에 출전하지 않았을 뿐 아니라, 경기에 출전하는 일이 가능해 보이는 순간조차 없었다. 다른 팀에서 그를 원했고 UCLA 브루인스 팀을 떠날 수도 있었지만, 그는 그러지 않았다. 실제로 그는 이렇게 말했다. "떠난다는 생각은 단 한 번도 해본 적이 없어요."

나테르는 비교적 늦게 농구에 입문했다. 고등학교 시절에는 농구를 하지 않았고, 2년제 대학에서 농구를 시작한 뒤 UCLA 브루인스 팀으로 이적했다. 그가 남다른 이타심을 발휘한 것도 어쩌면 다른 선수들보다 늦게 농구를 시작했기 때문인지도 모른다. 어쨌든 그런 마음가짐이 그의 경력을 결정지었다. "저는 프로가 되고 싶었고, 빌 월튼의 교체 선수로 매일 훈련하는 게 프로가 되는 좋은 길이라 생각했어요." 나테르가 한 말이다.

과연 그가 다른 팀에 갔어도 유력한 센터로 NBA에 진출할 수 있었을까? 그랬을 수도 있다. 내 생각이지만, 그럴 동기가 없었을 테니, 그는 자기 플레이를 개발하지도 못하고 경기력이 더 나아지지도 못했을 것 같다.

이 장의 제목은 원래 '사심 없음' 정도로 가려 했었다. 그런데 인터뷰 과정에서 나테르가 그 말은 '자기 자신을 돌보지 않음'처럼 들리며, 목표가 될 수 없다고 했다. 그는 이타심은 자기 자신을 버리는 게 아니라며 이렇게 말했다. "그와 정반대죠. 당신의 재능, 즉 코치가 잘 활용해야 한다고 결정한 당신의 재능을 가지고 팀에 도움이 되게 하는 거니까요." 그래서 나는 이 장의 제목을 이타심으로 바꾸었다.

스웬 나테르는 이타심과 성공의 교차점을 잘 알고 있었다. 그는 이타심 때문에 자신의 경력을 희생시킨 것이 아니라, 오히려 이타심을 토대로 자신의 경력을 쌓아왔다. 존 우든 코치는 그에게 이런 말을 했다고 한다. "자네가 팀을 위해 할 수 있는 최선의 일은 자신을 발전시키는 거야." 다른 대학으로 옮겨 얼마든지 주전 선수로 뛸 수 있었고, 그러면 두각을 드러내 NBA로 드래프트 될 가능성도 더 높아지는데, 왜 굳이 교체 선수로 대학 선수 생활을 하기로 마음먹었냐고 물었을 때, 그는 한참 생각하다 이렇게 답했다. "즉흥적으로 내린 결정은 아니었어요. UCLA의 문화가 그랬기 때문에, 그렇게 결정하게 된 거예요. 존 우든 코치님의 문화였죠. 그분은 어떤 승리나, 그 어떤 뛰어난 플레이에도 특정인에게 공을 돌리지 않았어요. 늘 선수 모두의 공으로 돌렸죠. 대량 득점을 한 선수보다는 리바운드를 한 선수, 멋진 패스를 해준 선수, 상대를 잘 막아낸 선수 등, 사소한 일을 한 선수들의 공으로 돌렸습니다. 그분은 직접 본보기를 보여주면서, 훈련에서나 실제 경기에서 그런 문화를 정착하고 강화시켰어요."

스웬 나테르는 우든 코치 밑에서 자신은 개인적 영광에는 관심을 두지 않았다며 말했다. "중요한 건 오직 팀이죠. 또 어떻게 하면 선수들이 생산적이면서도 효율적으로 뛸 수 있는가 하는 거고요." 많은 선수들이 이런 말을 하지만(이제 워낙 흔한 말이 되었다), 나테르의 경우에는 실제로 그런 삶을 살고 있기 때문에 나는 이 말을 액면 그대로 믿었다. 그리고 그는 결국 보상을 받았다.

존 우든 코치는 그의 이타심을 보았고, 그가 프로가 되어 싶어 한다는 것도 알았다. 그래서 자신이 도울 수 있는 일은 다 했다. 그러면서 나테르에게 계속 상기시켰다. 자신의 지도를 받으면서 매일 빌 월튼을 상대로 연습 경기를 하면 경기력 향상에 더없이 좋을 것이라고 말이다. 우든 코치는 또 NBA 스카우트 담당자들에게 이타적인 나테르의 존재를 부각시키기 위해 최선을 다했다. 이제 나테르는 자신 있게 말한다. "빌 월튼을 상대로 경기력을 향상시켜준 사람이 바로 접니다. 우리 팀이 승리할 수 있었던 요인들 중 하나죠."

농구계를 떠나 기업체 임원으로 재직하면서도 나테르는 계속 이타심의 중요성을 강조한다. 그는 이기적이 되기 쉬운 자아를 버리고, 모든 에너지를 조직 전체를 위해 쓰라고 조언한다. "누군가가 도움을 줄 경우 실제 도움이 됐든 안 됐든, 일단 즉시 고마움을 표해야 합니다. 저는 좋은 일이 일어날 경우, 가능한 한 그 공을 다른 사람들에게 돌리려 합니다." 스무 살 무렵의 젊은이가 대개 그렇듯, 나테르 역시 그 무렵에 이기적인 욕망이 없었던 건 아니다. 단지 스스로 그런 욕망을 키우지 않기로 마음먹었고, 시간이 지나면서 사라진 것뿐이다. 그 결과 남은 것은 이타심이었고, 그것은 그의 미래를 위한 토대가 되었으며, 또 나를 비롯한 모든 사람에게 감동을 주었다.

나는 자아가 강한 선수였다. 그러나 내 자아는 개인적인 자아가 아니라 팀 자아였다. 내 자아는 팀의 성공을 원했다.

– 빌 러셀

강한 것은 내가 아니라 우리 모두이니까

성공하는 팀의 선수들은 리더십 아래에서 어떻게 움직이고, 어떻게 승리하는지 잘 안다. 그리고 그런 종류의 리더십은 모든 사람에게 스며들어간다. 이타심이 있다고 해서 경쟁을 하지 않는다거나 헌신하지 않는다는 뜻은 아니다. 그러니까 이타심이라는 개인적 특성이 각자의 이익이 아닌 팀의 목표를 위해 쓰이는 것이다.

명예의 전당에 이름을 올린 위대한 선수 빌 러셀은 단순히 이타심을 강조하지 않았다. NBA 역사상 가장 많은 우승(그는 보스턴 셀틱스 팀에서 13년간 센터로 활약하며 열한 차례나 우승컵을 안았다)을 한 그는 늘 모든 것을 실제 행동으로 보여주었다. 그는 그다지 주목이나 찬사를 받지 못하는 수비에 전념했고, 그 때문에 더욱 전설이 되었다. 그는 분명 팀 내에서 가장 뛰어난 선수였고, 10년 이상 NBA 최우수 선수였다. 또한 더없이 성실한 팀 동료로 명성이 높았고, 그 덕에 미국 프로 농구 역사상 가장 존경받는 선수 중 한 사람이 되었다. 실제로 그는 프로 농구 명예의 전당에 자신의 이름이 오르는 것조차 거부할 정도로 이기적인 것과는 거리가 먼 선수였다. 그 이유가 무엇일까? 그는 한 기자에게 이런 말을 했다. "저는 개인적인 성취가 아니라 팀 플레이로 알려진 선수가 되고 싶습니다."[18]*

넷플릭스가 절대 뽑지 않는 사람들

팀에서 최고가 아니라, 팀을 위해 최고가 되려고 애쓰라. 주변을 둘러보며 자신보다 못한 사람을 업신여기거나 자신보다 나은 사람을 질투하지 말고, 그들과 함께 헤쳐나갈 방법을 찾으라. 이는 당신을 포함한 모든 사람의 의무이다.

'바닷물이 차오르면 모든 배가 떠오른다'는 속담이 있다. 성공한 팀의 일부가 되면, 자신의 경력에도 도움이 된다. 공은 다른 사람들에게

---

* 참고 노트 ▶ 러셀이 다른 사람들에게 이런 말도 했다고 한다. "명예의 전당에 자기 이름을 올리기를 거부한 것은 명예의 전당 운영 방식 및 선수생활 중 겪은 NBA 내의 인종차별에 대한 항의의 뜻이기도 합니다."

돌리고 필요할 경우 책임은 자신이 지도록 하라. 그렇게 당신의 이타심을 발휘하라.

로스앤젤레스 레이커스 팀과 마이애미 히트 팀의 수석 코치를 역임하면서 25년간 무려 다섯 개의 우승 반지를 받은 팻 라일리Pat Riley는 어떤 요소들이 우승팀을 만들고 유지시켜주는지를 관찰했다(라일리는 마이애미 히트 팀의 대표로 다른 반지도 두 개 더 많았다). 또한 무엇이 팀을 무너뜨리는지도 보았다. 그는 '나라는 병Disease of Me'[19]이라는 말을 만들어낸 것으로도 유명한데, 이는 그가 우승 팀에 어떤 일이 일어나는지를 설명하면서 쓴 말이다.

처음에는 모든 사람이 오로지 팀과 우승 반지 생각만 한다. 그러나 일단 우승을 하게 되면 자기 자신을 먼저 챙기기 시작해, 자신을 승리자로 만들어준 것이 무엇이었는지는 까맣게 잊어버린다. 그러고는 서로 모든 것을 자기 공으로 돌리려 하거나, 당연히 받아야 할 관심과 돈을 받지 못한다며 불평불만을 하기 시작한다. '나라는 병'은 이기심에서 비롯되는 병으로, 결국에는 승리하는 문화 그 자체를 무너뜨린다. 팀을 하나로 묶어주던 접착제는 다 떨어져 나가고, 한번 사라진 접착제는 쉽게 다시 생겨나지 않는다.

자신의 책 『최고의 팀은 왜 기본에 충실한가The Ideal Team Player』에서 경영 전문가 패트릭 렌시오니Patrick Lencioni는 이른바 팀 플레이어들은 '겸손하고 배고프고 똑똑해야(그가 이렇게 표현했다)'[20] 한다면서 이렇게 말했다. "그들은 서로 공을 나누고, 개인보다 팀을 중시하며, 성공을 개인적인 것이 아닌 집단적인 것으로 본다."[21] 출세의 사다리를 오르는 일에만 관심 있는 사람은 나머지 모든 사람에게 악영향을 미친다. 몇십 년 전만 해도 그런 사람이 보상을 받는 경우가 있었지만, 지금은 시대와 문화가 많이 바뀌었다. 아무리 재능이 뛰어난 사람도 이기적인 마음가짐을 갖고 있을 경우 도태된다. 예를 들어 넷플릭스의 경우 자신들은 '헛똑똑이'는 채용하지 않는다는 사실을 공공연히 홍보한다. 그런 사람을 데리고 효율적인 팀워크를 구축하려면 워낙 많은 대가를 치러야 하기 때문이다.[22] 분야를 불문하고 그 누구도 이기적인 마음가짐으로는 자신이 하는 일을 제대로 해낼 수가 없다.

1+1=3으로 만드는 선수

각종 연구들에 따르면, 사실 우리는 다들 자신보다 더 커다란 무언가의 일부가, 그러니까 어떤 집단이나 팀의 일원이 되고 싶어 한다. 동물로서의 본능이다. 모순적이지만 동시에 자신만 생각하는 이기적인 존재로 태어나는 것도 사실이다. 태어나는 순간부터 자기 자신을 챙기고, 자신에게 가장 이익이 되는 쪽으로 움직인다. 지극히 자연스러운 일이다. 그러나 어떤 팀이 위대한 팀이 되려면, 그렇게 이기적인 본능은 잊고 마음가짐을 바꿔야 한다. 개인적 목표보다는 팀에 필요한 것이나 팀의 비전, 목표에 더 신경을 써야 하는 것이다. 물론 쉬운 일은 아니다.

스웬 나테르가 하루아침에 이타적인 선수가 된 것은 아니다. 그렇게 되기 위해서는 먼저 팀 시스템을 이해하고 모든 것을 팀과 함께해야 한다. 일단 그런 마음을 갖게 되면 기하급수적인 발전을 하게 된다. 내 친구의 아버지는 "좋은 팀은 1+1=2가 되지만, 위대한 팀은 1+1=3이 된다"는 말을 자주 했다.

농구를 생각해보자. 교체 포인트 가드 입장에서는 주전 포인트 가드와 경쟁 관계에 있다고 느끼는 것이 당연하다. 그러나 그런 마음가짐은 독이 된다. 팀의 조직력을 갉아먹을 뿐이다. 어쨌든 포인트 가드는 자기 혼자서는 성공할 수 없으며, 대개 팀 동료들을 얼마나 잘 도와주느냐로 평가된다(사실 요즘은 모든 선수가 이런 기준에 따라 평가된다). 그의 성공은 코트에서 뛰는 다른 선수의 성공과 직결되어 있다.

교체 선수의 마음가짐은 이래야 된다. '주전 선수가 더 잘 뛰게 하려면 내가 어떻게 해야 할까?' 그렇다고 해서 교체 선수는 주전 선수가 될 욕심을 내서는 안 된다는 뜻은 아니다. 뉴잉글랜드 패트리어츠의 예비 쿼터백 톰 브래디처럼, 절치부심으로 자신을 갈고 닦다가 언제고 기회가 생기면 바로 주전 자리를 꿰찰 수도 있다. 그저 그런 결과에만 지나치게 매달리면 안 된다는 것이다. 자신이 팀의 일원이라는 걸 망각할 정도로 자기 것을 챙기진 마라. 다시 한번 강조하지만, **바닷물**

이 차오르면 모든 배가 떠오른다.

하늘 아래 두 개의 태양이 공존할 수 있을까?

이타심은 한 팀이나 집단에 '스타'가 둘 이상일 때 가장 절실히 필요해진다. 스타가 두세 명 있는 경우라 해도, 그 사실만으로 승리할 기회가 두세 배 늘어나진 않는다. 스타들이 서로 이타심을 가지려 애써야 하며, 그러지 않을 경우 스타 파워 자체가 줄어들게 된다.

2017년 여름 농구 스타 크리스 폴이 휴스턴 로케츠 팀으로 트레이드됐을 때, 이를 회의적으로 보는 사람들이 거리에서(보다 정확히 말하자면 소셜 미디어상에서) 반대 시위를 했다. 이 트레이드가 제대로 효과를 발휘할 가능성은 없어 보였다. 재앙이 될 게 분명했다. 자신의 플레이를 하기 위해 공을 잡아야 하는 스타 크리스 폴과 제임스 하든이 어떻게 공존할 수 있단 말인가? 바로 전 시즌에 하든의 공 점유 시간은 NBA 전체 선수들 가운데 1위였고, 폴은 7위였다. "공은 하나뿐이다"라는 속담도 있지 않은가. 회의론자들의 반대가 심했지만, 그 시즌에 휴스턴 로케츠 팀은 NBA 사상 최고의 기록을 세웠다. 그것도 제법 큰 차이로!

어떻게 된 일이었을까? 크리스 폴은 한 기자에게 이렇게 말했다. "각자 자신의 팀에서 자신이 해야 할 일을 하는 겁니다. 그러면 모든 게 다 풀립니다."²³ 이는 아주 큰 지혜가 담긴 말이다. 세상사는 그런 식으로 돌아간다. 물론 선수들은 매스컴을 상대로 이렇게 말하는 데 익숙해져 있지만, 휴스턴 로케츠 팀의 기록은 폴의 이야기가 사실이라는 것을 입증해준다. 그뿐 아니라, 하든은 그 해에 NBA 최우수 선수로 선정되어, 폴과 함께 뛰어도 경기력이 전혀 저하되지 않았다는 사실을 입증해 보였다. 두 선수는 승리를 위해 서로 한 발 물러선 게 아니라, 서로 한 발씩 나아간 것이다.

첫째, 두 스타 선수는 서로 공 점유 시간과 슛 기회를 늘려줄 여지가 많다는 사실을 알았다. 둘째, 한 팀에 위협적인 선수 한 명을 추가하면 온갖 기회들이 열리는데, 휴스턴 로케츠는 그것을 잘 활용했다. 폴이 팀에 합류하기 전까지만 해도 상대 팀 수비수들은 하든을 집중 마크할 수 있었다. 그런데 또 다른 위협적인 득점원 폴이 추가되자, 하든에게만 집중할 수 없었다. 그랬다가는 폴한테 당하게 되니까. 가뜩이나 다른 위대한 선수들과 함께 뛰고 싶어 했던 폴은 하든과 호흡을 맞춤으로써 위축된 게 아니라 오히려 더 강해졌다.

한 팀에서 뛰게 된 두 슈퍼스타는 서로 '상대의 경기력과 집중력을 끌어올려주자'는 쪽으로 마음을 먹었다. 물론 이런 일이 모든 슈퍼스타 선수에게 가능한 것은 아니다. 하든과 폴의 경우 이런 일이 가능했던 것은 서로의 존재를 이타적인 자세로 인정하고 받아들였기 때문이다. NBA의 플러스·마이너스 통계 수치(한 선수가 경기에 나설 때 팀이 얼마나 효율적인지를 측정하는)에 따르면, 이 원고를 쓰는 지금, 폴과 하든은 NBA 전체를 통틀어 1, 2위를 다툰다. 1+1=3의 또 다른 증거인 것이다.

세상에서 가장 조용한 알파 독

농구계에서 이타심의 왕으로 통하는 샌안토니오 스퍼스의 팀 던컨 이야기를 하지 않고는 이타심에 대해 논할 수 없다. 명예의 전당에 이름을 올린 이 전설적인 선수의 이타심은 그 역사가 길다. 팀 던컨은 미국 웨이크 포레스트대학교에 다닐 때 「허풍쟁이, 속물 그리고 자기도취자들」[24]이란 제목의 학술 논문을 공동 집필했다. 젊은 시절 던컨의 마음가짐을 엿볼 수 있는 논문으로, 그런 마음가짐 때문에 그는 역사상 가장 이타적인 선수로 불리게 된다.

던컨은 극찬을 받는 신인 선수로 또 드래프트 후보 1순위로 NBA에 들어왔다. 단 몇 년간 인상적인 성적을 보여주고 사라진 몇몇 최상위 드래프트 후보 선수와는 달리, 던컨은 NBA 사상 가장 위대한 선수 중 하나가 되었다. 재능 때문에? 그것도 물론 맞는 말이다. 하지만 사라진 모든 선수도 재능은 아주 뛰어났다. 그러나 그들은 자신이 드래프트 후보 1순위이고, 그에 걸맞은 대우를 받아야 한다는 생각에서 좀처럼 벗어나질 못했다.

던컨은 같은 팀 고참 선수 데이비드 로빈슨^{David Robinson}을 멘토로 삼아 노력했고, 그렉 포포비치 코치가 정립해놓은 팀 철학 밑에서 성장했으며, 팀 구성에 따라 계속 자신의 포지션을 바꿨다. 마음만 먹으면 그럴 수도 있었지만, 그는 다득점 선수 상위 10에도 들지 못했다. 대신 늘 공을 팀 동료에게 넘겨주었고, 연봉 상한제 하에서 연봉을 적게 받아 다른 선수를 영입할 여지를 주었으며, 시즌이 끝날 때까지도 자신의 은퇴 계획에 대해 일절 언급하지 않았다. 또한 전설적인 선수들 대부분이 하는 고별 투어 경기도 하지 않았다. 그는 스포츠 사상 가장 조용한 알파 독이었고, 사람들이 이구동성으로 말하듯 모든 시대를 통틀어 가장 위대한 파워 포워드였다.[25] 미식축구 선수 출신의 코치 샘 워커Sam Walker는 자신의 저서 『캡틴 클래스The Captain Class』에서 이렇게 말했다. "던컨은 자신을 낮춤으로써 자기 팀 선수들의 경기력을 최대한도로 끌어올렸다."[26]

내성적인 데다가 자신을 챙기는 데 별 관심이 없었던 던컨을 힘들게 한 사람들은 없었을까? 물론 있었다. 그러나 그는 정상에 오르려면 가장 중요한 것, 즉 팀의 성공에 집중해야 한다고 믿었다. 비록 지금은 은퇴했지만, 그의 그림자는 아직 NBA에 짙게 드리워져 있다.

성공하는 사람들의 비밀

스포츠 세계에서든, 비즈니스 세계에서든 흔한 오해가 있다. 이타적인 사람은 늘 다른 사람에게 이용당하며, 스스로를 돌보지 않을 경우 도태되어버릴 수밖에 없다는 오해 말이다. 이는 잘못된 믿음이다. 그것도 사람들에게 악영향을 끼치는 잘못된 믿음이다.

앞서 9장에서 언급한 것처럼, 자신의 저서 『기브앤테이크』에서 애덤 그랜트는 모든 분야에서 가장 성공한 사람은 사실상 '주는 사람들'이라며 이런 말을 했다. "그들은 다른 사람에게 늘 깊은 존경을 받는다."[27] 팀은 주는 사람들을 지지하며, 그들이 잠재력을 한껏 발휘할 수 있게 도와준다. 또한 주는 사람은 그들의 너그러움을 알아보고 높이 평가하는 팀 사람들로부터 인정과 존경을 받는다.

"주는 사람이 성공하는 과정에서는 독특한 현상이 나타난다. 일이 폭포처럼 쏟아져 내려 널리 퍼져나가고…… 주는 사람들은 성공을 하며 파급 효과를 만들어내고, 주변 사람들의 성공에까지 도움을 준다."[28] 또한 그랜트는 주는 사람은 늘 사람들과의 무한 경쟁에 뛰어들지 않아, 주변에 적이 별로 없게 된다고 했다. 그리고 그들은 자기 이익에 따라 움직이지 않기 때문에, 동료들이 그의 의견을 지지하는 경우가 많다. 사람들은 주는 사람에게 이끌린다. 그들은 주는 사람을 신뢰하고, 도와주려 하며, 함께하고 싶어 한다. 결국 주는 사람이 가장 오래가는 사람이다.

주는 사람은 에너지 전문가 존 고든이 말한 '에너지 흡혈귀'와는 정반대의 사람이다. 그들은 문화를 파괴하지 않고, 그 문화를 보완하고 키워나간다. 그랜트는 이렇게 말했다. "받는 사람의 부정적인 영향력은 주는 사람의 긍정적인 영향력보다 두 배 내지 세 배 더 크다. 팀에 받기만 하려는 사람이 하나 있으면, 사람들 사이에 피해망상이 퍼져나가 모두들 자신이 이용당할까봐 잔뜩 움츠러들게 된다."[29]

인생에서 우리 모두 어느 정도 주는 사람이다. 그러나 직장 내에서는 받아야 한다는 필요성을 느끼며, 적어도 주는 것과 받는 것 사이에 손익 계산서를 맞추려고 한다. 남들에게 물러터지거나 만만한 사람으로 보이고 싶지 않아서다. 어쩌면 그래서 사람들이 나를 어떻게 생각할까, 또는 나를 어떤 식으로 이용하려 할까 하는 것을 걱정하고 있는지도 모른다.

그런 고정관념들만 잘 극복할 수 있다면, 우리는 곧 직장 내에서 이타심과 너그러움이 성공을 보장해준다는 것을 깨닫게 될 것이다. 이런저런 힘을 개인의 성공이 아닌 조직 전체의 성공에 쏟을 수만 있다면, 우리는 자신감과 포부를 지키면서 동시에 훌륭한 팀 플레이어가 될 수 있을 것이다.

주는 것과 승리하는 것은 서로 일맥상통하는 데가 있다. 스웬 나테르에게 물어보라. 팀 던컨에게도. 그리고 크리스 폴과 제임스 하든에게도. 그리고 또 빌 러셀에게도.

팀을 살리기도 하고, 망가뜨리기도 하는 것은 각 구성원이다. 팀의 성공을 위해 구성원이 자신의 이익이나 영광을 얼마나 기꺼이 희생할 수 있는지에 달려 있는 것이다.

기억하라

- 팀이란 집단의 이익을 자신의 이익보다 우선시하는 사람들의 모임이다. 이기적인 행동 하나하나가 팀의 조직력을 잠식한다.
- 우리 모두 자신의 이익을 추구하려는 본능적인 욕구를 갖고 있다. 그러나 훌륭한 팀이라면 보다 큰 목표를 위해 이런 욕구를 옆으로 제껴야 한다.
- 팀은 '너 대 나'라는 마음가짐을 버리고 그걸 '너 더하기 나', 즉 1+1=3이라는 마음가짐으로 대체할 때 성공하게 된다.
- 이타심을 갖는다는 것은 자선 행위를 한다거나 단순히 친절을 베푼다는 의미가 아니다. 무언가를 성취하고 성공을 이루는 데 효과적인 접근방식이다.

| 역할 명료성 |
지금 할 수 있는 일은 무엇인가

이력서 상으로는 특별해 보이지 않았던 선수들이

자신이 맡은 역할을 수행해나가는 과정에서

무적의 챔피언들로 변신했다.

– 필 잭슨[1]

물론 어느 분야에서든 재능이 중요하지만, 재능만으로 모든 것이 해결되는 분야는 단 하나도 없다. 적절한 여건이 주어질 때, 또 성공할 수 있는 위치에 놓일 때, 또 자신의 역할과 주변 사람들의 역할이 명확히 정해질 때 비로소 재능을 발휘해 뛰어난 사람이 될 수 있다. 이는 팀워크에서 과소평가되고 있지만 더없이 중요한 측면이다. 어떤 점에서는 팀워크의 정의 그 자체이기도 하다. 문자 그대로 팀이 작동하는 방식인 것이다.

명확한 역할은 지도와 같다. 팀 구성원들로 하여금 길을 제대로 가게 해주고, 서로 충돌하지 않게 해주며, 중요한 문제들을 놓치지 않고 있다고 믿게 만든다. 이것이 더없이 잘 드러나는 분야가 바로 팀 스포츠 분야다. 스포츠 분야에서는 구성원들의 역할이 분명하며, 특정 플레이나 경기에서 무엇이 잘되고 무엇이 잘못되고 있는지 분석하여 책임을 밝혀내게 된다. 결코 누군가를 탓하기 위해서가 아니다. 필요한 역할 조정을 하고 다음을 위해 잘못된 것을 바로잡을 방법을 찾기 위해서다.

역할 명료성은 큰 그림을 보는 일과 같다. 팀에서 누가 어떤 역할을 맡고 있는지를 잘 알아야 한다. 각 구성원은 자신이 팀에 어떤 영향을 주는지 잘 안다. 팀이라는 기계가 어떻게 돌아가는지 잘 안다는 뜻이다. 팀을 구성하는 것은 각 조각들이 서로 제대로 들어맞아야 전체 그림이 완성되는 조각 그림 맞추기와 같다. 조각들이 서로 제대로 들어맞지 않고서는 전체 그림이 나오지 않는다. 리더는 팀의 모든 선수를 잘 파악해야 한다. 장점은 무엇이고 단점은 무엇인지, 또 어떻게 하면 동기부여가 되고 어떻게 하면 의욕상실이 되는지 말이다. 잊지 마라. 올바른 역할이 늘 선수가 원하는 역할과 일치하는 것은 아니다. 올바른 역할은 조각 그림 맞추기를 위해 선수들 각자가 맡아야 할 역할이다.

최고의 코치는 자신의 약한 선수들을 상대로 조각 그림 맞추기를 잘해낸다. 그렇게 팀을 강화한다. 그러나 최악의 코치는 스타 선수들에게 에너지를 쏟아붓는다. 그렇기에 다른 선수들에게 동기부여도 못해주고 선수들을 활용하지도 못한다. 이 세계에서 가장 강한 팀은 자신과 다른 모든 사람의 역할을 정확히 아는 사람들로 이루어진다. 다른 사람들이 제 역할을 제대로 못할까봐 불안해한다거나 제 역할을 제대로 할 거라는 믿음이 없다면, 그 누구도 자신의 능력을 제대로 발휘할 수 없다.

물고기를 땅에서 키우지 마라

NBA 올스타인 빅터 올라디포 Victor Oladipo 는 다양한 상황에서 자신의 역할을 제대로 이해하고, 극대화시켜 성공한 선수의 대표적인 예다. 나는 그를 고등학생 시절부터 알아왔는데, 그는 늘 팀을 위해 사는 선수처럼 지냈다. "저는 여전히 그 무엇 하나 제대로 이루지 못한 것 같은 느낌이 들어요." 내 팟캐스트에 출연해 그가 한 말이다. 그가 이미 얼마나 멀리까지 왔는지, 또 NBA에 진출해 자기 팀을 이끌고 플레이

오프까지 진출하는 선수가 얼마나 적은지를 감안한다면, 놀라운 말이 아닐 수 없다. 그를 위대한 선수로 만든 것은 바로 이런 마음가짐일 것이다.

빅터가 디마사가톨릭고등학교 3학년일 때, 나는 그 학교에서 성과 향상 코치 일을 시작했다. 그런데 고등학교 농구 시즌이 끝나고 오프 시즌 훈련 참석 의무를 마쳤을 때도, 빅터는 여전히 학교에 나왔다. 맞다. 그에게는 그런 프로 의식이 있었다. 시즌도 끝났고 졸업이 코앞인 열여덟 살짜리 학생이 운동을 하기 위해 매일 새벽 6시에 학교에 나온 것이다. 이렇게 하는 3학년 학생은 거의 없었다.

빅터는 솔선수범의 대명사였다. 리더 역할을 하고 보다 나이 어린 선수들에게 멘토 역할을 하는 것을 자랑스러워했다. 고참 선수로서의 역할을 잘 알고 있었고, 자신의 마음가짐과 행동이 다른 선수들에게 얼마나 큰 영향을 주는지도 잘 알고 있었다. 더욱이 다른 선수들이 다시는 함께 뛰지 못할 선수들이라는 사실을 감안하면 그의 진정성을 알 수 있을 것이다. 빅터는 더 이상 신경 쓰지 않아도 될 상황에서까지 자신의 역할에 충실했다.

그는 늘 팀이 우선인 선수였다. 나는 그 이유가 그가 개인적인 성공이나 그에 따른 사람들의 관심을 경험해보지 못했기 때문이라고 생각했다. 빅터는 더 많은 슛을 날리고 더 많은 관심을 받는 선수들과 함께였다. 롤 플레이어(Role player. 아직 주전 선수는 아니지만 팀에 큰 기여를 하는 선수-역자 주)로 시작해 고등학교를 떠나 인디애나대학교로 가면서, 그는 앞으로 역할 변경이나 변화를 이루어내기는 쉽지 않겠다는 사실을 깨달았다. 그는 이렇게 털어놨다. "저는 제가 디마사가톨릭고등학교에서 늦깎이였으며, 앞으로도 제 직업 철학에 따라 움직일 거라는 걸 잘 알았어요."

그러나 빅터는 인디애나대학교 3학년 때 비로소 다시 자신의 존재 가치를 높였다. 그리고 그 결과 NBA 스카우트 담당자들의 눈에 띄게 되었다. 이제 그는 전미 대학체육협회 선정 최고 유망주 중 하나가 되었다. 그는 이렇게 말했다. "저는 팀 동료 선수들에게 영향을 주었고, 또 그들을 도와 승리할 수 있게 했어요. 그러면서 목표를 한 단계 더 높일 수도 있겠다는 생각을 했죠."

이것이 핵심이다. 그의 슈팅 실력이나 패스 실력 또는 수비 실력이 더 나아진 것이 아니었다(물론 실제로 나아지기도 했다). 빅터가 대학 농구의 정상에 오를 수 있었던 것은 그가 코트에서 제 역할을 워낙 잘해냈기 때문이다. NBA 스카우트 담당자들이 중시하는 요소가 그런 것이니까. 그리고 르브론 제임스 같은 선수가 아니라면 NBA에서 성공할 수 있는 길은 응집력 있는 팀의 일부로 뛰는 것밖에 없다(사실 르브론 제임스도 그래야 하지만).

나는 빅터를 가까이서 죽 지켜봐왔다. 디마사가톨릭고등학교 시절에, 또 올아메리칸과 '올해의 스포팅 뉴스Sporting News' 플레이어로 활약하면서 NBA 드래프트 후보 2순위에 오른 인디애나대학교 시절에*, 또 올랜도 매직과 오클라호마시티 선더 팀을 거쳐 지금의 인디애나 페이서스 팀에 이르기까지, 늘 다양한 역할을 기꺼이 받아들이고 있는 그에게 경의를 표하지 않을 수 없다. 특히 2018년에 '기량이 가장 향상된 선수'로 선정되고, 잊혔던 인디애나 페이서스 팀을 플레이오프에서 위협적인 팀으로 변화시키면서 서서히 자기 자리를 찾아가는 모습을 지켜보는 것은 참 기분 좋은 일이었다. 스스로 자신의 가치를 입증해 보인 셈이다.

안타깝게도 오클라호마시티 선더 시절에 빅터 올라디포는 자신의 역할을 제대로 찾지 못했다. 그는 오늘날 가장 공을 많이 지배하는 가드인 그해의 MVP 러셀 웨스트브룩에 눌려 제대로 기를 펴지 못했다. 웨스트브룩에 가려 뚜렷한 역할을 찾지 못하게 되면서, 빅터는 자신이 할 수 있는 것을 보여줄 길이 없었다. 그렇게 그는 정체기에 빠져들었다. 그러나 불평불만을 하거나 누군가를 비난하지 않았다. 그런 환경 속에서 뻗어나갈 여지가 없었을 뿐이다. 그가 뻗어나가려면 적절한 상황이 필요했고, 빛을 발하려면 적절한 역할이 필요했다. 그러다 결국 그는 자신과 함께 어떻게 해야 할지 잘 아는 팀을 찾아내면서 활짝 피어났다. 드디어 그의 리더십과 팀 중심의 그의 플레이가 되살아

---

* 참고 노트 ❯ 그는 마지막 학기에 19학점을 따면서 인디애나대학교를 3년 만에 졸업했다.

났다. 인디애나 페이서스에 합류하면서 빅터는 다음과 같은 세 가지 이유로 쭉쭉 뻗어나가게 된다.

1. 경기력을 끌어올리기 위해 죽어라 노력했다. 힘을 기르고 이런저런 약점들을 보강하려 체육관에서 수많은 시간을 보냈으며, 오프시즌에도 몸집과 근육을 키우는 등 몸을 만들기 위해 무진 애를 썼다.

2. 말 그대로 팀 플레이어로, 자신에게 어떤 일이 주어지든 팀의 성공을 위해서라면 기꺼이 했다. 또 코치나 팀 동료들이 요구하는 일을 하면서 자존심을 내세우지 않았다. 디마사가톨릭고등학교 시절에 배운 것을 인디애나대학교와 NBA에서도 그대로 이행한 것이다.

3. 현재 팀에 더 잘 맞았다. 더 나은 팀이 필요한 것이 아니라 더 맞는 팀이 필요했던 것이다. 그의 장점들은 인디애나 페이서스가 필요로 하는 것들과 완벽하게 맞아떨어졌다. 올랜도 매직과 오클라호마시티 선더 시절에는 그의 재능이 제대로 활용되지 못했고, 그 팀들이 필요로 하는 역할 또한 그의 장점과는 제대로 맞지 않았었던 것이다. 빅터는 인디애나 페이서스에서 보다 많은 자유와 기회를 가졌고, 그 결과 자신의 재능을 최대한 발휘할 수 있게 되었다.

빅터 올라디포는 한때는 존재 가치를 드러내지 못했지만, 이제는 모든 사람들로 하여금 자신의 눈을 의심하게 만들었다. 그러면서 농구계의 가장 오래된 진실 중 하나를 다시 상기시켰다. "선수를 성공할 수 있는 포지션에 넣어주어야 한다."

사람들에게 각자의 장점에 맞는 역할을 부여해 성장할 수 있는 기회를 주도록 하라.

아직 필드에 나가지 않은 당신이 준비해야 할 세 가지

마이클 조던의 전설은 이제 널리 알려져 있지만, 그가 속해 있던 시카고 불스 팀의 이야기는 조던의 신화와 그의 뛰어난 플레이에 묻혀 다소 잊혀져가는 듯하다. 사람들이 잊고 있거나 아예 모르고 있는 사실이 있는데, 시카고 불스는 사실 그가 합류하면서 바로 챔피언이 된 것이 아니다. 심지어 2년 후에도 챔피언이 되지 못했다. 시카고 불스는 주로 디트로이트 피스톤스 팀에 맞서 플레이오프에서 번번이 무너졌다. 사실 조던이 이끌던 시카고 불스가 NBA 결승에 오른 건 일곱 번째 시즌에 이르러서의 일이다.

일단 롤 플레이어들의 포지션이 정해지고 조던이 그들의 역할을 다 받아들이자, 시카고 불스는 드디어 숙적 디트로이트 피스톤스를 꺾고 결승에 오를 수 있었다(그리고 곧이어 결승전들에서도 모든 팀을 꺾었다). 이는 비단 조던의 팀 동료인 올스타 출신의 다부진 수비수 스카티 피펜Scottie Pippen이 선전해준 덕분만이 아니었다. 호레이스 그랜트Horace

Grant, 존 팩슨John Paxson, 빌 카트라이트Bill Cartwright, B.J. 암스트롱B.J. Armstrong 외에, 모든 선수가 각자 어떻게 해야 챔피언 팀에 걸맞은 선수가 될 수 있는지 잘 알았던 것이다. 물론 각 선수로 하여금 자신의 역할을 잘 알고 소화해 자신의 역량을 최대한 발휘할 수 있게 해준 것은 필 잭슨 코치였다. 선수들은 자신의 역할을 받아들였고, 이제 조던이 각자의 역할을 제대로 할 수 있게 해주어야 했다.

이 모든 것을 단적으로 보여주는 유명한 이야기가 있다. 1991년 결승전에서 피 말리는 접전 끝에 맞은 다섯 번째 경기의 타임아웃 시간에 잭슨 코치는 소리쳤다. "누가 열려 있지? 마이클, 누가 열려 있어?"

"팩스요." 조던이 마지못해 인정했다. 팩스는 아웃사이드 슈터(Outside shooter. 전문적으로 3점슛을 던지는 선수 – 역자 주) 존 팩슨의 애칭이었다.

"그럼 빌어먹을 공을 그에게 줘!"[2] 잭슨이 말했다. 시카고 불스의 전설이 시작되는 결정적 순간이었다. 예상은 적중했다. 일단 팩스가 자신이 슛을 멋지게 성공시킬 수 있다고 하고, 조던이 그의 능력을 믿자, 모든 것이 끝났다.

시카고 불스가 두 번째 우승을 할 무렵 필 잭슨 코치 밑에서 조던과 함께 뛰었던 스티브 커는 미국 저널리스트 데이비드 헬버스탬David Halberstam에게 이런 말을 했다. "잭슨 감독은 모든 사람을 관여시키고, 각 선수에게 다 나름대로의 역할이 있다는 걸 알게 해주는 비상한 재능을 갖고 있었어요."³ 커는 또 이런 말도 했다. "선수들이 자신의 역할을 제대로 해내지 못하거나 언제든 뛸 준비가 되어 있지 않다면 좋은 일은 절대 일어나지 않죠."⁴

스티브 커가 훗날 골든 스테이트 팀의 모든 알파 독을 잘 공존하게 만들면서 NBA 최고의 코치 중 한 사람으로 떠오른 것은 우연의 일치가 아니다. 대가한테 배웠으니까. 그는 한 인터뷰에서 이런 말을 했다. "저한테 '필 잭슨 코치'하면 떠오르는 단어는 '포함'이요. 그러니까 모든 선수가 스스로 중요하다고 느끼게 하고, 또 선수 명단에 오른 1번부터 15번까지의 선수들에게 다 나름대로의 역할이 있다고 느끼게 하는 거죠. 그는 늘 자신이 그런 생각을 갖고 있다는 사실을 강조했습니다. 열다섯 번째 선수가 중요하다고요. 기업에서든, 교실에서든, 어떤 상황에서든 통할 수 있는 멋진 조언이죠. 자신을 하찮다고 여기는 사람들에게 자신이 중요한 사람이라고 느끼게 해주는 것. 이건 놀라울 정도로 강력한 힘이 있습니다. 제게 리더십이란 이런 거예요. 격려하고 힘을 주고 사람들로 하여금 자신감을 갖게 해주는 거죠. 또한 자신들이 하는 모든 일이 중요하다고 느끼게 해주고요."⁵

모든 사람이 자신의 역할을 맡고, 팀의 목표에 책임을 지는 것.

위대한 팀들은 이런 순환 고리를 잘 이해한다. "당신이 제 역할을 못하면 우리는 승리할 수 없지만, 당신 또한 우리 모두가 제 역할을 못하면 승리할 수 없다."

필 잭슨 코치는 모든 전설적인 팀 가운데서도 특히 더 위대한 팀이었던 1995년부터 1996년까지의 시카고 불스 팀을 이끌었다. 이 당시 시카고 불스가 세운 정규 시즌 69회 승리 기록은 모든 시대를 통틀어 가장 뛰어난 기록이다. 그는 자신이 쓴 책에서 이런 말을 했다. "내가 이 팀을 사랑한 이유 중 하나는 모든 사람이 자신의 역할을 명확히 알고 있고, 또 그걸 잘 수행했기 때문이다. 어느 누구도 경기 출전 시간이 적다거나, 슛할 기회가 적다거나, 관심을 덜 받는다고 불평하지 않았다."[6] 잭슨은 자기 선수들로 하여금 각자의 역할을 찾아내고 이해해, 자신의 능력을 한껏 발휘할 수 있게 해주는 육감이 있었다.

이것이 바로 챔피언 팀이 되는 길이다. 많은 팀이 괜찮은 선수들에게 맞지 않는 포지션을 주고 있는데, 이 문제는 해결 가능하다. 그러니까 각자 자신의 장점을 최대한 발휘할 수 있게 사람들을 잘 활용하고 있는지를 조사하는 것이다.

그리고 잊지 마라. 설사 벤치를 지키고 있다 해도(모두 일정 기간 벤치를 지키지만), 각자 다 나름대로의 역할이 있다. 각자가 경기에 출전하기 위해 기다리는 동안 해야 할 일 세 가지는 다음과 같다.

- **몰입** : 주변에서 어떤 일이 일어나고 있는지 관심을 가져라.
- **열정** : 주변에서 일어나고 있는 일에 관심이 있다는 걸 보여라. '플레

이 중인' 사람들에게 전염성 있는 긍정 에너지를 주도록 하라.

● **준비** : 당신 이름이 불리는 순간, 그 기회를 최대한 살릴 수 있게 평소
에 늘 준비하라.

최고의 선수들이 모여 최악의 팀이 되는 이유

개성 강한 사람들이 서로 자신이 최고라고 생각하는 상황에서는 역
할 분담이 명확하지 않을 경우 문제가 생긴다.

2010년 르브론 제임스와 크리스 보쉬가 드웨인 웨이드가 이끄는
마이애미 히트 팀에 합류했을 때, 이 세 슈퍼스타에 대한 사람들의 기
대는 하늘을 찌를 듯했다. 2010년에만 해도 한 팀에 슈퍼스타가 셋씩
이나 있는 경우는 드물었다. 그러나 이 '빅 3'는 기대만큼 힘을 쓰지 못
했다.

일부 분석가들은 이 문제를 이렇게 해석했다. 웨이드와 르브론과 보
쉬는 모두 자신이 속해 있던 팀에서 리더 역할을 해왔다. 그러나 전부
한 팀이 되자 누가 어떤 역할을 해야 하는지 종잡을 수가 없었다. 단순
한 자기 인식의 문제가 아니라, 실제 코트 위에서 경기를 할 때 일어나
는 문제였다. 경기 시간이 거의 끝나가는 상황에서 언제 마지막 슛을
할 것인지, 또 결정적인 슛을 누가 할 건지 알 수 없었던 것이다.

이런 문제는 수치상으로도 그대로 나타났다. 『관계를 깨뜨리지 않

고 원하는 것을 얻는 기술』에서 애덤 갈린스키와 모리스 슈바이처는 이런 말을 했다. "최근 경기에서 보여준 마이애미 히트의 조직력은 최악이었다. 특히 치열한 접전에서 나타난 그들의 기록은 NBA 전체를 통틀어 바닥에서 두 번째였다."[7] 그들의 재능이나 그들이 지난해에 결승까지 올랐던 사실을 감안하면, 이런 통계 수치는 팀 내 역할 분담이 얼마나 중요한지를 잘 보여준다. 두 사람은 이런 말도 했다. "우승까지 한 팀의 경우 어떤 특정 시점에서는 재능이 뛰어난 선수들을 영입할 때 팀의 승률이 올라가는 게 아니라 오히려 떨어진다. 재능 있는 선수들이 너무 많은 것이다."[8]

역할 분담이 명확치 않을 경우, 재능 있는 선수들을 추가하는 것은 아무런 도움이 되지 않는다. 심지어 경기력이 저하되기도 한다. 이는 보편적인 현상으로 다른 어떤 분야에서도 마찬가지다. 애덤 갈린스키와 모리스 슈바이처는 이런 말도 했다. "재능이 뛰어난 선수는 경기력을 높여준다. 그러나 그건 어느 선까지만 그렇다. 그 선을 넘으면 효과가 부정적으로 변해 오히려 팀 전력에 해를 끼치기 시작한다. 재능이 뛰어난 선수들이 많으면, 누가 알파 독인가 하는 문제를 놓고 그 뛰어난 스타 선수들 사이에 불필요한 경쟁이 벌어지기 때문이다."[9]

선수들의 재능이 일정 수준을 넘게 되면 그 팀은 하나로 뭉치지 못한다. 모든 조각 그림이 제대로 들어맞을 때, 그러니까 각 선수가 자기 역할을 받아들이고 그 역할을 편안해할 때 비로소 팀다운 팀이 되는 것이다.

롤 플레이어로 시작해 여섯 번째 선수가 된 남자

마이애미 히트 팀이 모든 것을 제대로 해낼 수 있었던 데는 수석 코치 에릭 스폴스트라Eric Spoelstra의 공이 컸다. 그는 스스로 아주 뛰어난 리더라는 사실을 입증해 보였다. 또한 스폴스트라 코치와 마찬가지로 대학 농구 코치들 역시 늘 역할 명료성에 아주 많은 신경을 쓴다. 코치들은 고등학교를 졸업할 때까지 코트 위에서 최우수 선수로 뛴 사람들을 상대해야 한다. 이런 선수들이 듀크대학교나 빌라노바대학교 같은 농구 명문 대학에 오면, 그들은 고등학교 시절에 했던 것과 다르게 주어진 역할에 맞추는 법을 배워야 한다.

내가 빌라노바대학교의 코치 제이 라이트에게 그런 선수들이 각자의 역할을 받아들이게 만드는 비결이 뭐냐고 물었을 때, 그는 이렇게 답했다. "코치가 자신들에게 주는 역할이 장기적으로 봤을 때 자신에게 가장 큰 도움이 된다는 걸 믿어야 합니다. 나중에 다 보상받게 된다는 믿음만 준다면, 선수들은 팀을 위해 자신을 희생할 수 있다고 봅니다."

3년간 우승컵을 두 번 안은 라이트 코치는 자신의 스타 선수들부터 후보 선수들에 이르는 모든 선수가 팀의 목표에 동참하게 하는 법을 잘 알고 있다. 실제로 2018년 챔피언 결정전에서 가장 많은 득점을 한 빌라노바대학교의 선수는 '여섯 번째 선수(6th player. 주전 선수 5명 바로 밑의 최우수 교체 선수 – 역자 주)'인 돈테 디빈센조^{Donte DiVincenzo}였다. 그는 교체 선수로 출전해 31득점을 했는데, 이는 결승전에서 벤치를 지키는 교체 선수가 올린 최다 득점이다. 그 결과, 돈테는 NBA 스카우트 전문가들의 눈에 띄었고 결국 후보 순위 열일곱 번째 선수로 드래프트됐다. 이 모든 것은 그가 라이트 코치의 시스템 안에서 자신의 역할을 잘 소화하며 커나갔기 때문이다.

나는 이 젊은 선수가 결정적인 순간에 기량을 맘껏 발휘한 것이 전적으로 라이트 코치의 철학 덕이라고 생각한다. 모든 선수를 소중히 여기는 그의 철학이 돈테에게 언제든 빛을 발할 자신감을 준 것이다. 라이트 코치는 시즌 내내 각 선수들이 역할에 충실하게 만드는 시스템을 개발해냈다. "우리의 본능들은 경험과 함께 자라날 수 있습니다. 그걸 묶는 게 우리의 지혜죠."

빌라노바대학교의 슈퍼스타 미칼 브리지스^{Mikal Bridges}는 롤 플레이어로 시작해 '여섯 번째 선수'가 되었고 다시 3학년 때 팀의 리더가 되었는데, 그는 자신에게 어떤 역할이 주어지든 언제나 잘 해내서 라이트 코치를 기쁘게 했다. 그 역시 그 해의 우승팀이었던 빌라노바대학교의 다른 두 선수(오마리 스펠맨과 잘렌 브룬슨)와 함께 NBA에 진출했다. 이 선수들은 라이트의 시스템 아래에서 자신의 역할을 제대로 소화해내 그 누구도 혼자선 아무것도 할 수 없는 프로농구 세계로 진출했다.

리바운드가 없으면 슛도 넣을 수 없다

농구에서는 많은 선수가 주 공격수가 되고 싶어 한다. 멋진 데다가 사람들로부터 관심도 많이 받기 때문이다. 어린 시절, 자신이 농구 경기를 멋지게 마무리하는 주인공이라 상상할 때, 중요한 리바운드나 패스를 하는 모습을 상상하는 사람은 아무도 없을 것이다. 누구나 결정적인 마지막 슛을 날리는 주인공의 모습을 상상하기 마련이다. 그러나 나이가 들면, 승리라는 것이 꼭 마지막에 모든 사람에 의해 헹가래쳐지는 사람이 되는 일은 아니라는 사실을 알게 된다. 그런 것은 영화에서나 나오는 장면이다.

성공이 스타가 된다는 의미는 아니다. 자신의 역할 내에서 스타가 된다는 의미다. 시간이 지나면 이러한 사실을 깨닫게 될 것이고, 역할은 더 확대될 것이다. 당신이 지금 팀의 3점슛 전문가가 아니라면, 혼자 남아 3점 슛 던지는 연습을 죽어라 해보라. 그러다 보면 결정적인 순간에 팀의 주력 3점포가 될 기회를 얻게 된다. 리더의 주요 임무는 각 팀원이 무엇을 잘하는지 알아내고, 팀 전체의 목표를 위해 각자의 능력을 최대한 활용할 방법을 찾아내는 것이다. 그런 다음 모든 팀원이 자신의 역할을 이해하고 소화해 그 역할 내에서 스타가 되게 해야 한다.

리더는 각 선수의 역할을 명확히 전달해야 한다. 명쾌하고 일관성 있게 말이다. 팀원들은 겸손하게 자신의 역할을 받아들일 수 있어야 한다. 그러나 모두에게 역할을 제대로 전달하고 이해시키는 것은 코치가 할 일이다. 만일 어떤 팀원이 늘 자기 역할을 제대로 하지 않아 팀워크를 깨뜨린다면, 리더는 자기 자신에게 이렇게 물어봐야 한다. '저 친구 자기 역할이 뭔지 알고 있나? 확실해? 확인해 봐.'

역할 분담을 명확히 하는 3단계

- 각 개인의 역할을 명확히 정하고 또 명확히 알려주어라.
- 모든 사람이 자신의 역할을 받아들이고 믿게 하라.
- 어떤 역할이든 자신에게 주어진 역할 안에서 스타가 되는 사람들을 칭찬하라.

이 3단계는 말할 수 없이 중요하다. 팀원들에게 각자의 가치를 알려주는 것은 리더의 의무다. 예를 들어 코치는 좀처럼 경기에 출전할 기회를 갖지 못하는 열 번째 선수와 나란히 앉아 이런 말을 해야 한다. "이보게, 코트에서 뛸 기회가 많지 않은 건 잘 아네. 하지만 연습 때 자네가 우리의 주전 포인트 가드를 상대하는 일을 해주지 않는다면, 지금의 그 포인트 가드는 존재하지 않을 걸세. 그러니 자네가 정말 중요한 일을 하고 있다는 뜻이지. 자네가 아니었으면 우리가 이만큼 잘나가는 팀이 될 수 없었을 거야."

가장 이상적인 것은, 리더가 다른 사람들 앞에서 공개적으로 이런 말을 건네는 상황이다. 경기에 출전도 못 하고 있는 롤 플레이어가 팀을 위해 나름대로 기여를 하고 있다는 사실을 스스로, 또 다른 팀원들도 느끼게 해주는 것이다. 당신 밑에 있는 누군가가 동기부여가 안 되어 처져 있거나, 인정을 받지 못해서 또는 보다 큰 역할을 맡지 못해서 좌절감을 느끼고 있다면 이렇게 해보라. 개인적으로 둘이 있을 때 또 다른 사람들 앞에서 그 사람을 칭찬해주는 것이다. 장담컨대 그 사람의 마음가짐과 성과에 눈에 띄는 변화가 생길 것이다.

롤 플레이어들의 힘

위대한 NBA 농구팀과 대학 농구팀은 단순히 스타 선수들 때문에 잘나가고 있는 게 아니다. NBA의 수많은 스타 선수들이 전면 대결을 벌일 경우, 어느 정도 수준까지 그들은 막상막하다. 또한 플레이오프에 진출한 모든 팀에는 스타 선수가 있으며, 그게 NBA가 돌아가는 방식이다. A팀의 스타 선수가 자기 점수를 올리고, 이에 질세라 B팀의 스타 선수도 자기 점수를 올린다. 그래서 나머지 차이를 만드는 것은 바로, 아직 주전은 아니지만 팀에 큰 기여를 하는 이른바 '롤 플레이어'이다.

과거 10년간의 샌안토니오 스퍼스와 최근 10년간의 골든 스테이트 워리어스에는 스타 선수가 많았지만, 이 두 팀이 순전히 스타 선수들 때문에 NBA 챔피언이 된 건 아니다. 스타 선수들 외에 수비 전문 선수, 스포트-업 슈터(Spot-up shooter. 특정한 지점으로 달려가 공을 잡아 바로 슛을 하는 선수 – 역자 주) 그리고 모든 선수를 하나로 묶어주는 리더십을 가진 선수가 각자의 역할을 잘 해낸 것이다. 팀이 제대로 돌아가려면, 선수들이 각자 팀 전체를 위해 기꺼이 헌신할 수 있어야 한다.

골든 스테이트 워리어스의 경기를 보면 케빈 듀란트와 스티븐 커리가 펼치는 MVP 수준의 플레이는 보이겠지만, 그들의 득점을 뒷받침해주는 선수들은 제대로 보지 못할 수 있다. 그러나 경기를 자세히 지켜보면, 모든 실린더가 힘차게 돌아가며 제 역할을 하는 고성능 기계를 보는 것 같다. 2018년에 샌안토니오 스퍼스는 자신들의 유일한 스타 선수인 카와이 레너드Kawhi Leonard 없이 거의 전 시즌을 보냈다. 하지만 플레이오프에서 그들이 올린 기록은 여전히 최고 수준이었다. 카와이가 뛰어난 선수가 아니라는 뜻이 아니다. 나머지 선수가 각자 자신의 새로운 역할을 맡아 그 없이도 잘 움직이는 팀을 만든 것이다.

듀크대학교나 켄터키대학교 같은 대학 농구 명문 팀도 마찬가지다.

각 대학 농구팀 코치 마이크 시셰프스키와 존 칼리파리는 단순히 좋은 성적을 올리고 멋진 장면을 연출하는 선수들이 아니라, 기꺼이 팀을 위해 헌신할 수 있는 선수를 영입해 팀에 맞는 선수로 키웠다. 또 선수들을 상대로 각자 자신의 역할을 수행하며 팀 전체를 위해 헌신해야 한다는 점을 설득시켰다. 이런 접근방식 덕에 두 대학팀은 전미 챔피언이 되었고, 두 팀 선수들은 NBA에 드래프트되는 큰 행운을 잡을 수 있었다.

NBA의 농구 천재 제러미 린Jeremy Lin는 늘 자신에게 주어진 역할을 잘 수행함으로써 탄탄한 입지를 다졌다. 그는 하버드대학교 농구 선수 시절에 여러 차례 퇴짜를 맞으며 NBA에 드래프트되지 못했다. 몇 개 팀을 전전하던 그는 결국 2011년에 뉴욕 닉스 팀에 들어갔으며, 그 이듬해에 '린 열풍(Linsanity. Lin과 insanity의 합성어로, 린이 일으킨 놀라운 열풍을 뜻함 – 역자 주)'을 일으켜 NBA를 발칵 뒤집어놓게 된다. 그 당시 뉴욕 닉스가 필요로 했던 에너지와 영웅적인 투지를 바로 린이 불어넣어준 것이다.

그가 언제나 그렇게 할 수 있었던 건 아니다. 계속 그렇게 하려 했다면 그 이듬해에 NBA에서 밀려났을지도 모른다. 그는 각 상황에 어떻게 접근할 것인지 또 어떻게 자신의 역할을 찾을 것인지를 알아냈고, 그러면서 모든 문제가 해결됐다.

린은 한 인터뷰에서 이런 말을 했다. "샬럿 호니츠 팀에 있을 때는 팀의 공백을 메워야 해서 맡은 역할이 줄어들었습니다. 그러나 우리 팀은 시즌 시작 전에 나온 각종 설문조사 예측보다 훨씬 더 좋은 성적을 거뒀으며, 그 시즌은 제가 농구를 시작한 이래 가장 즐거운 시즌 중 하나였습니다."

잠깐! 뭐라고? 다시 읽어보라. 스물네 살의 나이로 순식간에 뉴욕의 슈퍼 영웅으로 떠오른 제러미 린이 샬럿 호니츠에서 2주 가까이 전성기 때에 비해 역할이 줄어든 시즌을 보냈는데, 그 시즌이 가장 즐거운 시즌 중 하나였다고? 이것이 바로 기쁜 마음으로 자신의 역할을 수행하는 사람의 전형적인 마음가짐이다. 진정한 팀 플레이어의 마음가짐이기도 하다. 린은 현재 애틀랜타 호크스 팀에서 또 다른 역할을 맡고 있는데, 그의 성공은 마음을 열고 상황에 적응한 결과라고 해야 할 것이다.

명확한 역할 분담을 떠올리면, 경주용 자동차 타이어들을 교체하는 수리 팀이 떠오른다. 수리 팀의 구성원들은 각자 할 일이 무언지 잘 알며, 최대한 빨리 자동차가 다시 달리게 하기 위해 각자의 역할을 정확히 수행한다. 이는 팀 구성원들이 각자 자신의 역할을 수행해야 하는 좋은 예시 중 하나로 볼 때마다 새로운 깨달음을 준다.

자가 테스트

자신의 역할을 수행하기 위해 가장 필요하다고 여겨지는 책임은 무엇인

가. 그 책임을 나열해서 적을 수 있겠는가? 어떻게 하면 그 책임을 더욱 잘 감당할 수 있겠는가?

혹시 상사와 어떻게 하면 당신이 맡은 역할을 더 잘 수행할 것인지에 대해 이야기를 나눠본 적이 있는가? 아니면 당신의 역할을 보다 잘 수행하기 위해 외부 작업을 하거나, 연구를 하거나, 다른 방법들을 찾아본 적이 있는가?

왜 그러지 않았는가?

나는 지금 어디에 서 있는가

역할을 이해하고 받아들이려면 겸손함과 자신감이 필요하다. 첫째, 겸손함이 필요한 것은 모든 일은 혼자 하는 것이 아니며, 또 팀을 이루는 데 필요한 조각은 당신뿐만이 아니라는 사실을 이해해야 하기 때문이다. 둘째, 자신감이 필요한 것은 그런 역할을 맡아 충실히 수행해 나가기 위함이다. 자신의 위치에서 할 수 있는 것들을 최대한 하라. 그러다 보면 새롭고 큰 역할들을 맡게 되는 경우가 아주 많다. 그다음에는 그보다 더 새롭고 큰 역할들도 제대로 맡을 수 있게 될 것이다.

팀은 서로 맞물려 들어가는 조각 그림 맞추기와 같다는 사실을 알아야 한다. 퍼즐의 조각 그림들은 저마다 모양과 크기가 다르며, 하나하나가 다 전체를 위해 꼭 필요하고 소중하다.

기억하라

- 역할 명료성은 리더로부터 나온다. 리더가 각 팀 구성원들을 상대로 주어진 역할을 이해하고 받아들이게 해야 한다.

- 주어진 역할을 수행하는 것으로부터 시작하라. 하고 싶은 일, 당신한테 편한 일이 아니라 팀이 당신에게 필요로 하는 일을 하라.

- 가능하다면, 시간을 더 내어 새로운 역할을 맡거나 역할을 확대하라.

- 리더는 이른바 롤 플레이어, 주목도 받지 못하고 언론에 오르내리지도 않는 선수들을 인정해주어야 한다.

- 최고의 선수들을 끌어모았다고 해서 자동적으로 성공할 것이라 생각지 마라. 팀을 만든다는 것은 팀 구성원 각자가 자신의 역할을 이해하고 받아들인다는 의미다.

| 커뮤니케이션 |
몸짓 언어와 목소리 톤까지 조절하라

아버지는 누가 팔든 누가 사든 중요한 것이 아니라고 하셨다.

중요한 것은 인간관계를 형성하는 일이다.

– 팀 드레이퍼

유능한 선수나 코치, 팀원은 '연결'에 관심이 많다. 그래서 늘 사람들과 인간관계를 맺는 법을 배우고, 그 기술을 갈고 닦으며, 자신의 윗사람과 아랫사람 또는 또래들을 상대로 인맥을 쌓는다. 커뮤니케이션을 잘 하려면 사람 간의 벽을 더 높게 쌓는 것이 아니라 허물어버리는 섬세한 방법을 배워야 한다. 이런 이야기를 하다 보면, 몇 차례 들어본 적 있는 공감 가는 말이 생각난다. "사람들을 내보내지 말고 참여시켜라." 성공한 팀은 서로 자기 이야기만 떠드는 것이 아니라 서로의 말에 귀 기울인다.

커뮤니케이션은 모든 팀에 반드시 필요하다. 커뮤니케이션을 한다는 것은 단순히 한 사람에게서 다른 사람에게로 정보를 전한다는 의미는 아니다. 그보다 훨씬 더 큰 의미이다. 그러니까 자신의 이익, 자신의 필요, 자신의 바람을 뛰어넘어 더 큰 그림을 보는 것이다. 커뮤니케이션을 한다는 것은 말 그대로 우리 주변의 모든 것과 교감하는 일이다. 사람들이 우리가 어떤 사람인지를 알고, 우리가 그들이 누구인지를 아는 것이다. 이런 것들은 워낙 기본적인 것이어서 잊어버리기 쉽다.

나는 당신이 말을 해줘야 당신 기분이 어떤지를 안다.
당신 또한 내가 말을 해줘야 내 기분이 어떤지를 안다.

'이해한다'고 말하면 멀어진다

인간관계를 돈독하게 하기 위해 흔히 쓰는 말 중 하나가 '이해한다'는 말이다.

당신이 어떤 기분인지 이해한다.

당신이 어떤 일을 겪고 있는지 이해한다.

당신이 왜 그런 말을 했는지 이해한다.

그러나 나는 이해한다는 말은 역효과를 낸다고 생각한다. 아무리 좋은 의도로 말한다 해도, 누군가에게 상대의 기분을 이해한다고 하는 것은 마치 윗사람이 아랫사람 대하는 듯하고 또 잘난 척하는 것처럼 보일 수 있다. 그래서 오히려 상대는 벽을 쌓게 되며, 가까이 다가가려고 다리를 놓으려다 오히려 더 멀어지게 된다. 이해한다고 말하는 것은 대개 상대에게 공감을 표하려는 것이지만, 뜻대로 되기는 힘들다. 이런저런 '사실'을 이해할 수는 있지만, 어떤 사람의 '기분'을 제대로 이해할 수는 없다. 설사 비슷한 일을 겪었다 해도, 상황이나 세세한 부분들에서 늘 차이가 있기 때문이다.

그러니 상대가 어떻게 느끼는지 "이해한다"고 말하지 말고, 상대가 어떻게 느끼는지 "알 것 같다"고 말하거나 상대가 겪고 있는 일을 "존중한다"고 말하라. 상대는 당신의 솔직함을 반갑게 여길 것이며, 순수하게 공감해주는 일을 고마워할 것이다.

자기 자신을 넘어서는 법

우리는 모두 어린 나이에 말하는 법을 배우지만, 커뮤니케이션은 그렇지 않다. 효과적인 소통법은 시간이 지나면서 발전되는 기술이다. 어떤 기술이든 마찬가지지만, 커뮤니케이션 기술은 적절한 연습과 반복을 통해 배우고 개선할 수 있다. 일단 방법을 배우면, 당신을 향해 언제나 닫혀 있다고 생각했던 문들이 활짝 열릴 것이다. 이는 인간관계나 직장 생활에도 해당된다.

이 책을 쓰면서 나는 NBA 선수였으며 현재 ESPN 대학 농구 분석가인 제이 윌리엄스를 인터뷰했다. 그는 내가 만나본 가장 인상적인 전문가 중 한 사람이다. 어린 시절 제이는 바람 빠진 농구공을 가지고 드리블하는 법을 배웠다. 힘들게 일하는 어머니에게 새 공을 사달라고 조를 수 없었기에, 그는 바람 빠진 농구공으로 연습을 계속했다. 그런데 장기적으로 봤을 때는 그 일이 그에게 엄청난 도움이 되었다. 훗날 그가 드리블에 아주 능한 선수가 된 것도 알고 보면 어린 시절 바람 빠진 공을 가지고 맹렬히 드리블 연습을 했기 때문이었다.[10]

살아오면서 제이 윌리엄스는 단순히 역경에서 벗어나 되돌아오는 것이 아니라, 더 강한 사람이 되어 돌아오는 방법을 찾아냈다. 제이는 살아오면서 큰 역경을 두 차례 겪었고, 그때마다 있는 힘을 다 끌어모아 재기해야 했다. 그는 결국 자기 분야의 정상에 올랐다. 듀크대학교에서 올해의 대학 농구 선수와 챔피언이 되었고, 2순위로 NBA에 드래프트됐으며, 현재는 농구계에서 알아주는 대학 농구 분석가들 중 한 사람이 되었다.

NBA 신인 선수 시즌이 끝난 이후, 제이는 오토바이 사고로 한쪽 다리를 못 쓰게 됐다. 목숨은 건졌지만, 농구선수로서의 생명은 거의 끝난 셈이었다. 제이는 자신의 책 『인생은 사고가 아니다Life Is Not an Accident』에서 끔찍한 수술과 치료를 거치면서 겪은 정신적 고통에 대해 가감 없이 적었다. 다친 발을 땅에서 들어 올릴 수 있게 되기까지 무려 아홉 차례의 수술을 받았다. 시련은 계속 이어지고 수영장에서 할머니들한테까지 추월당하게 되자, 모든 것을 포기하려 했다. 자존감이 바닥까지 떨어졌고, 약물 중독과 자살 충동의 악순환에 빠져들었다.

그가 다시 자신을 추스르기까지, 그러니까 몸과 마음과 정신을 회복하기까지는 3년이 넘게 걸렸다. 브루클린 네츠 팀 관계자들과 커피 한 잔을 나눌 정도까지 회복됐지만, 제이는 이제 예전과 같은 선수는 결코 아니었다. 그러나 역경을 헤쳐 나가는 일에 관한 한 제이 윌리엄스는 타의 추종을 불허한다. 나는 그에게 큰 감동을 받았는데, 그가 필요하다고 생각되면 어떤 역경이든 극복해내며 그 결과 여러 분야에서 두각을 드러내는 사람이 된다는 점 때문이었다. 제이가 주는 교훈은 아주 높은 압력을 받게 되면 석탄이 다이아몬드로 변할 수도 있다는 것이다.

그는 한 인터뷰에서 젊은 시절에는 자신의 생각을 표현하는 데 어려움이 많았으나, 자신을 이해하고 사람들과 관계를 맺으면서 그런 어려움을 극복할 수 있었다고 말했다. 오늘날의 자신을 있게 만든 수많은 요소 중에서도 커뮤니케이션에 대해 강조한 것이다.

제이는 보다 젊은 시절에 자신은 정말 참 '형편없는 커뮤니케이터' 였다면서 이런 말을 했다. "그러다 듀크대학교에 갔는데, 마이크 시셰프스키 코치가 나 자신을 제대로 알게 만들어줬습니다. 제가 경험할 수 있는 최고의 가르침이었어요. 그 덕에 힘든 순간에도 제 생각을 남들에게 제대로 전달하게 됐거든요."

시셰프스키 코치는 오랜 세월 선수들에게 '언제나 솔직하고, 커뮤니케이션을 많이 할 것'을 요구해왔다. 선수들은 연습 중 공을 패스할 때마다 상대 선수의 이름을 불러야 했고, 그런 행동이 알게 모르게 선수들의 뇌 속에, 그리고 또 경기 속에 주입됐다.

듀크대학교 농구팀에서 커뮤니케이션은 단순한 인간관계 방식이 아니었다. 시셰프스키 코치는 모든 선수가 동료 선수들과 커뮤니케이션을 해야 한다고 생각했다. 어떤 선수가 코트 위에서 너무 말이 없거나 내향적인 모습을 보일 때면 코치는 그걸 이기적인 행위로 간주했다. 생각해보라. 당신이 만일 팀 동료들과 커뮤니케이션을 하지 않는다면 누가 답답하겠는가? 당신이야 늘 당신이 무슨 생각을 하고 있는지 알고 있고, 말을 않고 가만히 있어도 문제가 되지 않는다. 하지만 당신 주변 사람은 어떻겠는가? 답답해 죽을 것이다.

제이 윌리엄스는 이렇게 말했다. "커뮤니케이션을 하지 않을 때, 당신은 모든 걸 내면화하게 됩니다. 그러니까 자기 자신이나 실수한 순간 따위에 빠져 있는 거예요. 그야말로 자신만 생각하는 심리 상태죠." 듀크대학교 농구선수 시절에, 그는 다음 플레이에 집중해야 하는 순간에 자신이 실수한 플레이를 생각하느라 멍하니 있는 순간들이 있다는 사실을 스스로 깨달았다. 동료들과 커뮤니케이션을 하면서 자신이 원하는 일이 아니라 팀 동료들이 해내기 원하는 일에 관심을 집중해야 하는데 말이다.

제이는 시셰프스키 코치가 자신을 앉혀 놓고 비디오로 녹화된 경기 모습을 보여준 덕에 그 사실을 알게 됐다. 자신의 경기 영상을 보니, 공을 뺏긴 뒤 자책감에 빠져 순간 동료들의 다음 움직임을 놓치고 있는 자신의 모습을 보게 된 것이다. 경기 중 그의 그런 행동은 악순환을 불러일으켰다. 그런 행동이 팀에 악영향을 미친다는 걸 이해하게 되자, 제이는 버릇을 고칠 수 있었다.

그가 커뮤니케이션의 중요성과 관련해 배운 이 교훈은 비단 코트 위뿐 아니라 비즈니스와 삶에도 적용된다. 제이는 이렇게 말했다. "어떤 상황에서든 누군가와 커뮤니케이션을 할 수 있는 능력은 비즈니스에서도 중요합니다. 시간을 내 함께 일하는 사람을 평가하고, 그 사람의 장점과 단점을 알아내는 중요한 시간이니까요. 커뮤니케이션이라는 특별한 렌즈를 통해 당신이 해야 할 말을 하는 겁니다."

또한 제이는 모든 인간관계에 진심을 담는다. 이것은 아주 중요한 이야기인데, 우리의 인간관계는(심지어 비즈니스 관계도) 단순한 '거래'가 아니다. 그는 이렇게 말했다. "누군가를 만날 때 바로 '이 사람은 내게 무엇을 해줄 수 있고, 나는 이 사람에게 무엇을 해줄 수 있을까?' 이런 생각을 합니다. 개인적인 관계라고요? 마찬가지예요. 당신이 그 사람에게 고민을 털어놓는 순간, 상대는 어떻게든 당신이 필요로 하는 일에 도움을 주려 할 겁니다. 비즈니스의 기본이죠."

커뮤니케이션은 꼭 필요하며 건강에도 좋은 방출 밸브 역할을 한다. 제이는 말했다. "인간관계에서든 사무실에서든, 아니면 세상 사람들의 관심을 끄는 일에서든 커뮤니케이션을 하지 않을 경우 우리의 좌절감은 계속 쌓이다가 넘쳐 다음 인간관계에 영향을 주게 되고, 또 그다음 인간관계에도 영향을 주게 됩니다." 커뮤니케이션은 주변 사람들은 물론 자신의 감정과 소통하는 방식이기도 하다. 또한 우리의 감정들이 속으로 쌓이고 무시받으며 점점 더 악화되게 내버려두지 않게 하는 방법이기도 하다. 우리는 동료들과 커뮤니케이션을 하면서 자신의 마음을 터놓게 되고, 그 결과 그들의 통찰력, 공감, 도움을 받게 된다.

코트 위에서 이야기하라

좋은 팀은 이야기를 한다. 위대한 팀은 커뮤니케이션을 한다.

명예의 전당에 이름을 올린 코치 밥 헐리Bob Hurley는 연습 경기 중에 가끔 잠시 눈을 감고 상황이 어떻게 돌아가고 있는지 귀로 파악하려 한다. 눈에는 잘 보이지 않는 선수들끼리 이야기하는 소리, 운동화 끄 는 소리 등을 들으려 하는 것이다. 중요한 것은 커뮤니케이션을 제대 로 하는 일을 습관화해야 한다는 사실이다. 나는 농구선수들의 커뮤 니케이션 능력을 평가하고, 향상시키는 데 도움이 되는 다음과 같은 평가 시스템을 개발했다.

0 – 침묵 (언제든 용납할 수 없음)

1 – 소리 (손뼉을 치는 선수들)

2 – 접촉 (하이파이브와 주먹인사를 하는 선수들)

3 – 일반적인 이야기 ("잘했어!", "잡아!" 같은 말을 외치는 선수들)

4 – 구체적인 이야기 (이름을 부르면서 "좋은 패스, 제임스!" 식으로 말하는 선수들)

5 – 방향 결정 (코트 위에서 코치가 되는 선수들. 끊임없이 모든 일을 이야기한다)

코치들은 코트 위에서 뛰는 선수 다섯 명의 점수가 적어도 20점이 되는 것을 목표로 선수들을 평가해야 하며, 따라서 모든 선수들이 4점

내지 5점 수준이 되게 만들어야 한다. 또한 코트 양끝에서 커뮤니케이션을 하는 선수들을 격려해주고, 동료가 멋진 플레이를 할 때 말로 칭찬해주고, 실수할 때 말로 고쳐주는 선수들에게 보상을 해주어야 한다. 확고한 기준을 정해놓는 것이야말로, 언제나 팀에서 적절한 수준의 커뮤니케이션을 할 수 있도록 하는 확실히 방법이다. 그렇지 않은 경우, 구성원 사이에 충분한 커뮤니케이션이 이루어진다고 막연한 짐작만 하게 되는데, 흔히 그런 식으로 하다가 문제가 생긴다.

우리는 동료의 험담을 하는 데 얼마나 많은 시간을 보낼까?

효과적인 커뮤니케이션이 늘 즐겁기만 한 것은 아니다. 그저 잘 지내기 위해 잘 지내다 보면 역효과를 볼 수도 있다. 만일 이런저런 문제들을 제대로 해결하지 않고 넘어간다면, 그 팀은 제대로 돌아갈 수가 없다. 미해결 상태로 넘긴 문제들이 점점 커져 처리하기 힘든 장애물이 되어버리기 때문이다.

위대한 팀은 서로서로 움츠러들지 않고, 자신의 치부를 드러내는 걸 두려워하지 않는다. 생각해보라. 어떻게 치부를 드러내지 않고 그것을 바로잡을 수 있겠는가? 자신의 실수, 약점, 우려를 보복에 대해 두려움 없이 인정한다. "구성원들이 아주 편하게 자기 자신을 드러낼 수 있을 때, 비로소 스스로를 보호해야 한다는 걱정 없이 행동할 수 있다." 관리 전문가 패트릭 렌시오니Patrick Lencioni가 저서 『탁월한 조직이 빠지기 쉬운 다섯 가지 함정 탈출법The Five Dysfunctions of a Team』에서 한 말이다.

커뮤니케이션을 한다는 것은 단순히 지지나 친절함을 끌어낸다는 의미가 아니다. 때로는 발전과 생산성을 끌어낸다는 의미이다. 여러 분야에 종사하는 기업체 임원들에 대해 실시한 한 조사에서, '조직 내에 문제가 있었는데 거론조차 않고 넘어간 적은 없느냐'는 질문에 85퍼센트의 임원들이 그런 적이 있지만 그 문제에 대해 이야기를 꺼낼 분위기가 아니었다고 했다.[11] 거의 10명 중 9명의 직원이 자신의 문제를 꺼내는 것을 두려워한다. 이것은 아주 큰 문제이다.

세계 최대 규모의 헤지펀드 브리지워터 어소시에이츠를 운영하는 레이 달리오Ray Dalio는 지구상에서 가장 돈이 많은 사람 100명 중 한 명으로, 이른바 '철저한 솔직함radical honesty'과 '철저한 투명성radical trans-parency'을 실행하고 있다.[12] 이는 그의 기업 철학이기도 하다. "철저한 솔직함이란, 모든 것을 테이블에 올려놓고 보는 것입니다." 레이 달리오가 한 인터뷰에서 한 말이다. 사람들로 하여금 누가 앞서고 있는지, 또는 그렇지 못한지, 그리고 그 이유는 무엇인지를 알게 하는 방법이다. 이 전략은 의심과 불안, 혼란이 지배하는 환경을 만드는 일보다는 정말 중요한 것에 에너지를 쏟는 전략이라고 할 수 있다.

당신이 속해 있던(또는 지금 속해 있는) 직장을 생각해보라. 상사가 당신의 업무 성과에 대해 생각하느라, 또 동료가 뒤에서 당신의 험담을 하느라 얼마나 많은 시간과 에너지가 낭비됐는가? 그런 일들이 얼마나 사기를 떨어뜨리는 일인지를 생각해보라. 마음을 터놓고 솔직한 커뮤니케이션을 하는 것이 얼마나 많은 시간과 에너지를 절약시켜주며, 동시에 마음의 평화를 주는지 생각해보라. 예지력이 있는 달리오는 조직 내 커뮤니케이션을 활성화하려는 노력의 일환으로 사람들 간의 벽을 허물기로 마음먹었다. 기업은 늘 모든 것들을 솔직하게 공개하려 애써야 한다. 모든 직원들에게 자신이 거대한 톱니바퀴 속의 부품일 뿐인 존재가 아니라, 자신의 가치를 알아주는 조직의 적극적인 일원이라고 느끼게 해주어야 한다. 잊지 마라. 직원은 늘 조직이 자신을 필요로 한다는 느낌을 갖고 싶어 한다.

가시방석에 앉아야 하는 이유

사람들의 말을 귀 기울여 듣는 일이 언제나 쉬운 것은 아니지만, 팀의 성장은 물론 자신의 성장을 위해서도 절대적으로 필요한 일이다. 최근에 나는 그런 기술을 가르쳐주는 캠프에 참여한 적이 있다. 캠프에서는 모든 참여자가 소위 '가시방석Hot Seat'에 앉아 시간을 보내야 하는 연습 프로그램도 있었다. 이 프로그램의 목표는 모든 사람들로 하여금 최대한 활짝 마음을 열고, 자신의 약점을 있는 그대로 드러내게 하는 데 있었다. 가시방석에 앉은 사람은 개인적인 것이든 직업적인 것이든, 자신이 현재 직면한 가장 큰 문제를 사람들한테 솔직히 말해야 했다. 그러면 다른 사람들은 공감하는 자세로 귀 기울여 듣고, 솔직한 피드백을 주면서 가시방석에 앉은 사람에게 편하고 안전한 분위기를 만들어주어야 했다. 가시방석에 앉은 사람은 말을 다 끝낸 뒤 사람들에게 '고맙습니다'와 '좀 더 자세히 말씀해주시겠습니까?'라는 말 외에 다른 말을 하면 안 됐다. 반박한다든가, 변호한다든가, 자신의 말을 정당화하거나 상대의 말을 묵살해서는 안 됐다.

내 차례가 되어 직접 가시방석에 앉아 보니 보통 힘겨운 시간이 아니었다. 우리는 모두 아픈 이야기를 마주하면 피하려 하거나, 설명하려 하거나, 자신을 보호하려 한다. 그것이 본능이다. 가시방석에 앉아 있는 동안에는 그런 것들을 일절 할 수 없으니 너무 힘들었다. 그러나 동시에 많은 것을 얻기도 했다. 마치 두 손을 뒤로 묶인 채 앉아 있는 기분이었는데, 그게 무슨 불편함으로 작용한 것이 아니라 더 균형 있는 관점을 갖게 했다. 나는 평상시 대화할 때보다 훨씬 더 마음을 열게 됐다. 그 효과는 믿을 수 없을 만큼 강력했으며, 개인적인 돌파구를 찾는 데 더없이 좋은 환경을 조성해주었다.

각자의 직장 환경에서 써먹을 수 있는 또 다른 강력한 팀 연습도 배웠다. 먼저 모든 팀원들에게 한 움큼의 색인 카드와 펜을 나눠준다. 모두 각 카드 앞면에 구체적인 특징을 적는다. 먼저 긍정적인 특징들. 가장 부지런한 사람, 가장 재능 있는 사람, 정신력이 가장 강한 사람, 가장 수용력 있는 사람 등등. 다음에는 부정적인 특징들. 가장 게으른 사람, 가장 이기적인 사람, 가장 산만한 사람 등등. 그런 다음 각 카드 뒷면에는 앞에 적은 특징이 있다고 생각되는 팀 동료의 이름을 하나씩 적는다.

　강조하지만 이 모든 일은 100퍼센트 익명으로 진행된다. 모든 과정이 끝나면 누군가가 색인 카드들을 한데 모아 결과를 집계해 발표한다. 만일 열두 명 중 아홉 명이 당신이 가장 이기적이라고 생각하고 있다면 어떤가? 만약 팀의 가장 부지런한 사람이 가장 재능 있고, 가장 피드백 수용력이 좋은 사람이라면, 그 팀은 괜찮을 것이다. 이런 연습은 사실 미래 지향적이다. 우리는 누구나 변화할 수 있고, 변화하기 위해 단지 약간의 자극이 필요할 뿐이다. 동료들이 자신을 어떻게 생각하나 들어 보면 좋은 자극이 된다.

직면한다는 것은 진리와 직접 맞닥뜨리는 것이다.

－ 마이크 시셰프스키 코치

힘든 대화를 마스터하는 6단계

유능한 코치와 리더들은, 늘 자기 사람에게 그들이 듣고 싶어 하는 말이 아니라 그들이 들어야 할 말을 거침없이 한다. 믿음과 진리는 늘 함께 하며 서로를 지지한다. 그래서 믿음을 얻으려면 진리를 말해야 한다. 그리고 상대가 당신한테 진리를 말할 것이라는 믿음을 가져야 한다. 잊지 마라. **시간이 지난다고 해서 결코 힘든 대화가 더 쉬워지진 않는다.** 빨리 그리고 바로 문제들에 직면하라.

1단계 : 안전한 환경을 조성하라

지속적인 과정으로, 이 과정을 거치면 필요한 믿음이 생기고, 그 결과 힘든 대화가 생산적이고 부드러운 대화로 바뀐다. 오븐에서 잘 익힌 음식과 전자레인지에 1분간 넣었다 뺀 음식의 맛이 얼마나 다른지 생각해보라. 진정한 인간관계에는 시간이 필요하다.

2단계 : 늘 프로답게 행동하라

개인적인 대화로 몰고 가지 않는 것이 중요하다. 사람 그 자체가 아니라 어떤 문제와 행동에 대해 이야기하라. 상대가 이를 해결하거나 고칠 수 있다고 믿되, 상대의 반응을 미리 짐작하지 마라. 화나 있거나 좌절감 내지 실망감에 사로잡혀 있을 때는 대화를 시작하지 마라. 그런 감정 상태에서는 프로다운 태도를 잃을 가능성이 높다.

3단계: 상대를 존중하라

＊ 잊지 마라 : 직접 대화 > 전화 > 이메일 > 문자

상대에게 합당한 존중심을 표하라. 솔직하게 사실을 말하되, 상대를 존중하고 조심스레 말하라. 언어 선택 역시 중요하다. 가능하면 다음과 같은 말로 방어벽을 치지 마라.

"자네가 지금 어떤 생각을 하고 있나 짐작해볼까?"
"내가 자네한테 신경을 많이 쓰니까 해주는 말이야."
"이런 피드백은 자네를 도우려는 거야."

4단계: 단어를 조심해서 사용하라

감정은 늘 유효하지만 행동은 그렇지 않다. 뭔가를 이해할 수 있다고 해서, 그것을 받아들일 수 있다는 의미는 아니기 때문이다. 절대 상대 탓을 하지 마라. 늘 '나는'으로 시작하는 대화를 해라. 누구 때문에, 어떤 일 때문에 같은 말은 되도록 하지 마라.

5단계: 공감하고 명확히 하라

상대의 관점을 이야기해달라고 하라. 또 귀 기울여 들어보라. 말을

끊지 말고, 완전히 다 말하게 내버려두라. 필요하다면 좀 더 명확한 설명을 요구하라. 판단을 하지 말고, 상대의 감정과 의도를 확인하라.

6단계: 강하게 끝내라

대화가 끝나면 고마움을 표하고 인정해주어라. 그리고 잊지 말고 잠시 시간을 내 감정을 처리하고 정리하라. 반드시 적절한 시간을 보낸 뒤에 다음 일로 넘어가라.

구체적으로 말하라

또 다른 효과적인 연습이 있다. 미팅이 끝난 뒤, 모든 사람이 방을 돌아다니면서 자신이 고마움을 느낀 동료에게 다가가 구체적인 감사의 말을 전하는 것이다. "조디, 오늘 내 이야기를 들으면서 공감을 참 많이 해주었어요. 고마워요."

그런 다음 각자가 자신이 잘 했다고 느끼는 일을 큰 소리로 말하는 것이다. "저는 오늘 우리 팀 업무를 관리하기 쉽게 쪼개는 일을 잘 한 것 같아요."

마지막으로 모두들 돌아가며 팀이 전체적으로 잘 한 일을 말한다. 이때 두루뭉술하게 말하지 말고 구체적으로 말해야 한다. "우리 팀 모두가 이 프로젝트를 하는 데 필요한 기준에 대해 효과적인 논의를 했어요."

이 연습의 핵심은 서로 진심이 담긴 구체적인 커뮤니케이션을 해야 한다는 것이다. 누구든 "앨런이 일을 멋지게 해냈어요" 같은 긍정적인 말을 해야 하며, 그러면 모두 그 말에 대해 보다 자세하고 구체적인 반응을 해야 한다. 이 연습은 효과가 아주 좋은데, 그 이유는 다음과 같다.

1. 동료들 앞에서 누군가를 구체적으로 칭찬하면, 팀을 하나로 **묶어주는** 작용을 한다.
2. 겸손한 것도 좋지만, 이런 연습은 **자신감**을 심어주며, 자랑스러워해도 된다는 사실을 스스로 인정할 **기회**를 갖게 된다. 자신이 잘 했다는 사실을 인정하는 것은 자만이 아니다. 자랑스러워하라.
3. 이 행동을 통해 **팀 전체**가 서로의 지지 속에 강해지게 된다.

부조화

부정적인 커뮤니케이션이 얼마나 강력한 힘을 갖고 있는지, 1분 1초도 잊지 마라. '고트만의 비율Gottman's Ratio'이란 이론이 있다. 고안자인 심리학자의 이름에서 따온 것으로, 부정적인 상호작용은 긍정적인 상호작용보다 파급 효과가 다섯 배나 더 크다는 이론이다.[13] 그 차이는 당신이 생각하는 것보다 훨씬 크기 때문에, 부정적인 커뮤니케이션으로 인해 당신의 인간관계마저 망가질 수 있다는 사실을 잊지 마라.

함께 일하는 사람들을 전부 다 좋아할 필요는 없다. 그러나 반드시 그들 모두에 대해 신경을 써야 한다. 신경을 쓰는 것은 자신의 의지로 할 수 있는 일이며 선택할 수 있는 일이다. 특별히 좋아하는 사람은 아니더라도 돕고 지지하고 섬길 수는 있다. 이런 것이 위대한 팀의 토대이자 기준이다.

당신이 동료나 팀 구성원에게 해줄 수 있는 가장 강력한 말 세 가지는 다음과 같다.

1. 난 늘 당신 편이야.
2. 난 늘 당신을 믿어.
3. 난 늘 당신을 신경 써.

온도 조절 장치와 온도계의 차이

커뮤니케이션은 한 조직 문화의 분위기를 결정하고 유지하는 데 도움을 준다. "그것은 온도 조절 장치와 온도계의 차이와 같습니다." 전설적인 동기부여 강사 레스 브라운Les Brown이 한 말이다. 온도 조절 장치는 온도를 조정하지만, 온도계는 단순히 온도만 보여준다. 또한 온도 조절 장치는 환경을 좌지우지하지만, 온도계는 단순히 환경에 반응할 뿐이다.

NBA 명예의 전당에 이름을 올린 농구선수 스티브 내쉬^{Steve Nash}는
전성기 시절, 그야말로 온도 조절 장치였다. 그의 에너지와 열정은 상
당한 수준이었기에, 뛰어난 슈팅 및 패싱 기술만큼이나 가치가 있었
다. 내쉬는 MVP 상을 두 차례 연속 수상했는데, 첫 번째 MVP상을
받은 2004년, 그는 어시스트와 '터치'라는 두 가지 통계 수치 면에서
NBA 선두를 달렸다. 그렇다. 그는 NBA 선수들 가운데 하이파이브와
주먹인사 그리고 등 두드리기를 가장 많이 했다. 내가 어떻게 아느냐
고? UC 버클리대학교의 몇몇 연구원들이 추적 조사한 결과이다.[14] 그
들은 선수들의 열정적인 행동과 승리 사이에 어떤 상관관계가 있는지
를 알아보기 위해 공식적으로 조사를 했다. 내쉬가 소속되어 있던 피
닉스 선즈 팀에는, 한 경기에 내쉬가 몇 번이나 다른 선수들과 터치를
하는지를 세는 인턴까지 있었다. 48분간의 한 경기에서 스티브 내쉬
는 동료들과 몇 번이나 터치를 하며 열정적인 행동을 했을 것 같은가?
그는 무려 239번이나 터치를 했다.

내쉬는 자신이 그런 팀 중심의 접근 방식을 갖게 된 것은 순전히 아
버지 덕이라고 했다. 그의 아버지는 '남다른 보상 시스템'을 갖고 있었
다. 득점을 하는 것보다는 동료들에게 패스를 해주는 것을 더 높이 평
가하는 식으로, 어린 농구선수 내쉬에게 팀워크 정신을 불어넣어준
것이다. 아버지는 내쉬와 그의 형제들이 서로 패스를 주고받은 경우

직접 슛을 하는 것을 허용했지만, 누군가 독단적으로 공을 가로채 슛을 하는 것은 절대 용납하지 않았다.[15]

농구 분석가인 내 친구 제이 빌라스는 '패스해준 선수에게 후한 점수를 주는' 접근 방식을 처음 선보인 사람은 노스캐롤라이나대학교 농구팀 코치 딘 스미스라고 했다. 슛을 성공시킨 뒤 선수가 패스해준 선수에게 감사의 뜻을 표하는 방법인 것이다. 요즘에는 농구 코트에서 선수끼리 하이파이브나 주먹인사를 하는 일이 매우 흔하다. 여기서 한 걸음 더 나아가면 노스캐롤라이나대학교 농구팀에서 말하는 소위 '바비 존스 원칙Bobby Jones Rule'까지 가게 된다(바비 존스는 노스캐롤라이나대학교 농구팀 출신의 NBA 농구선수였다 – 역자 주). 쉬운 슛을 성공시키지 못했다 해도, 패스가 좋았을 경우 그 패스를 해준 선수에게 고마움을 표하는 식이다.

'패스해준 선수에게 후한 점수를 주는' 접근 방식을 본 딴 기업 중에 비약적인 성공을 거둔 기업들이 많다. 예를 들어 자포스의 경우 직원들은 사무실 내에서 상당히 높은 수준의 커뮤니케이션을 한다. 이는 자포스의 핵심 가치 중 하나로, 그들의 행동과 보상 시스템에 그대로 반영되고 있다. 이 회사 직원들은 매월 50달러의 '동료 보너스상'을 받을 동료를 선발한다.[16] 또한 이 회사는 본사 차원에서 동료들 간의 커뮤니케이션을 장려하고 있다. 최고경영자 토니 셰이는 근무 시간 중에 회사 정문을 제외한 나머지 문들을 다 닫아 직원들 사이에

'충돌' 또는 '부딪힘'이 생기게 만든다. 그러니까 그는 단합된 집단을 만들려면 직원들 간에 계획에 없는 만남도 필요하다고 생각하는 것이다.[17] '공동체'와 '커뮤니케이션'에 해당하는 영어 community와 communication이 모두 같은 뿌리에서 나온 단어라는 걸 잊지 마라. 서로가 서로를 강화시켜주는 것이다.

커뮤니케이션이 갈등을 해결해주지는 않는다

커뮤니케이션의 또 다른 이점은 집단 구성원들을 위한 동기부여책이 되어준다는 것이다. 과학자들은 다이어트나 금연을 하려 할 때 최대한 많은 사람들에게 알리라고 권한다. 다른 사람에게 알리는 것 자체가 동기부여가 될 수 있고, 그 결과 성공할 가능성이 높다는 것이다. 레스토랑 브랜즈 인터내셔널(버거킹, 파파이스 등의 모기업 – 역자 주)의 최고경영자 다니엘 S. 슈바르츠Daniel S. Schwartz는 자신의 사무실 벽에 모든 직원들 눈에 보이도록 자신의 목표를 게시해놓고 있다. 그는 직원들에게도 그렇게 하라고 한다.[18] 개인적으로, 또는 집단적으로 성취하고자 하는 것들을 적어놓기만 해도 큰 힘이 된다. 그 목표들이 생명력을 갖게 되고, 이름을 갖게 되며, 생명체처럼 존재하게 되면서 목표 달성이 한결 쉬워지는 것이다. 미시건주립대학교 농구팀 코치 톰 이조는 골망을 자르는 의식을 치른다고 했었는데, 그와 비슷한 것이라고 보면 되겠다.

작가 다니엘 코일Daniel Coyle은 그간 팀 문화와 관련된 베스트셀러를 써왔으며, 현재 클리블랜드 인디언스 팀의 자문으로 일하고 있다. 저서 『최고의 팀은 무엇이 다른가The Culture Code』에서 코일은 기업 및 스포츠계 그리고 군대의 사례를 들어가며 팀의 단합에 도움이 되는 세 가지 특징을 정확히 집어냈다. 안전하다는 느낌, 약점 공유, 그리고 보다 큰 목표에 대한 명확한 이해.[19] 놀랄 일도 아니지만, 이 세 가지 특징은 한 가지 공통점을 갖고 있다. 셋 다 커뮤니케이션을 필요로 한다는 것이다.

만일 기업이 의지를 가지고 커뮤니케이션을 활성화하지 않는다면, 그 기업은 사실상 스스로 폐쇄된 조직을 만들고 있는 것이다. 대부분의 직원들은 원래 상사와 솔직한 대화를 하려 하지 않는다. 따라서 열린 커뮤니케이션을 공개적으로 권장하지 않을 경우, 커뮤니케이션은 불가능해진다. 당신이 책임자라면 이렇게 말할지도 모른다. "하지만 내 방문은 항상 열려 있고, 우리 직원들은 언제든 들어와 이야기할 수 있다고! 굳이 그렇게 하라고 알릴 필요도 없어."

어떨 것 같은가? 당신이 틀렸다. 알려야 한다.

몇 년 전 애니메이션 스튜디오 픽사의 회장 에드윈 캣멀Edwin Catmull은 직원들은 상사가 주변에 있을 경우, 좀처럼 커뮤니케이션에 나서지 않는다는 사실을 알게 됐다. 그는 이런 현상이 보다 큰 문제의 조짐이며, 회사의 목표를 달성하는 데 큰 장애물이 된다고 생각했다. 창의성은 그야말로 픽사의 생명이나 다름없었는데, 이처럼 커뮤니케이션이 자유롭지 못한 상태에서는 결코 창의적인 환경을 기대할 수 없었기 때문이다. 캣멀은 문제를 해결하기 위해 조치를 취했다. 일명 '노트 데이Notes Day'라는 걸 만들어, 직원들이 전부 한자리에 모여 모든 문제에 대해 자유롭게 의견을 낼 수 있게 했다.[20] 그렇게 직원들의 억눌린 생각과 감정을 밖으로 내뱉게 하는 것은 아주 생산적인 일이었고, 그래서 그 이후 노트 데이는 픽사의 정기적인 행사가 된다.[21]

커뮤니케이션을 하면 늘 의견일치가 이루어진다는 오해는 하지 마라. 사실 커뮤니케이션에 갈등이 없다면, 아마 누군가가 압박을 주고 있거나 진실하지 못한 커뮤니케이션을 하고 있을 가능성이 높다. 기업가이자 작가인 마거릿 헤퍼넌Margaret Heffernan에 따르면, 갈등을 일종의 '사고 과정'으로 봐야 한다.[22] 위대한 팀은 팀원들이 서로를 존중하며, 생산적이면서도, 개인적이지 않은 커뮤니케이션을 하는 한 갈등을 자연스럽게 받아들인다.

갈등 그 자체는 부정적인 것이 아니다. 어떤 종류의 갈등인지, 또 그것을 어떻게 해결하는지에 따라 부정적인 것이 될 수도 있고 아닐 수도 있다. 기업의 성공 및 실패 원인을 연구하는 경영 전문가 패트릭 렌치오니 역시 같은 의견인데, 그는 이렇게 말한다. "좋은 인간관계, 즉 오랜 시간 지속되는 인간관계는 생산적인 갈등을 겪으며 성장한다."[23]

중요한 것은 갈등이 있느냐 없느냐가 아니라, 그 갈등을 어떻게 해결하느냐이다.

지구상에서 가장 큰 신생 기업

어떤 집단의 규모가 일정 수준을 넘어서면, 아무리 열심히 노력한다 해도 서로 커뮤니케이션을 통해 연결되는 일이 불가능해진다. 그래서 집단의 규모와 회의 규모는 늘 일정한 선을 넘지 않게 해야 한다. 아마존의 제프 베조스는 이른바 '피자 두 판 원칙two-pizza rule'을 지키는 것으로 유명하다. 어떤 팀도 피자가 두 판 이상 필요할 만큼 커져서는 안 된다는 것이다. 그 이유는 무엇일까? 당연하게도, 규모가 작은 편이 커뮤니케이션에 좋기 때문이다.[24] 규모가 큰 회의가 어떻게 열린 커뮤니케이션을 불가능하게 만드는지 또 왜 그런지 생각해보라. 먼저 얼마나 많은 시간을 주제에서 벗어난 이야기를 하게 되는가? 곁가지 이야기는 또 얼마나 많이 나오는가? 제대로 된 결론이 나온 적이 있는가? 규모가 큰 그룹이 어떻게 효율적일 수 있겠는가?

스티브 잡스 시절에 애플은 각종 미팅을 할 때 '소그룹 원칙small group principle'이라는 비슷한 회의 원칙이 있었다. 그 누구든 꼭 필요한 사람이 아니면 미팅에 참여할 수 없었다. 잡스는 이 원칙에 관한 한 그리 너그러운 사람이 아니었기 때문에, 그 자리에 있을 필요가 없다고 생각되는 사람이 있으면 가차 없이 내쫓곤 했다. 방법이 다소 거칠고 그런 방식에 찬성하는 건 아니지만, 그의 의도를 이해 못 하는 바는 아니다. 불필요한 사람들이 미팅 자리에 있어서 좋을 일은 별로 없기 때문이다. 그렇다고 그들을 평가절하 하는 건 아니다. 다른 일은 잘 할 수 있을테니.[25] 이런 원칙들 때문에 스티브 잡스는 늘 애플을 '지구상에서 가장 규모가 큰 신생 기업'이라 불렀다. 소그룹 원칙은 애플이 세계에서 가장 영향력 있는 기업들 중 하나가 되고서도 계속 유지됐다.

반응하기 위해 귀 기울이지 말고, 배우기 위해 귀 기울여라.

— 존 C. 맥스웰

귀 기울여 듣는 기술

내 생각에는 커뮤니케이션의 가장 중요한 요소는 '듣는 기술'이다. 단순히 듣는 것이 아니다. **적극적으로** 듣는 것이다. **관심을 갖고** 듣는 것이다. 대부분의 사람들은 그저 듣는 척할 뿐, 어떻게 반응할 것인가를 생각한다. 그렇게 하면 안 된다. 상대를 정확히 이해하기 위해 공감하는 자세로 적극적으로 귀 기울여 들어야 한다. 당신은 상대의 말을 어떻게 듣는가? 그저 말하기 위해 기다리는 경우는 또 얼마나 많은가?

세계적인 리더들과 뛰어난 판매 전문가들은 적극적으로 듣는 법을 마스터한 사람들이다. 그들은 말을 잘한다고 상대를 설득할 수 있는 것이 아니며, 자신들이 할 수 있는 최선의 답은 상대에게 또 다른 질문을 던지는 일이라는 사실을 잘 안다. 더 깊이, 더 명확히 하기 위한 질문 말이다.

커뮤니케이션은 단순히 말을 하는 것이 아니다. 대화 중에 무의식적으로 사용하는 목소리 톤, 시선 맞춤, 몸짓 언어, 기타 모든 종류의 비언어적 요소들이 다 커뮤니케이션에 포함되어야 한다. 그러나 무의식적이라 해서 어떻게 해볼 여지가 없다는 뜻은 아니다.

먼저 잊지 말고 꼭 상대의 눈으로 보면서 들어라. 발과 엉덩이와 어깨와 머리를 모두 고정시켜라. 당신의 시간과 관심을 할애함으로써, 당신이 상대의 생각과 감정을 중시한다는 것을 알게 해주어라.

그냥 귀에 들려오는 것은 비자발적인 것이다. 만일 누군가가 손뼉을 치거나 호루라기를 분다면, 그 소리는 그냥 귀에 들려온다. 당신에게는 선택의 여지가 없다. 그러나 귀 기울여 듣는 것은 자발적인 것이다. 누군가와 커뮤니케이션을 할 때, 당신은 정신을 집중해 적극적으로 들을 수도 있고 그러지 않을 수도 있다. 상대의 말에 귀 기울이되, 그들의 비언어적 요소들도 눈여겨보라.

귀 기울여 듣는 것도 기술이다. 그렇다면 그 기술을 어떻게 향상시킬 수 있을까? 목적의식을 갖고 꾸준히 연습해야 한다. 다행히도 이 세상에는 귀 기울여 듣는 연습 기회가 무궁무진하다. 당신의 아이들은 재잘재잘 떠드는 것을 좋아한다. 당신의 배우자는? 친구들은? 회사의 동료들도 떠올려보라. 이 모든 기회를 잘 살려, 적극적으로 귀 기울여 듣는 연습을 하라.

8초뿐인 주의 집중 시간

모두가 사람들이 내 말에 제대로 귀 기울여 주기를 바란다. 그러나 최근 들어 우리의 그 본능적인 욕망을 충족시키는 일이 점점 더 힘들어지고 있다. 각종 휴대용 장치와 소셜 미디어 혁명이 일어나기 전인 2002년에 인간의 주의 집중 시간(Attention span. 한 가지 사건이나 활동에 집중하는 시간 – 역자 주)은 12초였다. 2018년 현재는 8초 내외까지 짧아졌다.[26] 이 시간은 앞으로 점점 더 짧아질 것이 분명하다. 문제는 팀워크의 중요한 요소 중 하나가 자신의 생각과 아이디어 또는 감정을 다른 사람한테 전달하여, 그 사람에게 당신이 어떻게 생각하고 있고, 어떻게 느끼는지 정확히 알게 해주는 것이라는 사실이다. 8초……. 예전만큼 쉽지 않은 일이지만 그래도 꼭 해야 하는 일이다.

과거 NBA 코치였으며 현재 TV 농구 분석가인 제프 반 군디Jeff Van Gundy는 뛰어난 팀은 Early(빨리), Loud(크게), Often(자주)이 특징인

ELO 커뮤니케이션을 한다고 했다. 꾸준한 커뮤니케이션이 열쇠다. 생각과 감정은 끊임없이 지나가고 변화하니까. 커뮤니케이션을 많이 할수록 모든 사람이 더 잘 합심할 수 있다. 마음을 더 활짝 열고 커뮤니케이션을 할수록 반대와 역할 갈등과 분열을 더 잘 인지할 수 있다. 그렇게 하면 팀워크를 해치게 될 문제를 빨리 해결할 수 있다.

커뮤니케이션을 하다 보면 의도적이든 의도적이 아니든, 각종 문제들이 표면에 떠오르게 된다. 하지만 어떤 경우든 도움이 되니 걱정하지 마라. 조직의 입장에서 가장 위험한 일은 애매모호한 메시지들이 오가는 것이다. 어린 시절에 종이컵 바닥에 실을 연결해 만든 전화기로 여러 명의 아이들에게 메시지를 전달하는 게임을 해본 적 있는가? 그 게임을 생각해보라. 내가 당신한테 무언가를 말하면 당신은 잘못 알아듣고 엉뚱하게 옮기고, 그런 식으로 문제가 계속 커지게 된다. 결국 점점 더 많은 사람들이 내가 실제로 무슨 말을 했는지 모르게 되는 것이다. 이런 일은 늘 일어난다. 잘못된 커뮤니케이션 하나로 인해 일대 혼란이 야기될 수도 있다는 사실을 잘 보여주는 예이다.

대학 농구 코치들이 가끔 하는 말이 있다. 고등학교 선수들과 대학 선수들 간에 가장 큰 차이는 기술 수준이나 체격이 아니라 커뮤니케이션 능력이라는 것이다. 대부분의 고등학교 선수들은 성공적인 대학 선수 생활을 하는 데 필요한 커뮤니케이션 능력이 부족하다. 그래서 목적의식을 갖고 대화하는 법을 배워야 한다. 연습이 필요하다. 르브론 제임스의 경기 영상을 구해 시청해보라. 팀 동료들과 수시로 커뮤니케이션하는 그의 모습을 보며, 그가 왜 그토록 뛰어난 코트 위의 리더인지 알게 될 것이다.

필 잭슨은 로스앤젤레스 레이커스 팀 코치 시절에 선수들에게 경기 중에 절대 서로 말을 하지 못하게 한 적이 있다. 팀 내에 커뮤니케이션 문제가 있었고, 그래서 코트 위에서 말을 해서는 안 된다는 규칙을 만들었다. 누구든 그 규칙을 어길 경우 벤치를 지키게 만들거나 단거리 달리기를 시키는 등 엄벌에 처했다. 코트 위에서 서로 말을 못할 경우 플레이를 하는 일이 얼마나 힘들어지는지 알게 해주고 싶었던 것이다. 구성원들이 서로 말을 하지 못하는 팀은 온갖 사소한 일이 다 틀어진다. 만일 팀 동료에게 "스크린!" 또는 "스위치!" 같은 경고를 해줄 수 없다거나 누구를 막으라고 소리쳐 알릴 수 없다면, 그건 마치 한 손을 등 뒤에 묶고 플레이를 하는 거나 마찬가지이다. 결국 선수들은 곧 잭슨 감독의 의도를 알게 됐다.

전설과의 저녁 식사

내 인생에서 가장 멋진 순간 중 하나는 나이키 챔피언십 농구 클리닉을 마친 뒤 전설적인 코치 바비 나이트Bobby Knight와 저녁식사를 함께 한 것이다. 나는 늘 나이트 코치의 팬이었고, 그의 책을 모조리 다 읽었다. 그와 저녁식사를 함께하는 일은 그야말로 믿을 수 없을 만큼 멋진 경험이었다. 나이트 코치는 이야기 또한 재미있게 잘 했으며 기억력도 아주 뛰어났다. 심지어 40여 년 전의 한 경기에서 결정적인 순간에 휘슬을 분 주심의 이름처럼 세세한 것들까지 다 기억할 정도였다. 그는 귀 기울여 듣는 일과 커뮤니케이션의 중요성을 기회가 있을 때마다 강조한다.

나이트 코치는 연습 경기 중 어떤 시점이 되면 타임아웃을 부른다. 선수들을 불러 4~5가지를 구체적으로 지시한다. 그런 다음 다시 코트로 내보낸다. 15초 정도 지난 뒤 다시 선수들을 불러낸다. 그러고는 지시했던 것들을 종이에 써보라고 한다. 제대로 기억을 못 해낸다면 정말 큰 문제다. 선수들은 코치가 벤치에서 내보내는 지시가 아무리 단순한 지시라도 따라야 한다. 그렇지 않으면 코치의 의도대로 경기를 진행할 수 없다.

바비 나이트는 2008년까지만 해도 전미 대학체육협회 남자 농구 역사상 가장 많은 승리를 한 코치였다. 2008년에 그의 기록을 깬 사람은 돈 메이어Don Meyer 코치였다.* 메이어 코치는 모든 시대를 통틀어 가장 많은 승리를 한 코치 중 한 사람이지만, 대부분의 팬들은 그의 이름을 잘 모른다. 그가 디비전 I의 대학에서는 코치 일을 맡지 않았기

* 참고 노트 2012년에는 듀크대학교 코치 마이크 시셰프스키가 가장 많은 승리를 한 코치가 되었다.

때문이다.

2014년 그가 세상을 떠나기 전, 나는 돈 메이어 코치와 두 차례 대화할 기회가 있었다. 그와 개인적인 이야기를 나눌 수 있었던 것은 더없는 영광이었다. 암 때문에 몸 상태가 안 좋았지만, 그는 섬기는 리더의 대표적인 인물로 더할 수 없이 겸손하고 진실했다. 그가 평소에 남긴 수많은 명언들을 한마디로 요약하자면 '커뮤니케이션의 중요성'이다. 그는 말했다. "가장 끔찍한 팀은 말이 없는 팀입니다. 뛰어난 팀은 서로 말을 많이 하며 커뮤니케이션도 잘 됩니다." 그리고 그는 젊은 코치진에게 선수들에게 매일 두 가지를 알려주라고 조언했다. 하나는 잘 하고 있다는 것(그리고 그 이유도), 다른 하나는 더 잘 할 수 있다는 것(그리고 그 방법도)!

메이어 코치는 코치들의 코치였다. 그는 자기 선수들을 너무 사랑했지만, 동시에 코치들(어떤 수준, 어떤 위치에 있는 코치든)에게는 훌륭한 롤모델이었다. 유머 감각도 뛰어나고 지혜로웠던 그는 강연도 너무 잘했다. 그의 강연을 듣노라면 메모할 것이 너무 많아 손에 쥐가 날 정도였다.

그러나 내가 정말 감동했던 순간은 훗날 내가 강연을 하고 그가 맨 앞줄에 앉아 메모를 할 때였다. 그 무렵 그는 이미 내가 숨 쉰 날보다도 더 오랜 시간 코치 일을 해오고 있었다. 그런데도 그는 다른 사람들이 자신의 강연을 들을 때만큼이나 내 강연에 큰 관심을 보여주었다.

이미 큰 성공을 했음에도 불구하고, 그는 아직 알아야 할 것들이 더 있다는 사실을 알고 있었고 또 배우는 것을 좋아했다. 그는 나에게 자신의 시간을 할애하고 존중해줄 가치가 있는 사람이라는 느낌을 주었다. 그처럼 위대한 사람도 그렇게 노력하는데 우리라고 그리 못할 이유가 있을까?

상대를 설득할 수 있는 가장 좋은 방법은 귀를 기울이는 것이다.

- 딘 러스크

우리는 누군가 내 말을 어떻게 들었는지 말을 하기 전까지는 자신이 무슨 말을 하는지 잘 모른다. 피드백, 즉 상대방으로부터 오는 반응도 커뮤니케이션의 일부이다. 각종 아이디어와 인식, 느낌들이 양방향으로 서로 오가게 하라. 그렇지 않을 경우 우물에 대고 소리치는 것과 다름없다. 전직 골드먼 삭스 임원이자 리더십 개발 전문가인 스티브 커 Steve Kerr* 는 언젠가 커뮤니케이션과 관련해 너무도 멋진 비유를 했다. 그가 작가 제프리 콜빈Geoffrey Colvin에게 한 말은 다음과 같다. "피드백

● **참고 노트** ▷ 이 스티브 커는 골든스테이트 워리어스 팀 코치 스티브 커와는 다른 사람이다.

없이 연습하는 것은 늘어진 커튼을 쳐놓고 볼링을 하는 것과 같습니다. 원하는 모든 기술을 동원할 순 있지만, 그 결과를 볼 수 없을 때 두 가지 일이 일어날 겁니다. 볼링 실력이 늘지 않음은 물론이고, 볼링에 대한 애정까지 식는 거죠."[27]

이야기를 할 때는 모든 것을 '상대'에 맞춰라. 그러니까 주어진 상황에서 상대에게 어떤 형태의 커뮤니케이션이 가장 좋을지를 결정하라는 것이다. 개별적으로 이야기하는 편이 더 좋을까, 아니면 팀 구성원 전체를 상대로 이야기하는 편이 더 좋을까? 단체 문자를 보내는 것이 좋을까, 아니면 한 사람 한 사람 따로 만나 이야기하는 것이 좋을까?

오늘날에는 기술이 고도로 발달했기에 원한다면 어떤 방식으로든 커뮤니케이션을 할 수 있다. 그러나 특히 젊은 사람들의 경우 상대의 눈을 쳐다본다든가, 직접 만나 대화한다든가 하는 대인관계 기술을 익힐 필요가 있다. 문자 메시지 뒤에 숨으려 하지 마라. 사람들은 대개 가장 적절한 커뮤니케이션 방법보다는 가장 쉽고 편한 커뮤니케이션 방법을 택하려 한다. 코치에게 문자를 보내 연습에 참여할 수 없다고 말하면 정말 쉽고 편하다. 일방적인 대화이기 때문이다. 일방적 대화는 상대와 밀고 당길 필요도 없으니까 편하다고 생각하기 쉽지만, 장담컨대 이것은 전혀 커뮤니케이션이 아니다.

누군가가 이런 말을 한 적이 있다. "당신이 누군가에게 '지금 백 번째 이 이야기하는 건데……'라는 식으로 말하는데도 그 사람이 계속 같은 문제를 일으키고 있다면, 아마 당신한테 문제가 있다는 생각을 해봐야 할 겁니다." 이런 경우 문제는 당신한테 있다. 어째서 같은 이야기를 백 번이나 해야 한단 말인가? 해봤으니 알 거 아닌가. 당신의 메시지가 제대로 전달되지 않고 있는 것이다. 커뮤니케이션 문제는 당신한테 있다. 그러니 다음에는 말을 달리 해, 백한 번째 말이 마지막 말이 되게 하라.

일반적인 팀은 자신들이 무엇을 공유하지 않고 있는지 잘 모른다. 그러나 뛰어난 팀은 긍정적인 보강과 건설적인 비판을 통해서든 아니면 목소리 톤과 몸짓 언어를 통해서든 커뮤니케이션의 가치를 잘 안다.

기억하라

- 커뮤니케이션을 통해 각 팀은 통제 불능 상태가 되기 전에 미리 역할 갈등과 분열을 알 수 있다.

- 우리의 생각과 감정은 끊임없이 변화한다. 가장 좋은 커뮤니케이션 은 서로 마음을 열고 솔직하게 꾸준히 이야기하는 것이다.

- 커뮤니케이션에서는 신뢰가 중요하다는 것을 잊지 마라.

- 가장 중요하면서도 가장 자주 잊어먹는 커뮤니케이션 형태는 듣는 것이다. 공감을 표하면서 목적의식을 갖고 듣는 것 말이다.

- 쉽고 편한 커뮤니케이션보다는 가장 적절한 커뮤니케이션 방법을 생 각해보라. 해야 할 말과 그 말을 전달할 방법을 각 개인에게 맞춰라.

| 화합 |
당신이 모든 일에 최고가 될 필요는 없다

기업은 결국 그 구성원들의 수준에 맞는 기업이 된다.

– 필 나이트

3부의 마지막 장은 '화합'이다. 앞서 다룬 네 가지 특징, 즉 믿음과 이타심, 역할 명료성, 커뮤니케이션을 하나로 합쳐주기 때문이다. 그러니까 그 네 가지 특징이 퍼즐 조각처럼 서로 들어맞은 결과가 화합인 것이다. 어떤 목표 또는 임무에 대한 믿음이 있는 사람, 이타심을 가지고 기꺼이 모든 공을 나눌 수 있는 사람, 각자 구체적인 임무를 수행하는 사람, 그리고 서로 효율적인 커뮤니케이션을 하는 사람들로 이루어진 조직은 화합을 잘 하게 되어 있다. 결국 화합이란 모든 부품들이 질서정연하게 돌아가면서 들리는 기분 좋은 기계음과 같다.

팀 스포츠 분야는 특히 화합이 중시되는 대표적인 분야이다. 프로 스포츠 팀들은 미디어를 통해 방송되는 등 직장이 완전히 공개되고, 선수들의 역할이 분명히 나눠지며, 기여도 역시 전부 기록되고 처리된다. 육안으로 봐도 선수들의 역동성과 상호작용이 한눈에 다 보이는 그런 조직이다.

위대한 코치 필 잭슨은 코트 위에서의 팀의 화합을 '다섯 손가락처럼'[28] 움직이는 것이라고 했다. 정말 더없이 정확한 표현이다. 각 손가락은 각자 나름대로의 특징과 역할을 갖고 있지만, 결국 손 전체가 대부분의 중요한 일들을 하며 무의식적인 수준에서 한 몸처럼 움직인다. 그러니까 타이핑을 하거나 포크를 움켜잡을 때, 따로 노는 다섯 개나 열 개 손가락들의 움직임으로 생각하진 않는 것이다. 그러나 사실 정확히 말하자면 각 손가락이 따로 노는 것이다.

당신 뒤에 서 있는 누군가

우리는 팀이라고 해서 모두 팀처럼 보이진 않는다는 데 주목할 필요가 있다. 때로는 조직의 얼굴인 어떤 한 사람의 모습만 보이지만, 사실 그 뒤에는 많은 사람들이 그물처럼 얽혀 움직이고 있다. 탐험가 콜린 오브래디Colin O'Brady의 경우가 좋은 예이다.

처음 콜린을 만났을 때 아주 평범한 남자처럼 보여 깜짝 놀랐다. 하지만 그가 어떤 사람인지는 잘 알고 있었다. 콜린은 철인 3종 경기 선수에 위대한 산악인이다. 나는 그를 슈퍼맨이라 부르고 싶은데, 그러면 마치 그가 타고났다고 생각될 수도 있을 것이다. 절대 그렇지 않다. 그는 믿을 수 없을 만큼 엄청난 노력과 집중력과 지구력으로 현재의 위치에 올랐다.

오브래디는 두 가지 세계 신기록을 보유하고 있다. 가장 짧은 기간 (131일)에 각 대륙의 최고봉을 다 올랐고, 또한 가장 짧은 기간 내에 이른바 '탐험가 그랜드 슬램(일곱 개의 최고봉에 오름은 물론 북극과 남극까지 도달하는 것)'을 이룩한 것이다.* 물론 그가 갖고 있는 모든 힘은 타고난 것이 아니라 노력을 통해 얻은 것이다.

콜린의 이야기는 많은 사람들에게 깊은 감동과 영감을 준다. 콜린은 과거에 사고로 두 발과 다리에 심한 화상을 입었고, 의사는 다시는 걷지 못하게 될 거라고 했다. 그러나 몇 년에 걸친 극심한 고통과 노력

---

* 참고노트 │ 믿기 힘든 일이지만, 이 기록을 세우는 데 추가로 소요된 날짜는 8일밖에 안 된다. 그리고 이 책을 쓰고 있는 지금, 나는 그가 최근 미국 50개 주의 최고봉을 21일 만에 올라 세 번째 세계 신기록을 세웠다는 사실도 알게 됐다. 그의 이 기록은 종래의 기록보다 20일이나 빠른 기록이다.

그리고 여덟 차례의 수술 끝에, 콜린은 철인 3종 경기에 출전해 우승까지 하게 된다. 그런 다음 그는 궁극적인 신체 인내력 테스트라고 할 수 있는 산악 등반에 도전했다.

그는 그간 자신의 모험에서 나오는 수입을 자선 사업에 써왔으며, 동기부여 강사로도 활동 중이다. 그만큼 베푸는 일에 관심이 많다. 콜린은 비할 데 없이 힘든 일들로 자신을 몰아붙이는 사람이지만, 막상 만나 보니 놀랄 만큼 매력적이고 느긋한 사람이었다. 또 자신의 위대한 업적을 모두 다른 사람들의 공으로 돌릴 만큼 겸손했다. 나와의 인터뷰에서 그는 각종 기록에는 자신의 이름이 올라와 있지만, 그 어떤 모험도 혼자 해낸 것은 없었다는 사실을 강조했다. "제 성공의 뒤에는 대담한 목표들을 뒷받침해주고 있는 고도로 단합된 팀이 있습니다." 그는 이렇게 말을 이었다. "단합된 팀이 없다면 큰 장애물이 나타나는 순간 바로 주저앉게 됩니다."

그와 같은 단합은 어떻게 만들어지느냐고 물었다. 콜린은 커뮤니케이션이 열쇠라며 이렇게 말했다. "최상의 팀은 모든 사람들이 자기 목소리를 내고 모두들 그 말에 귀 기울이는 팀입니다." 그러면서 그는 이렇게 설명했다. "편안하고 유연하며 솔직한 커뮤니케이션이 이런 단합을 가능하게 합니다. 또 잠재력을 열어젖히는 열쇠 역할도 해주죠." 콜린과 그의 팀이 움직이는 냉혹하고 위험한 환경을 감안하면, 커뮤니케이션은 절대적으로 필요하다. 높은 산 정상에서 생과 사를 오가는 여러 문제들에 부딪히는 와중에 소통이 잘못되면 생명을 잃을 수도 있다.

"에베레스트를 오를 때는 아주 강력한 팀이 필요했습니다." 콜린이 겸손한 어조로 말했다. "엄밀히 말하자면 저는 제 파트너인 파상 보테 세르파와 등반한 거지만, 세계 최고봉에 오르기 위해선 다른 많은 사람들의 도움도 필요했습니다. 베이스 캠프 지원 인력들, 물품 지원 담당자들, 짐을 나르는 포터들, 산 곳곳에 로프를 고정시키기 위해 협력해 일하는 팀 등, 아주 많은 도움이 있었죠."

우리는 어떤 사람 뒤에 있는 모든 사람에 대해서는 미처 생각하지 못한다. 그러나 모든 사람이 단합하지 못할 경우 이른바 '스타'도 아무것도 성취할 수 없게 된다. 콜린의 사례는 오늘날의 경제에서, 특히 비전통적인 조직이나 독립된 기관에서 일할 때 역시 중요하다.

당신은 팀의 일부이다. 만일 그렇게 생각하지 않는다면, 당신의 목표를 어떻게 효과적으로 완수할 것인지 분석해보라. 그리고 이렇게 자문해보라. 그들이 아니면 대체 누가 도와준다는 말인가? 바로 당신의 팀이다.

인터뷰에서 콜린은 이렇게 말했다. "단합이란 모든 사람이 똑같이 절실함을 느끼고 다 함께 성공을 바랄 때 생겨납니다." 여기서 그가 '느끼고'라는 단어를 썼다는 데 주목해야 한다. 중요한 것은 사람들이 어떻게 생각하느냐가 아니라 어떻게 느끼느냐 하는 것이기 때문이다. 짜릿한 흥분이나 관심, 또는 위험을 느끼지 못한다면, 그들은 십중팔구 자신들이 하는 일에 그만큼 전념하지 못할 것이다. 그렇다면 문제가 된다.

특정인의 기여보다 모든 사람의 참여가 더 가치 있다고 느낄 때, 사람들 사이에서는 자긍심과 헌신이 생겨난다. 콜린은 이렇게 주장했다. "가끔 우리는 집단 속에서 자신이 하찮은 존재로 느껴지는 상명하복의 사회에 살고 있다는 생각이 듭니다. 그런데 조직의 의견이 늘 최고의 효율성을 발휘하는 것은 아닙니다. 화합이 더 강조되어야 하는 이유이기도 하죠."

이런 이야기들은 세계 최고봉을 정복한 사람의 입에서 나온 것이라는 점에서 설득력이 있다. 모든 직장과 팀, 단체를 수평적인 조직으로 바꿀 경우, 각 구성원들은 자신을 전체의 일부로 느낀다. 팀의 화합은 모든 구성원이 스스로를 중요하다고 느낄 때, 그러니까 에베레스트 오르든, 농구 경기를 하든, 아니면 새로운 고객을 유치하든 각자 주어진 임무에 충실할 때 비로소 가능한 것이다.

어떤 집단을 모았다고 해서 당장 팀이 되는 건 아니다.
그저 개인들을 모아놓은 것에 불과하다.
– 마이크 시셰프스키

그들의 잔을 채워주어라

일이 제대로 돌아가지 않을 때, 화합이 잘되는 조직을 보면 그야말로 질투가 다 나려 한다. 모두가 자기 생각만 하는 집단에 속해 승리하느니, 차라리 함께 뛰고 서로를 챙겨주는 팀에 속해 패배하는 편이 낫다고 말하는 사람은 아마 나뿐만이 아닐 것이다.

프로 스포츠 세계에서 그렉 포포비치만큼 오랫동안 코치 일을 성공적으로 해오고 있는 사람은 드물다. 다음은 블룸버그 통신이 발표한 놀랄 만한 통계 수치이다. "그렉 포포비치가 21년 전 NBA의 샌안토니오 스퍼스의 수석 코치로 부임한 이래, NBA의 나머지 팀은 총 228차례 리더를 교체했다. 현재 10년 이상 자신의 자리를 지키고 있는 코치는 단 한 사람도 없다."[29]

포포비치 코치는 팀 던컨과 마누 기노블리Manu Ginobli 같이 오랜 세월 자신의 팀에서 뛰고 있는 선수들은 물론, NBA에서 흔히 있는 이적한 선수, 은퇴한 선수, 트레이드된 선수, 부상을 입은 선수, 자유 계약 선수 등과도 좋은 관계를 계속 유지하고 있다. NBA의 다른 사람들과 농구 팬들도 잘 알고 있듯이, NBA 선수가 샌안토니오 스퍼스 팀에 들어가면, 그는* 화합이 생명인 포포비치 코치 군단의 일원이 된다.

---

* 참고 노트 ▶ 2014년에 베키 함먼은 샌안토니오 스퍼스의 보조 코치로 채용돼, 미국 4대 주요 팀 스포츠 역사상 최초의 풀타임제 여성 코치가 되었다. 2018년 여름에는 그녀가 NBA 밀워키 벅스 팀의 수석 코치 일을 하

이와 관련된 재미있는 이야기가 하나 있다. 2013년 NBA 결승전에 오른 샌안토니오 스퍼스는 원정 경기에 나서 마이애미 히트 팀을 상대로 3대 2로 앞서고 있었다. 샌안토니오 스퍼스는 이제 우승을 한 경기 남겨 놓고 있었고, 포포비치 코치는 우승할 경우 파티를 열기 위해 마이애미에 있는 자신의 단골 이탈리안 레스토랑에 예약까지 해두었다. 그런데 샌안토니오 스퍼스가 경기를 거의 다 잡은 듯한 순간, 마이애미 히트의 레이 알렌Ray Allen이 코트 구석에서 던진 그 유명한 3점슛이 들어가며 샌안토니오 스퍼스는 분노를 삼켜야 했다. 물론 샌안토니오 스퍼스 팀은 전열을 가다듬어 일곱 번째 경기에 대비해야 했기 때문에 모두 파티가 당연히 취소될 것이라 생각했다. 그러나 포포비치 코치는 계획대로 가겠다는 고집을 꺾지 않았다.

작가 다니엘 코일은 『최고의 팀은 무엇이 다른가』에서 이렇게 말했다. "그들은 앉아서 함께 식사를 했다. 포포비치는 방 안을 돌며 선수들을 하나하나 격려했다. 좌절감과 자괴감, 분노에 쌓여 있을 수도 있었던 순간에 그는 그들의 잔을 채워준 것이다."[30] 포포비치는 그날 밤 오히려 승리했을 때보다 선수들 모두가 팀의 일부라는 느낌을 느끼게 해줘야겠다고 생각했다. 인간 대 인간으로 하나로 뭉칠 필요가 있었던 것이다. 포포비치는 선수들을 각자 감정과 소속감을 가진 개인

기 위해 면접을 봤다는 보도도 있었다.

으로 보고 일일이 다 챙겼다. 한때 샌안토니오 스퍼스의 선수였던 윌 퍼듀Will Perdue는 언젠가 포포비치에 대해 이렇게 말했다. "그는 우리를 먼저 인간으로 봤고, 그다음에 농구선수로 봤습니다."[31]

내가 그간 보아온 가장 성공한 사람들은 단합된 이너 서클을 갖고 있다. 이너 서클에 속한 사람들은 당신의 성취와 발전에 아주 큰 역할을 한다. '함께 어울리는 사람들을 보면 그 사람을 알 수 있다'라는 말도 있지 않은가. 내가 자주하는 말로 바꾸자면, 당나귀들과 어울리면서 경주마가 되기를 기대하지 마라. 이너 서클에는 당신이 믿는 사람, 존중하는 사람, 연령대와 배경과 삶의 경험이 다른 사람이 포함되어야 한다. 즉 이너 서클에 속한 사람은 이런 사람들이어야 한다.

1. 진실을 이야기해줄 사람들
2. 책임감을 주는 사람들
3. 지지해주는 사람들
4. 이의를 제기할 수 있는 사람들
5. 당신이 행복해지는 것을 보고 싶어 하는 사람들

자가 테스트

- 당신에게 가장 긍정적인 영향을 많이 주는 다섯 명은 누구인가?
- 당신과 실제로 가장 많은 시간을 함께 보내는 다섯 명은 누구인가?

● 두 질문에서 꼽은 사람들이 일치하는가?

노트: 함께 어울리는 사람을 보면 그 사람을 알 수 있다. 그러니 당신의 시간을 쏟을 상대를 신중히 선택하라.

동전 열 개의 힘

가장 소중한 자산은 '관심'이다. 어떤 말을 하든, 어떤 약속을 하든, 관심의 대상이 누구인지를 보면, 진정 소중하게 생각하는 사람이나 일이 무엇인지 알 수 있다. 우리가 관심을 줄 수 있는 대상은 한정되어 있기 때문이다. 내 친구이자 멘토인 리치 슈브룩스^{Rich Sheubrooks}는 내게 '열 번의 도움^{Ten Assists}'이라는 팀 단합 연습 방법을 가르쳐주었다. 매일 아침 왼쪽 주머니 속에 동전 열 개를 넣으며 하루를 시작한다. 그러고는 팀원에게 '도움'을 줄 때마다 왼쪽 주머니에서 동전 하나를 꺼내 오른쪽 주머니로 옮긴다. 동료를 위해 해줄 수 있는 모든 일, 그러니까 커피를 한잔 뽑아준다거나, 회의 일정을 변경해준다거나, 마감을 맞추는 걸 도와준다거나 하는 일이 다 도움에 해당된다. 중요한 것은 이것이다. 동전 열 개를 다 오른쪽 주머니로 옮기기 전에는 사무실을 떠날 수 없다는 것!

워싱턴포스트가 뽑은 역사상 가장 멋진 경기

내가 직접 참여도 하고 목격도 한 화합의 사례 중 가장 멋진 예를 꼽으라면, 2006년 3월에 있었던 한 고등학교 농구 경기를 꼽고 싶다. 거의 20년간 그야말로 최고 수준의 농구 경기들을 봐왔지만, 그 경기는 확실히 내가 본 가장 감동적인 경기였다. 지금도 그 경기 생각을 하면 소름이 돋을 정도이다(이렇게 느끼는 건 비단 나뿐만이 아니어서, 10년 후『워싱턴포스트』는 그 경기를 회상하며 '워싱턴 DC 역사상 가장 멋진 고등학교 농구 경기 중 하나'라고 했다[32]).

그 당시 오크 힐 아카데미 고교 농구팀은 56경기 연승을 거두면서 모든 매체에 의해 미국 전체 고등학교 농구팀 중 1위로 랭크됐다. 입장권 매진을 기록하며 입장한 4,000명의 관중 앞에서 몬트로즈 크리스천 스쿨 농구팀은 무려 40점 차로 뒤지고 있었다. 그러나 마지막 쿼터에서 16점 차로 좁히면서 승기를 잡은 뒤, 결국 마지막 순간 74대 72로 극적인 승리를 거두었다. 종료 휘슬이 울리는 것과 거의 동시에 들어간 마지막 역전 골도 극적이었지만, 이 경기가 미국 교교 농구 역사상 가장 기억에 남는 경기 중 하나가 된 것은 이 경기에 참여했던 뛰어난 선수들 때문이기도 했다. 오크 힐 아카데미는 현재 NBA 선수로 활약 중인 타이원 로슨(2018년 현재 워싱턴 위저즈 소속)과 마이클 비즐리(2018년 현재 뉴욕 닉스 소속)가 팀을 이끌었고, 몬트로즈 크리스천 스쿨은 MVP이자 NBA 챔피언인 케빈 듀란트가 이끌었다.

몬트로즈 크리스천 스쿨은 불가능한 일을 가능한 일로 바꾸었다. 미국에서 가장 뛰어난 팀을 상대로 도저히 뒤집을 수 없을 것 같던 승부를 뒤집은 것이다. 기적은 팀의 화합 덕이었는데, 3부에 나왔던 뛰어난 팀의 다음 네 가지 특징을 토대로 했다.

- **커뮤니케이션:** 커뮤니케이션은 소통을 할 수 없는 어려운 상황에서 특히 더 필요하다. 당시 체육관은 데드 볼(Dead ball. 파울 등이 나와 심판이 휘슬을 불었을 때처럼 경기가 중단되어 공이 멈춘 상태 – 역자 주)이 나올 때마다 DJ가 돌려대는 LP 판 소리로 정신이 하나도 없었다. 음악 소리가 너무 시끄러워 선수들은 사이드라인에서 외치는 베터Vetter 코치의 말을 전혀 들을 수 없었지만, 그런 와중에도 그들은 프리 스로우(Free throw. 파울을 범했을 때 상대편 선수에게 주는 슛 – 역자 주)를 하기 전에 항상 각종 수신호와 시선 등을 주고받았기 때문에 서로 커뮤니케이션이 가능했다.

- **믿음:** 원활한 커뮤니케이션은 자신에 대한 믿음을 강화시켜주었을 뿐 아니라, 많은 사람이 불가능하다고 여기는 일을 해내는 능력에 대한 믿음도 강화시켜주었다. 여기서 중요한 것은 믿음은 그보다 훨씬 이전부터 생겨났다는 사실이다. 그러니까 이전의 오프시

즌부터 생겨나기 시작해 매일 강화되어 온 셈이다. 진정한 믿음은 스스로 경기력을 입증해 보이면서 생겨난다. 선수들은 2006년 3월의 그 역사적인 경기를 치르기 몇 개월 전부터 믿음을 키워왔다. **믿든가 떠나든가!**

- **이타심:** 이타심은 당신이 팀원들을 보면서 그들이 당신만큼이나 간절히 원한다고 느낄 때 꼭 필요하다. 이 경기에서 결정적인 전환점은 마지막 쿼터 때 포인트 가드 이토 타이시(당시 키 175cm, 체중 70kg)가 과감한 끼어들기로 마이클 비즐리(당시 키 206cm, 체중 104kg)로부터 오펜시브 파울(Offensive foul. 공격자가 수비자에게 범하는 파울 – 역자 주)을 이끌어냈을 때였다. 비즐리는 속공을 펼치느라 마치 브레이크가 고장 난 화물 열차처럼 전력 질주하고 있었다. 타이시는 자기 몸을 희생해가며 비즐리 앞을 막아섰고, 결국 오펜시브 파울을 이끌어내 경기의 흐름을 바꾸는 데 결정적 역할을 했다. 그의 플레이 덕에 공이 팀에 넘어왔을 뿐 아니라, 선수들 모두의 가슴에 불을 붙였다. 파울을 이끌어내는 것은 선수가 할 수 있는 가장 이타적인 플레이다. 선수 자신이 육체적 고통을 감수해야 하기 때문이다. 게다가 그런 플레이는 통계 수치에 잡히지도 않는다.

- **명확한 역할:** 불가능해 보이는 역전승을 이끈 중요한 이유 중 하나

는 선수들이 팀의 목표를 끝까지 지켜냈기 때문이다. 그들은 우왕좌왕하지 않았다. 원칙대로 움직였다. 각 선수가 자신이 해야 할 일을 분명히 알고 잘 받아들였으며, 아무도 영웅이 되려고 나서지 않았다. 각자 자신의 역할을 하는 데 전념했다. 케빈 듀란트는 팀의 확실한 최고의 공격수였고, 각 선수는 제 역할에 충실하여 그가 숫을 가장 잘 던질 수 있게 도왔다. 만일 선수들이 팀이 원하는 것이 아니라 자신이 원하는 것을 하기 시작했다면, 결과는 전혀 달라졌을 것이다. 매스컴에서는 온통 케빈 듀란트 이야기로 떠들썩했지만, 결국 모든 선수들이 자기 역할을 해냄으로써 역사적인 승리를 맛볼 수 있었다.

여기서 나는 승리를 안겨준 요소들이 그날 밤 갑자기 생겨난 것이 아니라는 점을 강조하고 싶다. 그 요소들은 그저 그날 밤 입증된 것뿐이다. 아니 어쩌면 그날 밤 실현된 것뿐이다. 몬트로즈 크리스천 스쿨의 화합은 그날 경기가 있기까지 여러 해, 여러 달, 여러 주, 여러 날 동안 차곡차곡 쌓여 만들어졌다. 막강한 전력을 자랑하는 팀을 상대로 한 극적인 승리는 팀의 화합을 위해 보이지 않는 데서 보낸 수많은 시간들 없이는 절대 생겨날 수 없다.

영입 과정부터 시작하라

화합이란 말의 정의를 내리자면 '통합된 전체를 형성하는 행위'[33]이다. 즉 서로 함께하고 하나가 된다는 뜻인데, 정의에서 알 수 있듯 화합은 적극적인 행위이다. 팀이 성취하기 위해 애써야 하는 것, 그러니까 그냥 존재하는 것이 아니라 행동해서 만들어야 하는 것이다.

당신이 어떤 조직을 만든다면, 화합은 사람을 영입하는 과정에서부터 시작된다. 나중에 조각 그림들을 변화시키려 하기보다, 애초에 제대로 된 조각 그림을 선택하는 편이 더 쉽기 때문이다. 서로 보완이 되는 사람들, 그리고 조각 그림 맞추기에 기꺼이 자신을 맞추려 하는 사람들을 영입하라. **당신의 동기는 우리에게 도움이 되는 것이고, 우리의 동기는 당신에게 도움이 되는 것, 화합은 그런 것이다.**

농구의 세계에서 선수 영입은 팀 화합에 엄청나게 중요하다. 그래서 고등학교 선수를 영입하려는 대학 농구팀 코치든, 아니면 대학 농구팀 선수나 해외 선수를 영입하려는 NBA 소속팀 감독이든, 상대가 팀 플레이어인지 아닌지를 판단하기 위해 정말 철저한 조사를 한다. 그들은 심지어 영입하려는 선수의 인성을 알아보기 위해 초등학교 6학년 때 선생님들까지 찾아간다.

내가 잘 알거나 함께해온 선수들이 영입 대상에 오를 때도 대학 농구팀 코치들이 사람을 보내왔다. 나는 선수들의 고등학교 성과 향상 코치였지만, 그들이 가장 먼저 하는 질문들은 대개 해당 선수의 경기력과는 상관없는 것들이었다. 선수 영입 담당자들은 주로 선수의 마음가짐이 어떤지, 어떤 유형의 사람인지, 다른 사람들과의 관계는 어떤지 등을 물어본다. 또한 얼마나 빠릿빠릿한지, 책임감은 어떤지, 상대방의 말에 귀는 잘 기울이는지, 직업 윤리는 어떤지, 이타심이 있는지 하는 것들도 묻는다. 결정적인 잣대는 이것이다. "앨런, 당신의 딸이 이 친구와 데이트를 하게 하겠습니까?"

선수 영입 담당자들은 당연히 영입하려는 선수의 경기 장면이 담긴 영상을 분석한다. 그들이 해당 선수의 신체 조정 능력이나 균형 감각, 힘 등에 대한 질문을 해올 때는 이미 질문이 거의 끝날 무렵이다. 최고의 팀, 최고의 조직, 최고의 기업은 최고의 사람들을 영입하기 위해 여러 가지 사항을 꼼꼼히 체크한다. 화합은 이런저런 개인들을 대충 끌어모은다고 해서 생겨나지 않는다. 개인에게 화합하려는 마음가짐과 의지가 있어야 하는 것이다.

화합의 네 가지 적

① **권리 주장 –** 더 많은 것을 받을 자격이 있다고 생각하는 사람

② **오만함 –** 다른 사람들보다 더 뛰어난 것처럼 행동하는 사람

③ **이기심 –** 자기 자신만 생각하는 사람

④ **현실 안주 –** 매사에 별 관심이 없는 사람

접착제 같은 사람들

화합은 빈 곳을 채운다는 의미이기도 하다. 대학 농구팀 수석 코치들은 카리스마를 가지고 선수를 영입하고, 선수에게 동기부여를 하고, 선수가 현실에 안주하지 못하게 해야 한다. 또한 선수들의 장점과 단점들을 알아야 하며, 모든 선수들로 하여금 팀과 팀 문화의 일부라는 느낌을 갖게 해주어야 한다. 그러나 아무리 뛰어난 코치라 해도 이 모든 분야에서 최고가 될 수는 없다. 그래서 그들은 해당 분야에 적합한 사람들을 찾는다.

켄터키대학교 농구팀 코치 존 칼리파리는 이런 말을 했다. "내가 영입하는 사람들 모두가 버스 안에 자기 자리를 갖는 게 중요하다. 다시 말해 다섯 가지 포지션에, 같은 유형의 선수들을 영입하지는 않는다는 것이다. 버스 안의 사람들은 모두 서로 다른 일을 해야 한다. 모두가 자신이 가장 잘하는 일, 다른 누구보다 잘할 수 있는 것을 해야 하는 것이다."[34] **모든 사람들에게 버스 안에 자기 자리를 갖게 하라.**

진행요원들을 균형 있게 채용하라. 사우스캐롤라이나대학교 수석 코치 프랭크 마틴Frank Martin은 성격이 불같고 감정 기복이 심한 것으로 유명하다. 그러나 그는 친절한 경찰 역할을 해주고 성격도 보다 부드러운 코치들을 채용함으로써, 자기 선수들이 군부대 훈련처럼 거친 조교에게 시달리지 않게 해준다. 최고의 리더는 자신이 모든 것에 최고일 필요는 없다는 사실을 잘 안다. 단지 몇 가지 일에 최고가 되면 그만이며, 퍼즐처럼 서로 잘 들어맞는 팀을 구성하면 된다.

모든 팀과 조직에는 '접착제 같은 사람들'이 필요하다. 모든 것이 잘 돌아가게 하는 데 필요한 소소한 일들을 기꺼이 해줄 사람들 말이다. 그들은 제대로 설명되어 있지도 않고, 명시적으로 부여되지도 않은 일을 한다. 누구든 하지 않으면 그냥 지나칠 소소한 일 말이다.

농구에서는 접착제 같은 선수들이 파울을 이끌어내고, 양방향으로 전력 질주하며, 볼을 향해 몸을 날린다. 또한 이들은 벤치를 지킬 때도 자리에서 일어나 멋진 플레이에 환호하고, 코트에서 나오는 팀 동료와 하이파이브를 한다. 이런 역할을 부여받은 선수는 아무도 없다. 그런 헌신이 통계 수치에 잡히는 것도 아니며, 이들이 스타 선수가 되는 것도 아니다. 그러나 팀의 화합에 미치는 영향력은 실로 엄청나다. 접착제 같은 사람들은 늘 이런 주문을 외운다. "이 모든 일은 다른 누군가의 일이 아니야. 바로 내 일이지!"

자가 테스트

당신의 팀이나 조직에 대해 생각해보고 다음 질문들에 답하라.

1. '스타'는 누구인가? 어째서인가?
2. 롤 플레이어들은 누구인가? 그들은 스타와 팀 목표를 위해 어떤 기

여를 하는가?

③ 접착제 같은 사람은 누구인가? 누가 당신의 팀을 하나로 묶어주는가?

④ 누가 당신 팀의 성공에 도움이 되는 소소한 일을 하는가?

⑤ 당신은 당신 팀의 화합을 위해 구체적으로 어떤 기여를 하는가?

유치원생에게 배우는 화합의 기술

우리는 태어날 때부터 화합하는 방법을 아는지도 모른다. 그런데 나이가 들면서는 화합을 깨게 된다. 점점 자아가 커지는 데다, 매사 어떻게 하는 것이 올바른지에 대한 개인적인 의견이 강해지기 때문이다.

디자인 전문가 피터 스킬먼Peter Skillman이 화합이 어떤 식으로 작동되는지를 잘 보여주는 유명한 실험을 한 적이 있다. 과제를 주고, 유치원생 팀과 경영대학원 팀 간에 시합을 붙인 것이다. 양 팀은 정해진 시간 내에 요리되지 않은 스파게티와 테이프, 끈, 마시멜로를 가지고 탑을 쌓아야 했다. 이 시합은 번번이 유치원생 팀의 승리로 끝났다. 그것도 아주 큰 시간 차이로.³⁵

그 이유는 무엇일까? 작가 다니엘 코일은 이런 말을 했다. "성인들은 보다 커다란 목표 대신 지위와 권력의 문제에 사로잡힌다. 그래서 그들의 행동은 겉보기에는 조직적인 것 같아 보이지만, 실은 온통 비효율과 망설임, 미묘한 경쟁 투성이인 것이다.[36] 반면에 유치원생의 행동은 얼핏 보기에는 아주 위태로워 보이지만, 성인처럼 커다란 목표 대신 지위와 권력의 문제들에 사로잡히지 않으며, 실험을 하고 위험을 무릅쓰며 결과를 지켜본다. 그 덕에 효율적인 해결책들을 찾아내게 되는 것이다."[37]

노스캐롤라이나대학교 농구팀 코치 딘 스미스는 팀의 화합을 위해 모든 것을 다 바치는 것으로 유명하다. 승리보다 화합을 더 중시할 정도였다. 그는 그렇게 해서 자기 선수들에게 더 큰 자유를 줄 수 있다면, 차라리 경기에 지는 쪽을 택했다. 개인주의를 버리고 팀의 목표를 위해 노력하며 한 팀으로 움직이는 편이 길게 볼 때 더 큰 발전에 이른다고 믿었기 때문이다.[38] 한 선수가 규칙을 위반할 경우, 스미스 코치는 화합을 강조하기 위해 다른 모든 선수들을 벌하기도 했다. 모든 일이 팀이라는 개념을 토대로 구축된 것이므로, 개인주의적인 생각이나 자아는 절대 용납될 수 없다는 사실을 보여주려 했던 것이다.[39]

물론 팀이라고 해서 늘 모든 면에서 의견일치가 이루어지는 것은 아니다. 언제나 다른 의견이 존재한다는 사실을 인정해야 한다. 아마존은 '반대하되 전념하라'는 슬로건을 내걸고 있다. 어떤 아이디어에 대해 팀원들이 각자 자기 목소리를 내되, 그 아이디어가 진전되도록 전력투구하라는 혁신적인 방법이다. 소수의 목소리가 배척당한다는 느낌이 들지 않게 하면서 화합을 유지하는 방법이다. 다른 사람들의 의견도 존중하고 반대에도 귀 기울여라. 그런 다음 그들로 하여금 모든 것을 함께할 마음을 먹게 하라.

누가 득점하는지는 중요하지 않다

나는 고등학교 농구를 통해 팀이 어떻게 움직이는지, 그리고 왜 어떤 팀은 성공하고 어떤 팀은 실패하는지에 대해 많은 것을 배웠다. 디마사가톨릭고등학교의 마이크 존스 코치는 이런 말을 자주 했다. "어떤 선수도 팀보다 클 수 없고, 어떤 팀도 시스템보다 클 수 없다. 누가 득점을 하는지는 중요하지 않다. 중요한 것은 우리가 득점하는 것이다."

몇 년 전 내가 아직 성과 향상 코치로 재직 중일 때, 디마사가톨릭고등학교는 경기 종료를 몇 초 앞두고 동점인 상태에서 절호의 기회를 맞았다. 올아메리칸 선수인 우리 팀 최우수 선수가 경기 종료 시간이 거의 끝난 상태에서 파울을 얻어낸 것이다. 그는 자유투를 아주 잘 던지는 선수였고, 1점만 올리면 됐다. 단 1점. 그런데 안타깝게도 슛을 놓쳤다. 우리는 연장전을 치러야 했고, 선수들은 전의를 상실해 계속해서 점수를 내줬다. 경기 종료 30초 정도를 앞두고 상대 팀이 8점을 앞선 상태에서, 존스 코치가 타임아웃을 불렀다.

모든 사람들이 의아해했다. 보조 코치들과 선수들은 어안이 벙벙해 서로를 쳐다봤다. 우리는 어차피 이길 수 없었다. 배는 이미 떠난 상태였다. 그러나 존스 코치의 머릿속에는 다른 생각이 있었다.

그는 선수들을 모아 놓고 이렇게 말했다. "잘 들어, 이 경기는 어차피 우리가 진다. 그런데 30초 후 경기에서 질 때, 너희는 명예도 잃게 되는 거야. 셔츠 앞에 적힌 학교 이름에는 우리 학교가 지난 60년간 쌓아온 명예가 담겨 있어. 따라서 앞으로 남은 몇 초 동안, 그 명예에 누를 끼치는 일을 해선 안 돼. 모두들 기분이 말이 아니겠지. 잘 안다. 하지만 이건 우리들만의 일이 아니야. 우리 뒤에, 우리보다 훨씬 더 큰 존재가 있는 거야." 그런 다음 그는 선수들을 코트로 내보냈다.

이것이 바로 위대한 조직이든, 위대한 조직이 되려 하는 조직이든, 이제 막 시작한 조직이든 상관없이 모든 조직이 가져야 할 마음가짐이다.

축하 행사를 반드시 즐겨야 하는 이유

화합이 잘되는 팀의 마지막 요소는 단순하다. 승리를 축하하는 것이다. 모든 승리는 팀의 승리이므로, 축하 행사는 팀 전체를 위한 축하여야 한다. 두 차례나 전국 우승을 차지한 빌라노바대학교 코치 제이 라이트는 개인 중심의 축하 행사는 좋아하지 않는다. "흥분된다면 에너지가 넘쳐나는 것이다. 그 에너지를 팀 동료들에게 나눠주어라."[40] 라이트 코치의 말이다. 이는 경험에서 우러나온 규칙이다. 만일 혼자 기분이 좋다면, 그것은 그렇게 좋아할 일도 아닌 것이다.

또한 축하를 통해 나눈 기쁨은 일과 동료들, 나아가 조직 분위기 자체에도 영향을 준다. 외적 보상들이 내적 동기를 대체할 수는 없어도, 인정받았다는 기분이 들게 해준다. 팀 구성원 전체가 함께 보상을 받을 경우, 믿을 수 없을 만큼 강한 화합이 이루어질 수 있다. 자신의 첫 기업 마이크로솔루션즈에서 성공적인 한 달을 보낸 뒤, 마크 큐반은 돌아다니면서 모든 판매 사원들에게 직접 100달러짜리 지폐를 건네주었다. 그간의 노력에 대해 보상을 해줌으로써 그들이 인정받고 있다는 기분이 들게 해준 것이다.

작가이자 성과 향상 컨설턴트인 그레이엄 존스Graham Jones는《포브스》와의 인터뷰에서 이런 말을 했다. "승리하고 나면 선수들은 자축할 시간이 필요합니다. 그런 시간을 통해 그간의 노력과 헌신이 왜 그만한 가치가 있는지를 상기할 수 있게 됩니다. 많은 조직의 최우선 과제가 살아남는 것인 시대에는 아무리 사소한 성공을 했다 해도 잊지 말고 꼭 축하할 시간을 가져야 합니다."⁴¹

팀은 함께 성공하기도 하고 실패하기도 한다. 축하하거나 무언가를 배우면서 성공과 실패를 최대한 잘 활용할 경우, 팀은 화합을 이루고 강화된다. 결국 모든 기업이나 조직은 칭찬과 인정을 받고 싶어 하는 사람들, 자신이 무언가의 일부라는 느낌을 갖고 싶어 하는 사람들, 그리고 무언가 성취했을 때 잠시 시간을 내 그 기분을 즐기고 싶어 하는 사람들로 이루어져 있는 셈이다.

당신의 팀에 대해 생각해보라.

① 당신의 팀은 3부에서 다룬 성공한 조직의 다섯 가지 특징들 중 어떤 특징이 가장 강한 것 같은가?

② 그 특징 중 어떤 특징을 위해 노력해야 할 것 같은가?

③ 당신은 팀의 성과를 높이기 위해 구체적으로 어떤 일을 할 수 있겠는가?

④ 일정표를 작성해 여기서 발견된 문제들을 어느 정도 해결했는지 체크하고 평가해보라.

화합이 잘되는 팀은 앞서 이야기한 이타심과 믿음, 명확한 역할 분담, 커뮤니케이션이라는 네 가지 특징들을 잘 취합해서 한 몸처럼 일사불란하게 움직인다.

기억하라

- 화합은 모든 것을 하나로 묶어주는 접착제와 같다.
- 최고의 팀은 조각 그림 맞추기와 같다. 서로 다르면서도 보완이 되는 조각 그림들이 마지막 그림을 만들어내는 것이다. 한 조각만 없어지거나 자기 자리를 이탈해도 전체 그림은 완성되지 못한다.
- 위대한 팀은 함께 어려움을 겪고 함께 축하한다.
- 각자 혼자서는 이룰 수 없는 무언가를 팀을 이뤄 함께 이루는 것보다 더 기분 좋은 일도 별로 없다. 그 기분은 계속해서 다시 맛보고 싶은 기분이다.

첫걸음을 내디딜 용기

방향을 바꾸지 않는다면, 정확히 현재 향하고 있는 곳으로 가게 된다.

- 중국 속담

르브론 제임스와 케빈 듀란트, 코비 브라이언트는 이미 스포츠와 대중매체, 비즈니스 세계에 다리를 높은 성공적인 인물로 손꼽힌다. 그럴 만한 이유가 있다. 이들이 철저한 준비, 리더로서의 본능, 그리고 팀역할에 대한 이해 등 농구에 필요한 원칙들을 그대로 다른 분야들에 적용하고 있기 때문이다.

성공은 결국 헌신적인 노력에서 온다. 당신이 남들보다 노력을 덜한다면 거기에 대해서는 변명의 여지가 없다. 온갖 쉬운 길과 지름길은 잊어버려라. 그 어떤 것도 노력 없이 얻을 수는 없다. 대부분의 사람이 성공을 원하지만, 그에 필요한 대가를 기꺼이 지불하려는 사람은 별로 없다. 당신은 어떤가?

만일 지금 하고 있는 일이나 처한 상황에 만족하지 못한다면, 먼저 당신이 변화시킬 수 있는 것들부터 변화시켜보라. 급격한 변화가 필요하다면, 첫걸음을 내디딜 용기를 내라. 또한 현재 상황에서 작은 변화가 필요하다면, 그 변화를 이끌어낼 방법들을 찾아내보라. 만일 마음가짐을 바꿔야 할 필요가 있다면, 신경 써야 할 것이 무엇인지 알아내고 어떻게 앞으로 나아갈 것인지를 생각해보라.

매일이 새로운 시작이다. 베스트셀러 작가이자 행동 과학자인 다니엘 핑크Daniel Pink는 이런 말을 했다. "늘 언제 시작할 건지 결정할 수 있는 건 아니지만, 적어도 그 시작을 위해 이런저런 영향을 줄 수 있다. 당신은 노력에서 시작이 얼마나 큰 힘을 갖고 있는지를 알아야 하며, 강력한 시작을 하도록 애써야 한다. 설사 실패한다 해도, 새로운 시작을 시도해볼 수 있다. 만일 시작이 우리 뜻대로 되지 않는다면, 다른 사람들을 끌어들여 함께 시작해볼 수도 있다."[1]

핑크의 말은 이렇게 요약할 수 있다. "시작하라. 다시 시작하라. 함께 시작하라!"[2]

제니 블레이크Jenny Blake는 취업 전략가이며 『피벗Pivot』의 저자이다. 그녀의 책에 대해 인터뷰한 적이 있는데, 그때 우리는 농구는 물론 비즈니스에서도 쓰이는 '피벗(주축 또는 중심축이란 뜻 – 역자 주)'이란 단어의 의미에 대해 이야기를 나눴다. 농구에서 피벗이란 한 발은 땅에 고정시킨 채 다른 쪽 발을 움직여 여러 가지 옵션을 모색하는 동작이다. 선수는 이 동작을 통해 여러 각도를 내다보고 유리한 위치를 확보할 수 있다. 피벗을 잘 하면 이전엔 보이지 않던 것들(공을 커팅하려는 상대 팀 선수, 패스하기 좋은 열린 공간 등)이 눈에 들어온다.

결국 이 모든 것은 한 가지 불변의 사실로 귀결된다. 성장하지 못하면 움츠러든다는 것. 블레이크는 내게 이런 말을 했다. "그러니까 우리의 사회생활에서도 끊임없는 피버팅을 통해 늘 기민하게 움직일 수 있는 겁니다." 그녀는 피벗을 '모든 것을 처음부터 시작하지 않고도 변화시키는 일'이라고 정의했는데, 나는 그 말이 충분히 이해됐다. 우리는 모두 현재의 상황에서도 얼마든지 점진적인 변화를 일으킬 수 있다.

나는 삶이 어떤 상태인가보다는 우리가 현재의 삶을 어떻게 영위하고 있는지가 중요하다고 생각한다.

당신이 영위하는 삶.

당신에게 책임이 있다.

인생에서 필요한 변화들을 일으킬 수 있겠는가? 그러길 원하는가? 그렇다면 사용하는 언어를, 심지어 마음 속에서 생각할 때 쓰는 언어까지도 생각해보라. 여러 연구에 따르면, '나는 ~할 수 없어'라는 말보다 '나는 ~하지 않아'라는 말을 쓰는 사람들이 자신의 습관을 고칠 가능성이 훨씬 더 높다고 한다.³ 언어를 바꾸면 심리적 이점이 생겨난다. 왜냐하면 '**선택**'할 수 있기 때문이다.

어떤 좋은 습관을 들이기 시작하든, 어떤 기술을 향상시키기 시작하든, 어떤 목표를 향해 나아가기 시작하든, 자신이 뭔가를 시작하기로 선택했다는 사실을 받아들이는 순간, 당신은 무의식적으로 자신을 몰아붙이게 된다. 좋은 습관을 들이기 위해 노력하기로 마음먹는 것은 결국 당신 자신이라는 것을 계속 상기하라. 모든 것은 결국 첫걸음을 내딛는 것으로 시작된다.

누군가 올림픽 금메달 3관왕인 미국 배구선수 카치 키랄리Karch Kiraly에게 올림픽에서 금메달을 따기 위해 어떻게 준비했느냐는 질문을 한 적이 있다. 그는 이렇게 답했다. "따로 준비한 건 전혀 없습니다. 저는 그저 다음 경기에서 이길 준비만 했을 뿐입니다."⁴ 내가 언젠가 '언덕 위의 지옥Hell on the Hill'이라는 행사에 참여했던 순간을 떠올리게 하는 말이다. 행사는 이름 그대로 지옥 같았다. 기업가이자 작가이자 전직 래퍼인 제시 잇츨러Jesse Itzler가 주최한 그 행사에서, 우리는 높이 73미터에 경사가 평균 40도나 되는 언덕을 무려 100번이나 달려서 오르락내리락해야 했다. 달려야 하는 총거리도 13킬로미터 가까이 됐다.

지형이 똑바르지도 평평하지도 않은 길을 계속해서 달려야 했는데, 울퉁불퉁한 정도도 내내 다 달랐다. 불규칙한 지형 때문에 참가자들은 훨씬 더 힘들어했다. 잔디 상태를 파악하려고 애쓰는 노련한 골퍼처럼, 우리들은 곧 언덕 꼭대기에 이르는 '가장 쉬운' 길을 찾아냈다(이 건 그냥 내 생각일 뿐이지만). 그러나 여러 사람이 동시에 쉬운 길을 찾아 내면서 문제가 발생했다. 사람들이 쉬운 길로 몰리면서, 달리는 일이 더 힘들어진 것이다. 엎친 데 덮친 격으로 온종일 가벼운 비가 오락가 락 내리면서 풀이 다 젖었기에, 언덕을 내려가는 일조차 말할 수 없이 힘든 일이 되어버렸다. 나는 한계에 부딪혔다. 육체적·정신적·감정 적으로 모든 힘이 다 빠져, 그야말로 안간힘을 쓰고 있었다. 포기하기 일보 직전이었다.

'언덕 위의 지옥'에 참여한 사람들 중에는 듀크대학교 농구선수 시 절 올해의 수비수였으며, 당시 마케트대학교 남자 농구팀 수석코치였 던 스티브 워치초프스키Steve Wojciechowski도 있었다. 그는 내 팟캐스트에 초대 손님으로 나와 만난 적도 있었다. 어쨌든 그와 나는 내내 비슷한 페이스를 유지하고 있었다. 그가 곁에 다가왔을 때 내가 물었다. "몇 번 남았습니까?"

"한 번이요."

"잠깐, 뭐요?" 내가 물었다.

"한 번이요?" 100번 중에 한 번밖에 안 남았다고? 절대 그럴 수가 없 었다. 나는 하마터면 화를 낼 뻔했다. 그런데 그때 그가 말했다. "네, 단 한 번이요. 그렇게 30번만 더 하면 돼요."

더없이 좋은 태도여서 나도 모르게 절로 미소가 지어졌다. 현재에

맺는 말
427

충실한 삶을 살고, 한 걸음 더 내딛는 일에 집중하며, 나머지 일은 다 잊고 오직 해야 할 일에만 몰두하라는 교훈을 배운 것이다.

나는 여러분이 개인으로서 또 사회인으로서, 당신 자신의 상황을 잘 살펴보고 용기를 내 과감히 첫걸음을 내딛길 바란다. 자신을 믿고, 코치를 믿고, 팀을 믿어라. 그러면 그 첫걸음이 그다음 걸음으로 이어질 것이다.

감사의 글

> 감사는 미루지 마라.
>
> - 스킵 프로세르

"가능한 한 많은 사람들에게 고맙다는 말을 해야지."

나는 매일 아침, 그러니까 내 삶의 모든 날 아침에 위와 같은 목표를 떠올리며 눈을 뜬다. 늘 감사하는 마음가짐을 가지려 한다. 이 책을 쓰는 일은 처음부터 끝까지 너무도 즐거운 경험이었다. 그런데 감사의 글을 쓰는 일은 조금 힘든 것 같다. 감사드려야 할 사람도 너무 많고, 인정해줘야 할 사람도 너무 많기 때문이다.

요즘 FOMO(Fear Of Missing Out의 줄임말. 좋은 기회를 놓칠 것 같은 두려움)를 느끼는 사람이 아주 많다. 소셜 미디어의 등장으로 인해 그런 사람들이 엄청나게 많이 늘어난 것이다. FOMO란 어디선가 뭔가 멋진 일이 일어나고 있는데, 자신만 모르고 있는 것 같은 기분에서 비롯되는 두려움 내지 불안이다.

너무 과장된 이야기처럼 들릴지 모르지만, 이 감사의 글을 쓸 때가 다가오자 나는 FOMO와 비슷한 FOMS(Fear Of Missing Someone. 누군가를 빼먹을 것 같은 두려움)를 느끼기 시작했다. 본의 아니게 무심코 누군가를 빼먹을 것 같은 두려워진 것이다.

나는 그간 수백 명의 멋진 사람들을 만나 함께 일하고, 친해지고, 연구하고, 관찰했으며, 그들의 말을 귀 기울여 듣고, 많은 것을 배웠다. 모두가 이런저런 방식으로 이 책에 기여했다. 어떤 사람들은 다른 사람들보다 비교적 최근에 더욱 직접적인 영향을 주었지만, 어쨌든 그 모든 사람들이 오늘날의 나와 이 책의 내용에 많은 영향을 주었다.

감사해야 할 사람들이 너무 많아 그 이름을 일일이 나열하자면 그야말로 진이 다 빠질 지경이다. 그러니 내 가족, 친구, 동료, 파트너, 팀 동료, 에이전트, 멘토, 스승, 코치, 트레이너, 자문, 카운슬러, 컨설턴트, 고객, 지지자 그리고 팔로워는 알아주시기 바란다.

마지막으로 이 책을 읽어준 독자에게도 정말 감사하다.

참고문헌

들어가기 전에

1 David Halberstam, Playing for Keeps: Michael Jordan and the World He Made (New York: Random House, 1999), 165.

CHAPER 1 | 자기인식

1 http://www.espn.com/nba/story/_/id/22812774/kevin-pelton-weekly-mail-bag-next-victor-oladipo.

2 Geoff Colvin, Talent Is Overrated: What Really Separates World-Class Performers from Everyone Else (New York: Penguin, 2008), 118.

3 Adam Galinsky and Maurice Schweitzer, Friend and Foe: When to Cooperate, When to Compete, and How to Succeed at Both (New York: Crown Business, 2015), 132.

4 Simon Sinek, Leaders Eat Last: Why Some Teams Pull Together and Others Don't (New York: Portfolio, 2014), 199.

5 Tom Rath and Barry Conchie, Strengths Based Leadership: Great Leaders, Teams, and Why People Follow (New York: Gallup Press, 2008), 2.

6 Interview with Howard Schultz, How I Built This, with Guy Raz https://www.npr.org/2017/09/28/551874532/live-episode-starbucks-howard-schultz;and Howard Schultz with Joanne Gordon, Onward (New York: Rodale Books, 2012), 3–7.

7 Interview with Howard Schultz, How I Built This, with Guy Raz.

8 Tasha Eurich, Insight: Why We're Not as Self-Aware as We Think and How Seeing Ourselves Clearly Helps Us Succeed at Work and in Life (New York: Crown Business, 2017), 7.

CHAPER 2 | 열정

1 Jesse Itzler, Living with a SEAL: 31 Days of Training with the Toughest Man

on the Planet (New York: Center Street, 2005), 65.

2   Tim S. Grover, Relentless: From Good to Great to Unstoppable (New York: Scribner, 2013), 39.

3   Interview with Steve Nash, Suiting Up, with Paul Rabil, https://suitinguppodcast.com/episode/steve-nash-nba-star-entrepreneur/.

4   Mark Cuban, How to Win at the Sport of Business (New York: Diversion Books, 2013), 3.

5   Interview with Jason Stein, The Bill Simmons Podcast, https://www.theringer.com/the-bill-simmons-podcast/2017/8/4/16100290/smart-guy-friday-cycle-ceo-founder-jason-stein-and-bills-dad-on-game-of-thrones.

6   Interview with John Mackey, How I Built This, with Guy Raz, https://one.npr.org/?sharedMediaId=527979061:528000104.

7   Eric Schmidt and Jonathan Rosenberg, with Alan Eagle, How Google Works (New York: Grand Central Publishing, 2014), 5.

8   Ryan Holiday, Ego Is the Enemy (New York: Portfolio, 2016), 55.

9   Ibid.

10 http://www.espn.com/nba/truehoop/miamiheat/columns/story?page=Spoelstra-110601.

11 Holiday, Ego Is the Enemy, 57.

12 Grover, Relentless, 11.

13 http://www.espn.com/blog/new-england-patriots/post/_/id/4801190/tom-bradys-passion-comes-through-with-talk-of-ambassador.

14 Brett Ledbetter, "How to Stop Comparing and Start Competing,"TEDxGatewayArch. https://www.youtube.com/watch?v=bU09Y9sC7JY.

15 Galinsky and Schweitzer, Friend and Foe, 35.

16 http://faculty.chicagobooth.edu/devin.pope/research/pdf/website_losing_winning.pdf.

17 Ryan Holiday, The Obstacle Is the Way: The Timeless Art of Turning Trials into Triumph (New York: Portfolio, 2014), 4.

18 https://deadspin.com/thousands-of-gymnasts-are-sharing-videos-of-their-best-1825963309.

19 https://hbr.org/2012/07/how-leaders-become-self-aware.

20 Amy Wilkinson, The Creator's Code: The Six Essential Skills of Extraordinary

Entrepreneurs (New York: Simon & Schuster, 2015), 115.

21 Maury Klein, The Change Makers: From Carnegie to Gates, How the Great Entrepreneurs Transformed Ideas into Industries (New York: Times Books, 2003), 186.

CHAPER 3 | 훈련

1 Cal Newport, Deep Work: Rules for Focused Success in a Distracted World (New York: Grand Central, 2016), 14.

2 Richard L. Brandt, One Click: Jeff Bezos and the Rise of Amazon.com (New York: Portfolio, 2011), 23.

3 Newport, Deep Work, 71.

4 Ibid., 40.

5 https://news.harvard.edu/gazette/story/2010/11/wandering-mind-not-a-happy-mind/.

6 I first read this story on the Facebook page for Mark C. Crowley, Lead from the Heart: Transformational Leadership for the 21st Century (Bloomington, Ind.:Balboa Press, 2011, and then found more accurate details from Leda Karabela at http://yhesitate.com/2011/08/07/no-madam-it-took-me-my-whole-life/.

7 https://www.forbes.com/sites/neilpatel/2015/01/16/90-of-startups-will- fail-heres-what-you-need-to-know-about-the-10/#4f25a2526679.

8 Tony Schwartz, The Way We're Working Isn't Working: The Four Forgotten Needs That Energize Great Performance, 33.

9 Cuban, How to Win, 15.

10 This idea originated with Jim Rohn's work.

11 http://www.investors.com/news/management/leaders-and-success/basketball-player-larrybird-grit-and-discipline-helped-him-lead-championship-teams/.

12 "The Champ,"Readers Digest, January, 1972, 109.

13 Jeff Bezos, commencement speech at Princeton University, May 30, 2010.

CHAPER 4 | 수용력

1 This is in a variety of places but I read it in Jeff Jarvis's What Would Google-

Do? (New York: Harper Business, 2009), 20.

2 https://www.forbes.com/100-greatest-business-minds/person/arthur- blank.

3 http://money.cnn.com/2018/03/06/news/companies/dominos-pizza-hut-pa-pa-johns/index.html.

4 Carol Dweck, Mindset: The New Psychology of Success (New York: Random House, 2006), 21.

5 Halberstam, Playing for Keeps, 66.

6 Adam Bryant, Corner Office: Indispensable and Unexpected Lessons from CEOs on How to Lead and Succeed (New York: Times Books, 2011), 15.

7 Ibid., 12–13.

8 Ibid, 13.

9 Leigh Gallagher, The Airbnb Story: How Three Ordinary Guys Disrupted an Industry, Made Billions…and Created Plenty of Controversy (Boston: Houghton Mifflin Harcourt, 2017), 164.

10 Ibid., 167.

11 Wilkinson, The Creator's Code, 39.

12 Daniel Coyle, The Culture Code: The Secrets of Highly Successful Groups (New York: Bantam, 2018), 78.

13 John Wooden and Steve Jamison, The Essential Wooden: A Lifetime of Lessons on Leaders and Leadership (New York: McGraw-Hill Education, 2007), 18.

14 https://www.businessinsider.com/the-blakely-family-dinner-table-question-2015-3.

15 "Research Reveals Fear of Failure Has Us All Shaking in Our Boots This Halloween,"Linkagoal's Fear Factor Index, October 14, 2015.

16 Charles Duhigg, The Power of Habit (New York: Random House, 2014), 282.

17 Brandt, One Click, 88.

CHAPER 5 | 자신감

1 Cuban, How to Win, 71.

2 Interview with Perry Chen, How I Built This, with Guy Raz, https://www.npr.org/2017/09/05/540012302/kickstarter-perry-chen.

3 Ibid.

4   Dan McGinn, Psyched Up: How the Science of Mental Preparation Can Help You Succeed (New York: Portfolio, 2017), 151.

5   "Mental Preparation Secrets of Top Athletes, Entertainers, and Surgeons,"Harvard Business Review June 29th, 2017, https://hbr.org/ideacast/2017/06/mental- preparation-secrets-of-top-athletes-entertainers-and-surgeons.html

6   https://www.history.com/shows/the-selection-special-operations-experiment.

7   Bob Rotella, How Champions Think: In Sports and in Life (New York: Simon & Schuster, 2016), 15.

8   Ibid., 113.

9   Shawn Achor, The Happiness Advantage: The Seven Principles of Positive Psychology That Fuel Success and Performance at Work, (New York: Currency, 2010), 98.

10 The ideas behind this cycle were inspired by Jim Rohn's work.

CHAPER 6 | 비전

1   http://www.espn.com/nba/story/_/id/22045158/chris-paul-pursuing-passing-perfection-houston-rockets-nba.

2   Ibid.

3   https://www.sbnation.com/2017/4/13/15257614/houston-rockets-stats-winning-james-harden-daryl-morey.

4   Coyle, The Culture Code, 229.

5   Robert Bruce Shaw, Extreme Teams: Why Pixar, Netflix, Airbnb and Other Cutting-Edge Companies Succeed Where Most Fail (New York: AMACOM, 2017), 104.

6   Brandt, One Click, 101.

7   Shaw, Extreme Teams, 35.

8   Eurich, Insight, 250.

9   http://variety.com/2013/biz/news/epic-fail-how-blockbuster-could-have-owned-netflix-1200823443/.

10 Wilkinson, The Creator's Code, 2.

11 http://www.businessinsider.com/steph-curry-worth-14-billion-to-under-armour-2016-3.

12 Wilkinson, The Creator's Code, 3.

13 Ken Segall, Insanely Simple: The Obsession That Drives Apple's Success (New York: Portfolio, 2012), 3.

14 Ibid., 2.

15 https://www.forbes.com/100-greatest-business-minds/person/brian-chesky.

16 Interview with Lewis Howes, "The Mask of Masculinity,"Art of Charm, with Jordan Harbinger, https://theartofcharm.com/podcast-episodes/lewis-howes-the-mask-of-masculinity-episode-688/.

17 Angela Duckworth, Grit (New York: Scribner, 2016), 98.

18 https://www.medicaldaily.com/i-hate-my-job-say-70-us-employees-how-be-happy work-319928.

19 https://www.forbes.com/sites/keldjensen/2012/04/12/intelligence-is-overrated-what-you-really-need-to-succeed/#26f49bf2b6d2.

20 Charles Duhigg, Smarter Faster Better (New York: Random House, 2017), 6.

21 Klein, The Changemakers, 97.

CHAPER 7 | 문화

1 http://www.espn.com/nba/story/_/id/23016766/how-brad-stevens-navigated-boston-celtics-injury-woes-nba.

2 https://www.si.com/nba/2017/05/16/steve-kerr-nba-playoffs-golden-state-warriors-injury-leadership.

3 Ibid.

4 Mike Krzyzewski and Donald T. Phillips, Leading with the Heart: Coach K's Successful Strategies for Winning in Basketball, Business, and Life (New York: Warner Business Books, 2001), 14.

5 Interview with Jay Williams, Suiting Up, with Paul Rabil, https://suitinguppodcast.com/episode/jay-williams-nba-espn-analyst-and-entrepreneur/.

6 Jay Williams, Life Is Not An Accident: A Memoir of Reinvention (New York: Harper, 2016), 58–59.

7 Laszlo Bock, Work Rules! Insights from Inside Google That Will Transform How You Live and Lead (New York: Twelve, 2015), 155.

8 Astro Teller, "The unexpected benefit of celebrating failure,"Ted Talk, https://www.ted.com/talks/astro_teller_the_unexpected_benef it_of_celebrating_failure.

9   Bock, Work Rules!, 126.

10 Ibid., 147.

11 http://fortune.com/2015/03/05/perfect-workplace/.

12 Robert I. Sutton, The No Asshole Rule: Building a Civilized Workplace and Surviving One That Isn't (New York: Business Plus, 2007), 2.

13 Ibid., 81.

14 Ibid., 36.

15 Coyle, The Culture Code, 81.

16 Wooden and Jamison, The Essential Wooden, 30.

17 Jay Bilas, Toughness: Developing True Strength on and off the Court (New York: Berkley, 2013), 2.

18 Tony Hsieh, Delivering Happiness: A Path to Profits, Passion, and Purpose (New York: Grand Central Publishing, 2013), 2.

19 Interview with Tony Hsieh, New York Times, http://www.nytimes.com/2010/01/10/business/10corner.html.

20 David Burkus, Under New Management: How Leading Organizations Are Upending Business as Usual (Boston: Houghton Mifflin Harcourt, 2016), 59.

21 Interview with Tony Hsieh, How I Built This, with Guy Raz, https://www.npr.org/2017/01/23/510576153/zappos-tony-hsieh.

22 Ibid.

CHAPER 8 | 섬김

1   https://www.inc.com/mareo-mccracken/with-1-sentence-this-nba-champion-coach-teaches-everything-you-need-to-know-about-emotional-intelligence.html.

2   http://www.espn.com/nba/story/_/id/22048880/lamarcus-aldridge-san-antonio-spurs-asked-traded-gregg-popovich-reveals.

3   John Calipari and Michael Sokolove, Players First: Coaching from the Inside Out (New York: Penguin, 2014).

4   http://news.gallup.com/businessjournal/193238/employee-recognition-low-cost-high-impact.aspx.

5   Anthony Tjan, Good People: The Only Leadership Decision That Really Matters (New York: Portfolio, 2017), 108.

6   Achor, The Happiness Advantage, 58.
    (Note: He didn't write two books with that title—it's the same book and they
    changed the sub.)

7   Howard Schultz, with Joanne Gordon, Onward (New York: Rodale Books,
    2012), xiii.

8   Joseph A. Michelli, Leading the Starbucks Way: 5 Principles for Connecting
    with Your Customers, Your Products and Your People (New York: Mc-
    Graw-Hill Education, 2013), 70.

9   Ibid., 5.

10 Simon Sinek, Start with Why: How Great Leaders Inspire Everyone to Take
    Action (New York: Portfolio, 2011), 88.

11 Sinek, Leaders Eat Last, 178.

12 http://archive.fortune.com/magazines/fortune/fortune_archive/2007/09/
    17/100258873/ index.htm.

13 Kim Scott, Radical Candor: Be a Kick-Ass Boss without Losing Your Humani-
    ty (New York: St. Martin's Press, 2017), 101.

14 Tony Schwartz, The Way We're Working: The Four Forgotten Needs That En-
    ergize Great Performance (New York: Free Press, 2010), 118.

15 Bock, Work Rules!, 77.

16 Ibid., 21.

17 Jon Gordon and Mike Smith, You Win in the Locker Room First: The Seven C's
    to Building a Winning Team in Business, Sports, and Life (New York: Wiley,
    2015), 58.

18 Achor, The Happiness Advantage, 194.

19 Wilkinson, The Creator's Code, 125.

20 Tjan, Good People, 104– 5.

CHAPER 9 | 인격

1   Bilas, Toughness, 25.

2   Williams, Life Is Not an Accident, 25–26.

3   Krzyzewski and Phillips, Leading with the Heart, 132.

4   https://hbr.org/2017/03/mike-krzyzewski.

5   Interview with Brett Ledbetter, What Drives Winning, https://whatdrives win-

ning.com/speaker/coach-k/.

6 Interview with Rick Welts, Finding Mastery, with Michael Gervais, https://findingmastery.net/rick-welts/.

7 Ibid.

8 Sutton, The No Asshole Rule, 25.

9 Galinsky and Schweitzer, Friend and Foe, 196.

10 Gallagher, The Airbnb Story, 54.

11 David Falk, The Bald Truth: Secrets of Success from the Locker Room to the Boardroom (New York: Gallery Books, 2009), 61–63.

12 http://espn991.com/all-time-winners-losers-by-winning-percentage-in-the-four-major-sports/.

13 Adam Grant, Give and Take: Why Helping Others Drives Our Success (New York: Penguin, 2014), 114.

14 Ibid.

15 Dean Smith and Gerald D. Bell, with John Kilgo, The Carolina Way: Leadership Lessons from a Life in Coaching (New York: Penguin, 2004), 17.

16 https://www.msn.com/en-us/sport s/ncaabk/dean-smith-willed-dollar200-to-each-of-his-former-players/ar-AAa3482.

CHAPER 10 | 권한 위임

1 https://medium.com/darius-foroux/the-purpose-of-life-is-not-happiness-its-usefulness-65064d0cdd59.

2 Michael Foley, The Age of Absurdity: Why Modern Life Makes It Hard to Be Happy (London: Simon & Schuster UK, 2011), 44.

3 http://freakonomics.com/podcast/richard-branson/.

4 Shaw, Extreme Teams, 151.

5 Bock, Work Rules!, 149.

6 Schmidt and Rosenberg, with Eagle, How Google Works, 8.

7 Victor Luckerson, "Netflix Accounts for More Than a Third of All Internet Traffic,"Time.com, May 29, 2015, http://time.com/3901378/netflix-internet-traffic/.

8 https://www.forbes.com/sites/kevinkruse/2018/02/19/netflix-culture-deck-co-creator-says-leaders-need-to-explain-context/#72929413590c.

9 Phil Jackson and Hugh Delehanty, Eleven Rings: The Soul of Success (New York: Penguin, 2013), 96.

10 Ibid., 12.

11 Ibid., 13.

12 https://hbr.org/2017/07/stop-the-meeting-madness.

13 Ibid.

14 Sydney Finkelstein, Superbosses: How Exceptional Bosses Master the Flow of Talent (New York: Portfolio, 2016), 4.

15 Ibid., 4.

CHAPER 11 | 믿음

1 Sinek, Start with Why, 103–4.

2 Brandt, One Click, 162.

3 Mark Zuckerberg speech, "Entrepreneurial Thought Leaders Seminars,"Stanford University speaker series, October 2005.

4 Duhigg, The Power of Habit, 85.

5 Ibid., 89.

6 Sinek, Leaders Eat Last, 61.

7 Ibid., 50.

8 Ibid., 14–15.

9 Duhigg, Smarter Faster Better, 148.

10 Ibid.

11 Bilas, Toughness, 25.

12 Burkus, Under New Management, 119.

13 Ibid., 129.

14 http://www.triballeadership.net/media/TL-L.Excellence.pdf.

15 Dave Logan and John King, Tribal Leadership: Leveraging Natural Groups to Build a Thriving Organization (New York: Harper Business, 2011), 241.

16 Ibid.

CHAPER 12 | 이타심

1 Charles Edward Montague, Disenchantment: Essays [Thoughts on the First World War], 1922 (Ithaca NY: Cornell University Library, 2009).

2 http://www.nytimes.com/2011/02/13/sports/basketball/13russell.html?mcubz=3.

3 Holiday, Ego Is the Enemy, 133.

4 Patrick Lencioni, The Ideal Team Player: How to Recognize and Cultivate the Three Essential Virtues (San Francisco: Jossey-Bass, 2106), x.

5 Ibid., 157.

6 http://knowledge.wharton.upenn.edu/article/how-netflix-built-its-company-culture/.

7 https://www.youtube.com/watch?v=tVw8d3azOyk.

8 Sam Walker, The Captain Class: A New Theory of Leadership (New York: Random House, 2018), 138.

9 http://bleacherreport.com/articles/2083645-tim-duncan-is-the-best-power-forward-of-all-time-and-its-not-close.

10 Walker, The Captain Class, 140–42.

11 http://www.slate.com/articles/business/psychology_of_management/2014/05/adam_grant_s_give_and_take_a_theory_that_says_generous_people_do_better.html.

12 Grant, Give and Take, 10.

13 http://www.slate.com/ar t icles/business/psychology_of_management/2014/05/adam_grant_s_give_and_take_a_theory_that_says_generous_people_do_better.html.

CHAPER 13 | 역할 명료성

1 Jackson and Delehanty, Eleven Rings, 14.

2 http://www.complex.com/sports/2011/05/the-greatest-moments-in-chicago-bulls-playoff-history/game-5-1991-nba-finals.

3 Halberstam, Playing for Keeps, 48.

4 Ibid.

5 Interview with Steve Kerr, Pod Save America, https://crooked.com/podcast/indictments/.

6 Jackson and Delehanty, Eleven Rings, 159.

7 Galinsky and Schweitzer, Friend and Foe, 73.

8 Ibid., 74.

9   Ibid., 75.

CHAPER 14 | 커뮤니케이션

1   Williams, Life Is Not an Accident, 39.

2   E. W. Morrison and F. J. Milliken, "Speaking Up, Remaining Silent: The Dynamics of Voice and Silence in Organizations,"Journal of Management Studies 40 (2003): 1353–58, https://www.inc.com/margaret-heffernan/encourage-employees-to-speak-up.html.

3   Ray Dalio, Principles: Life and Work (New York: Simon & Schuster, 2017).

4   https://www.gottman.com/blog/the-magic-relationship-ratio-according-science/.

5   M. W. Kraus, C. Huang, and D. Keltner, "Tactile Communication, Cooperation, and Performance: An Ethological Study of the NBA,"Emotion, 2010, 10:745–749.

6   Interview with Steve Nash, Suiting Up, with Paul Rabil.

7   https://www.forbes.com/sites/danpontefract/2015/05/11/what-is-happening-at-zappos/#37ffb2ac4ed8.

8   Coyle, The Culture Code, 66.

9   https://www.nytimes.com/2017/09/08/jobs/corner-office- daniel-schwartz-restaurant-brands-international.html.

10   Coyle, The Culture Code.
     (Note: No page number because the entire book is organized into those sections.)

11   Eurich, Insight, 237–41.

12   See Ed Catmull and Amy Wallace, Creativity, Inc. (New York: Random House, 2014), for more on "Notes Day."

13   Margaret Heffernan, "Dare to Disagree,"Ted Talk, https://www.ted.com/talks/margaret_heffernan_dare_to_disagree.

14   Patrick Lencioni, The Five Dysfunctions of a Team: A Leadership Fable (San Francisco: Jossey-Bass, 2002), 202.

15   https://www.cnbc.com/2017/08/16/how-jeff-bezos-two-pizza-rule-can-lead-to-more-productive-meetings.html.

16   Segall, Insanely Simple, 26.

17 https://www.nytimes.com/2016/01/22/opinion/the-eight-second-attention-span.html.

18 Colvin, Talent Is Overrated, 70.

CHAPER 15 | 화합

1 Jackson and Delehanty, Eleven Rings, 220.

2 https://www.bloomberg.com/news/features/2018-01-10/the-five-pillars-of-gregg-popovich.

3 Coyle, The Culture Code, 59.

4 https://www.bloomberg.com/news/features/2018-01-10/the-five-pillars-of-gregg-popovich.

5 https://www.washingtonpost.com/news/recruiting-insider/wp/2016/03/04/montrose-christian-vs-oak-hill-a-look-back-at-one-of-the-greatest-high-school-games-in-d-c-history/?noredirect=on&utm_term=.7a081a499cce.

6 https://en.oxforddictionaries.com/definition/cohesion.

7 https://coachcal.com/news/2013/8/7/it-takes-a-village-to-create-the-kentucky-effect_23216.aspx?path=fromcoachcal.

8 Coyle, The Culture Code, xv.

9 Ibid., xvii.

10 Ibid.

11 Halberstam, Playing for Keeps, 75.

12 Ibid.

13 https://www.gq.com/story/jay-wright-villanova-the-anti-coach.

14 https://www.forbes.com/2009/11/02/athletes-lessons-executives-leadership-managing-sports.html#2e2bef42152a.Conclusion

맺는 말

1 Daniel H. Pink, When: The Scientific Secrets of Perfect Timing (New York: Riverhead, 2018), 89.

2 Ibid.

3 https://medium.com/the-mission/3-scientifically-proven-ways-to-permanently-break-your-bad-habits-307182fc8fa8.

4 https://www.si.com/more-sports/2010/01/01/volleyball1001.

승리하는 습관 :
승률을 높이는 15가지 도구들

초판 1쇄 발행 2020년 4월 6일
초판 8쇄 발행 2022년 9월 5일

지은이 앨렌 스테인 주니어, 존 스턴펠드 **옮긴이** 엄성수

발행인 이재진 **단행본사업본부장** 신동해
책임편집 장지윤 **디자인** 석운디자인
마케팅 최혜진, 최지은 **홍보** 최새롬, 반여진, 정지연
국제업무 김은정 **제작** 정석훈

브랜드 갤리온
주소 경기도 파주시 회동길 20
문의전화 031-956-7208 (편집) 031-956-7127 (마케팅)
홈페이지 www.wjbooks.co.kr
페이스북 www.facebook.com/wjbooks
포스트 post.naver.com/wj_booking

발행처 ㈜웅진씽크빅
출판신고 1980년 3월 29일 제406-2007-000046호

한국어판 출판권 © 웅진씽크빅, 2019
ISBN 978-89-01-24139-5 (03190)